语言力丛书

说服力

吴礼权　著

暨南大学出版社
JINAN UNIVERSITY PRESS

中国·广州

图书在版编目（CIP）数据

说服力/吴礼权著. —广州：暨南大学出版社，2017.9
（语言力丛书）
ISBN 978 - 7 - 5668 - 1286 - 5

Ⅰ. ①说…　Ⅱ. ①吴…　Ⅲ. ①说服—通俗读物　Ⅳ. ①H019 - 49

中国版本图书馆 CIP 数据核字（2014）第 276616 号

说服力
SHUOFULI
著　者：吴礼权

出 版 人：徐义雄
策划编辑：杜小陆　潘江曼
责任编辑：陈丽娟　姚　慧
责任校对：焦　婕
责任印制：汤慧君　周一丹

出版发行：暨南大学出版社（510630）
电　　话：总编室（8620）85221601
　　　　　营销部（8620）85225284　85228291　85228292（邮购）
传　　真：（8620）85221583（办公室）　85223774（营销部）
网　　址：http：//www. jnupress. com
排　　版：广州良弓广告有限公司
印　　刷：佛山市浩文彩色印刷有限公司
开　　本：787mm × 960mm　1/16
印　　张：20. 375
字　　数：295 千
版　　次：2017 年 9 月第 1 版
印　　次：2017 年 9 月第 1 次
定　　价：39. 80 元

总　序

众所周知，语言是人类最重要的交际工具。一个人，只要他/她是生活于现实社会之中，就必须掌握他/她生活于其中的某一种民族社会语言（如汉语、英语、德语、法语、俄语等）。即使是因为先天原因而无正常语言能力，他/她也必须学会一种人工语言（如聋哑人交际时所通用的“手语”）；否则，他/她将无法在其生活的特定社会中生存下去。

为什么这么说呢？道理非常简单，任何一个人都不可能是独立存在于人类社会之外的。也就是说，任何一个人都是社会的人，而非不食人间烟火的神。既然是要“食人间烟火”，那么就得与他人打交道，与他人合作。那么怎样跟他人打交道，如何与他人合作呢？这其中就少不了一个媒介（或曰工具）——语言。其实，语言不仅是人与人之间进行沟通交流的媒介，更是一种在人际沟通中发挥重要作用的实用工具。这个工具虽然不像我们原始人所使用的猎获禽兽的木棍、弓箭，也不像两千年前我们祖先用以翻地耕耘的犁、锹等劳动工具，不是获取生活资料、维持温饱的“硬工具”，但却是切切实实推动人类社会高速发展的“软工具”。如果从人类历史发展的整个进程来考察，我们可以说，语言这一人类的“软工具”远较维持人类社会基本生存条件的“硬工具”重要得多。

诚然，没有棍棒、弓箭、犁、锹等“硬工具”，人类无法获取必要的生活资料而生存繁衍下去；但是，如果没有语言这一“软工具”，那么人类社会就无法进步，永远处于原始社会状态，直到今天我们恐怕还会过着茹毛饮血的原始人生活，不仅灿烂的人类精神文明成果无法创造，就是看得见摸得着的物质文明也是无法创造出来的。试想，没有语言作为人类的交际工具，人与人之间如何实现信息的有效传递、思想情感的有效沟通？若信息传递与思想情感不能实现有效沟通，人与人之间就不可能实现有效的团结协作。不能实现有效的团结协作，就不可能促进社会生产的发展、物质文明的创造。人类社会就将永远处于停滞不前、原地打转的状态。我们还可以设想一下，如果人类没有语言作为交际工具，那么前一代人在生产与生活中所创造的有益经验如何能够传承给后人？前人的有益经验不能有效地传承给后人，那么后人如何能够借助前人提供的经验而站到一个新的起跑点上，使人类社会前进的步伐更快？事实上，正是因为人类有了语言这一独特的工具，我们前人的智慧与经验才得以有效地传承下去，后人才得以站在前人的肩膀上看得更高更远，从而在新的起跑点上更快地向前跑。今日我们科技进步之所以呈现日新月异、一日千里的局面，靠的不正是现代科技知识得以有效传承吗？而现代科技知识的有效传承，所依靠的又是什么呢？靠的不正是语言这一独特而有效的工具吗？至于今日我们能够享受的人类几千年灿烂的精神文明成果，更是得益于语言（包括记录语言的符号系统文字）这一工具。试想，若是没有语言（包括文字），数千年前我们祖先的思想成果、文学艺术作品如何能够传承到今日？正因为有语言（包括文字）作为工具，我们先人所创造的优秀的思想成果、文学艺术作品才会为今日的人们所享受。也正因为有这些优秀的精神文明成果积淀作为基础，我们今天的思想成果、文学艺术创造才如此丰富。

语言作为工具的重要作用，其实早在千百年前东西方贤哲就有所认识，并予以强调，并非今天的人们才充分认识到的。如西汉《淮南子·本经训》有曰："昔者苍（仓）颉作书，而天雨粟，鬼夜哭。"这话说的是汉字被创造的事，虽然带有神话色彩，但真切地说出了一个道理：文字的创造发明乃是惊天动地的大事件，从此人间就没有什么秘密了。因为文字突破了语言交流的时空限制，可以将语言所表达的一切内容传于异时异地。我们知道，文字是语言的记录符号系统。因此，我们中国的先人如此强调汉字创造的重要性，实际上就是强调语言作为人类交际工具的重要作用。成书于公元前122年的《淮南子》所记的上述话语已经证明，中国先人对语言的工具作用的认识是非常充分的。过了约两百年，成书于公元90年左右的西方经典《圣经》，里面也谈到语言的工具作用。《圣经》“创世记”第11章中记载了这样一个故事：

> 那时，天下人的口音、言语，都是一样。他们往东边迁移的时候，在示拿地遇见一片平原，就住在那里。他们彼此商量说，来吧，我们要作砖，把砖烧透了。他们就拿砖当石头，又拿石漆当灰泥。他们说，来吧，我们要建造一座城和一座塔，塔顶通天，为要传扬我们的名，免得我们分散在全地上。耶和华降临，要看看世人所建造的城和塔。耶和华说，看哪，他们成为一样的人民，都是一样的言语，如今既作起这事来，以后他们所要作的事，就没有不成就的了。我们下去，在那里变乱他们的口音，使他们的言语彼此不通。于是，耶和华使他们从那里分散在全地上。他们就停工，不造那城了。因为耶和华在那里变乱天下人的言语，使众人分散在全地上，所以那城名叫巴别（就是变乱的意思）。①

上帝耶和华之所以要降世变乱造城、造塔的人们的语言，就是因为所有参与造城、造塔的人们都拥有同一种交际工具：相同的语言。有了这个工具，他们便能在造城与造塔的劳动过程中团结协作，从而将城与塔造起来。耶和华变乱了他们的语言，使他们没有了统一的交际工具，最终就拆散了他们，使他们不能团结协作，造不成城和塔而被迫分散到全球各地。《圣经》中的这个故事虽然是神话，但真切地反映了西方人对于语言作为人类交际工具的重要作用的充分认识。

---

① 引文参见：http：//www.jdtjy.com/html/shengjingyuandi/jiantishengjing/hgb/gen/gen11.htm.

上述东西方先贤对于语言的工具作用的认识虽然都不符合现代科学的语言观，但是，他们都不约而同地看到了语言作为工具在人类交际中的重要性。神话也好，科学也罢，语言作为一种工具，在人类的交际中所发挥的传达信息、交流思想、沟通情感的作用，确实是其他工具（如肢体语言、声音等非自然语言）所不能比拟的。一个正常的人只要具有正常的语言能力，就可以运用语言这一工具来与他人进行交际沟通。但是，我们应该认识到，并非具有正常语言能力的人都能在人际交往中圆满地完成其传达信息、交流思想、沟通情感的任务。也就是说，语言这一工具并非是所有人运用起来都能得心应手，都能"口应心"、"笔写心"。事实上，人们运用语言工具的能力是有区别的，并非完全相同。在日常语言生活中，我们常常会发现这样一种现象，有的人说起话来滔滔不绝，似乎是不假思索，但说出的每一句话都显得逻辑严密，条理清楚；相反，有的人说起话来吞吞吐吐，支支吾吾，斟酌了半天，说出的话还是前言不搭后语，相互矛盾，错漏百出。说是如此，写也一样。有的人提笔一挥而就，文不加点，一气呵成，文章读来文从字顺，趣味横生，令人回味再三；有的人提笔凝神半日，却写不出一行字来，即使硬写出几行字来，也是乏味得很，令人难以卒读。

如此说来，是不是说人的语言能力的优劣高下是先天决定的呢？答案是否定的。尽管我们承认人的语言能力可能确实存在着一些先天上的差异，但其并不像人的智商那样在先天上有很大不同。因为语言是一种通过后天学习而拥有的能力，不管智商高低，只要有适合的语言习得条件与语言习得时间，任何人都能至少娴熟地掌握某一种语言，并以之为工具与人进行交际。比方说，三四岁的中国孩子，说起汉语来恐怕比四五十岁的外国人都要流利，但这并不是因为他的智商高过外国人，而是因为他有从一出生就耳濡目染汉语的语言习得条件，以及时时刻刻都有跟其父母、兄弟姐妹学习汉语的充足时间。

既然人的语言能力不存在先天上大的差异，那么现实生活中为什么有些人能说会道，妙语生花，而另一些人则笨口拙舌，说起话来词不达意，写起文章来言不由衷呢？其实，这不是先天语言能力上的问题，而是后天学习上的问题。我们都知道，语言是一种公共资源，基本词汇、语法规则，是每个人在语言习得过程中不需要花很多精力与时间便能掌握的，所以不存在资源占有的不公平、不平等问题。但是，还有一种特殊资源，它并非像语言的基本词汇、语法规则那样在语言习得阶段就能在不知不觉中自然而然地“习得”的，而是需要有意识地进行学习，甚至是专业修读才能获得的。这种需要有意识地学习或者专业修读的语言特殊资源，就是人类长期以来在语言生活中创造并积累的特定语言表达技巧，或称之为修辞策略或表达法。

我们都知道，人类的任何交际活动都是“有所为而为”的。也就是说，言语交际有很强的目的性，是为了完成某一预定的交际任务而进行的。比方说，老师面对学生的教学是一种言语交际活动，其预定的交际目标是要求学生明白每一堂课所讲的内容，掌握每一堂课所要讲授的知识点。又比方说，政治家或学者面对大众的演讲，也是一种言语交际活动，其预定的交际目标是要听众认同他宣扬的某种政治理念或学术观点。再比方说，外交谈判或商业谈判，同样是一种言语交际活动，只不过这是一种双向互动的言语交际活动，比老师授课、政治家或学者演讲更具挑战性。因为谈判双方各有自己的利益诉求，有预期的谈判成果追求。可见，不论是什么形式的言语交际，目的性都很强，是“有所为而为”的。也许有人会认为，现实生活中的言语交际也有“无所为而为”的情形，比方说日常生活中我们与路见的熟人打个招呼或问个好，就看不出有什么特定的目的，没有预定的交际任务。其实，这是一种误解。仔细想一想，这样的言语交际仍然隐含着一定的交际任务，这就是通过打招呼或问候来密切人际关系，为今后可能的人际互动或交际沟通做“长线投资”准备。如果今天我们在路上相见而相互都不理不睬，那么日后为了某种事务而需要与对方进行交际沟通时，就会陷入被动，甚至成为彼此交际沟通时心理上的极大障碍。可见，言语交际目标有显性的，也有隐性的；言语交际任务有即时的，也有长远的。总之，任何的言语交际活动都是“有所为而为”的，目的性非常强。

既然言语交际是一种“有所为而为”的语言活动，那么交际者在运用语言这一工具表情达意时必然会追求表达效果的最大化，通过创意造言的努力，使自己的语言表达具有某种特殊的效力。这种语言表达的特殊效力，就是我们本套丛书所要集中论述的“语言力”。

“语言力”，从理论上说是分为不同层次、不同类型的。上文我们说过，言语交际活动都是“有所为而为”的，目的性很强。但是，并非所有“有所为而为”的目的都相同。事实上，在言语交际活动中，交际者（communicator）为了保证其交际达到预期的目的，首先必须研究他所面对的受交际者（communicatee），准确把握言语交际时特定的情境，然后有针对性地创意造言，运用尤其是创造性地运用特定的表达法（修辞策略），使语言表达产生特殊的效力，从而使传情达意的效果最大化。

正因为交际者每一次的言语交际活动都会面对不同的受交际者，而且预定的交际目标任务有所不同，因此在表达法的运用方面也会有所不同，其所产生的语言力也会有所不同。从不同的层次与视点看，语言力大致可以分为“说明力”、“表达力”、“突破力”、“说服力”、“感染力”、“辩驳力”、“沟通力”和“理解力”八类。

所谓“说明力”，是指交际者说写时不使用任何表达法（即修辞手法），只以理性的语言、白描的手法传情达意，将所要传递的信息、所要交流的思想、所要宣达的情感清楚、明白地表达出来，传情没有半点的歧疑，达意没有丝毫的含糊。这种“说清楚”、“讲明白”的境界并非人人都能做得到，交际者必须有相当的语言修养，要费相当的心力才能企及。如果能企及这种境界，我们就可以说交际者的语言表达具有了一种特殊的效力。这种特殊的效力，我们可以称之为“说明力”。

一般说来，以“说明力”为言语交际预期目标的，在事务语体（如产品介绍、法律条文、公文等）、科学语体（如论文、说明文等）以及部分文艺语体（主要是记叙文）中最为常见。例如：

板蓝根颗粒（冲剂）

（95版中国药典）

ZZ－0225－沪卫药准字

（1995）第041003号

本品为板蓝根制成的冲剂。

【功能与主治】清热解毒，凉血利咽，消肿。用于扁桃腺炎、腮腺炎，咽喉肿痛，防治传染性肝炎，小儿麻疹等。

【用法与用量】口服，一次5g，一日4次。

【贮藏】密封。

（生产日期）2001.01.02

这则中药饮品说明书，虽然在写作上具有明显的“程式化”特征，“先在品名下注明药典版次，再注明药品批号，然后是药品成分、功能与主治、用法与用量、贮藏方式、生产日期”①，跟其他一些药品的说明书的通行书写格式没有什么两样。从表达上看，此说明书完全没有什么技巧，但是将要说明的内容说得极其清楚，需要提请使用者注意的事项写得非常明白。可谓达到了“说清楚”、“讲明白”的境界。因此，作为一份药品说明书，我们认为上述说明书具有“说明力”。

又如：

村外的小山上，有涌泉寺，和其他的云南的寺院一样，庭中有很大的梅树和桂树。桂树还有一株开着晚花，满院都是很香的。庙后有泉，泉水流到寺外，成为小溪；溪上盛开着秋葵和说不上名儿的香花，随便折几枝，就够插瓶的了。我看到一两个小女学生在溪畔端详哪枝最适于

① 吴礼权：《现代汉语修辞学》（修订版），复旦大学出版社2012年版，第432页。

插瓶——涌泉寺里是南菁中学。

——老舍《滇行短记》

上引这段文字，属于文艺语体中的记叙文。它是按照空间顺序，由外而内，写抗日战争时期云南的南菁中学坐落的环境。其中，除了偶有几句不经意地运用了“顶针”手法外，基本是采用白描的方法记叙的。文字上也质朴自然，没有刻意地去雕琢，更无华丽的藻饰。但是，读之让人对南菁中学周边的环境印象非常深刻。因此，我们可以说，这段文字达到了“说清楚”、“讲明白”的境界，具有很强的“说明力”。

所谓“表达力”，是指交际者说写时有意识地使用一些特定的表达法（即修辞手法），不仅使其所见所闻、所思所想的内容都清楚明白地呈现出来，而且别具“状难写之景，如在目前”、“含不尽之意，见于言外”的效果，给接受者的印象非常深刻。如果能够企及这种境界，我们就可以说交际者的语言表达具有一种特殊的效力。这种特殊效力，我们可以称之为“表达力”。

一般说来，以“表达力”为言语交际预期目标的，在文艺语体中最为常见，诗、词、小说、散文中尤其平常。例如：

江上荒城猿鸟悲，隔江便是屈原祠。
一千五百年间事，只有滩声似旧时。

——南宋·陆游《楚城》

这首诗今天我们读来还会为之感慨唏嘘，究其原因是诗的末尾两句运用了特定的表达法——“折绕”，在“不著一字”中抒发了诗人深切的历史喟叹。诗人言“只有滩声似旧时”，“意在言外的内涵是说除了江水还在滔滔不绝地流淌外，世上的一切都改变了，还有谁记得屈原其人及其对国家的忠心苦心呢？明在说屈原，实际是在抒发自己爱国之情及不能为南宋统治者理解的悲哀之情”①。正因为这首诗在表情达意上臻至“含不尽之意，见于言外”的境界，抒发怀才不遇的激愤之情，怨而不怒，因而读来就更加令人感动，极具“表达力”。

所谓“突破力”，是指交际者在说写中突破遣词造句的常规语法范式或是约定俗成的语义规约所创造出来的一种异乎寻常的语言效力。这种语言效力，源自交际者创意造言的智慧，源于交际者情意表达的艺术化呈现，它传递给接受者的不仅有情意，还有一种美感或情感愉悦。

一般说来，“突破力”的取得，主要有两条途径：一是创意造言的新异性，如某种新表达法的创造；二是通过特定语境的帮助对旧有的语义规约进行出人意料的突破。例如：

> 一个中文系的学生在学到古典主义、浪漫主义、现实主义、自然主义、女权主义这些名词术语后，便请老师解释。
>
> 这位一向以幽默闻名于校的老师说：“一名男士跟一群女子开玩笑地说：‘假如有一个男子误闯你们女子更衣室，你们怎么办？’”
>
> A 女子说：“我去跳楼。”“这是古典主义。”
>
> B 女子说：“我就嫁给他。”“这是浪漫主义。”
>
> C 女子说：“我的收费是很高的。”“这是现实主义。”
>
> D 女子说：“请帮我拿一下衣服。”“这是自然主义。”
>
> E 女子说：“我把他扔到窗外去。”“这是女权主义。”
>
> ——高胜林《幽默技巧大观》

上引这段文字，一读之下便让人为之会心一笑，让人享受到一种轻松幽默的审美愉悦。之所以有如此独到的语言表达“突破力”，

---

① 吴礼权：《中国名言引语词典》，香港商务印书馆 2013 年版，第 639 页。

原因就在于交际者（即这则故事文本的建构者）创造性地运用了一个叫“例示”的表达法，对“古典主义”、“浪漫主义”、“现实主义”、“自然主义”、“女权主义”等西方学术术语进行了颠覆式的语义内涵解释，既出人意料之外，又在情理之中，别具一种“无理而妙”的效果，让人细细回味之后情不自禁地感佩其创意造言的高度智慧。

所谓“说服力”，是指交际者说写时有意识地使用一些特定的表达法（即修辞手法），以经验说话、让权威代言、用事实作证、以逻辑与公理开道，从而在心理上彻底征服受交际者，使自己所推阐的某种理念、主张具有无可争辩的合理性和正当性，进而说服受交际者接受其建议、意见。在说理论事的言语交际活动中，如果能够企及这种境界，我们就可以说交际者的语言表达具有一种特殊的效力。这种特殊效力，我们可以称之为“说服力”。

一般说来，“说服力”的取得，主要依赖于交际者所提出的论据是否具有可信性和充分性。但是，有时也不尽然。在日常语言生活中，我们常常见到有人说服他人时并未举出具体的事实论据，却也能让对方哑口无言、心服口服。论者或以先人的经验来说事，或引权威者的话来论断，或以逻辑推理来论证，都能取得令人信服的“说服力”。如果确有创意造言智慧者，甚至连这些都不需要，借助特定的语境，运用特有的表达法，临时建构一个修辞文本，就能说出令接受者佩服得五体投地的道理。例如：

有一次，我参加在台北一个学校的毕业典礼，在我说话之前，有好多长长的讲演。轮到我说话时，已经十一点半了。我站起来说：“绅士的讲演，应当是像女人的裙子，越短越好。”大家听了一发愣，随后哄堂大笑。报纸上登了出来，成了我说的第一流的笑话，其实是一时兴之所至脱口而出的。

——林语堂《八十自叙》

上引故事中，林语堂所说的“第一流的笑话”，其实并非笑话，而是一个有关如何演讲的道理。只是因为说话者创造性地运用了“比喻”表达法，别出心裁地将“绅士的讲演”与“女人的裙子”异乎寻常地匹配到了一起，让所有听众与在台上的嘉宾都始料不及，不禁为之大跌眼镜。但是，当所有听众从一愣神中醒悟过来时，却不得不无限感佩说话者林语堂说理的艺术。因为这句话实际上要表达的是这样一个意思：“绅士的演讲应该简明扼要，要给听众留下回味的余地，才能令听众有意犹未尽的美感。如果绅士的演讲啰唆冗长，说了半天还不知所云，徒然浪费听众时间，那定然会让听众生厌的。”① 但是，说话人林语堂并没有这样直通通地自道心衷，而是以生动幽默的比喻，将所要说明的道理与所包含的讽嘲其他嘉宾的意思包藏于其中，让人思而味之，不得不打心底里折服于其所讲的道理，而且为其表达的幽默生动会心一笑，在领悟演讲道理的同时获取一份轻松愉悦的审美感受。

所谓“感染力”，是指交际者说写时有意识地使用一些特定的表达法（即修辞手法），通过语言文字激发起他人相同思想感情的力量。就汉语来说，凡是以汉语或汉字为媒介，交际者（说者或写者）睿智的创意造言，能让受交际者（听者或读者）惊喜、惊讶、惊愕、惊叹，从而引发其强烈的认同感并欣然从之，或对交际者所抒发的喜怒哀乐等情感产生强烈的共鸣并予以深切同情，那么我们就可以据此确认交际者的言语表达是具有“感染力”的。

一般说来，以语言文字为媒介创作的言语作品（包括口头与书面的），要想激发起接受者的思想感情的共鸣，产生一种让人深切感动的力量（即“感染力”），只有两条途径：一是作品的思想内容有深切感人的力量，二是作品的表达技巧有撼动人心的魅力。也就是说，“感染力”或是来源于作品所表达的情感、思想、理念能让人产生共鸣，令人情不自禁地产生深切的感动与认同；或是来源于作品创意造言的技巧令人耳目一新，让人为之折服感佩。如果能够

---

① 吴礼权：《语言策略秀》（修订版），暨南大学出版社 2013 年版，第 15 页。

二者兼顾，则其“感染力”更大。例如：

> 力拔山兮气盖世，时不利兮骓不逝。
> 骓不逝兮可奈何？虞兮虞兮奈若何？
>
> ——秦·项羽《垓下歌》

上引这首诗，是西楚霸王项羽兵败乌江时唱出的无助心声。两千多年来，只要人们读到这首诗，都会情不自禁地为之深切感动，并为项羽掬一把同情的泪。我们都知道，项羽在与刘邦的争战中最终失败，乃是他刚愎自用、不善用人的结果，是咎由自取，丝毫没有理由怨天尤人。但是，他兵败垓下，于乌江边自刎前对着他心爱的虞姬唱出的这一曲心声却依旧打动了不少人，使大家对他的失败寄予了深切的同情，甚至给项羽作传的太史公司马迁本人，写到项羽生平事迹时也要感情用事，不能客观地以史家的冷静来看待项羽的失败。至于上引《垓下歌》，因为既写出了项羽穷途末路的悲情事实，又用了“夸张”的表达手法，来自作品内容（事实）与表达技巧两方面的因素兼具，因此读来就格外具有一种催人泪下的强大“感染力”。

所谓“辩驳力”，是指交际者说写时有意识地使用一些特定的表达法（即修辞手法），在与受交际者进行言语博弈时以创意造言的智慧战胜或折服受交际者的语言效力。我们都知道，在言语交际活动中，交际者与受交际者并非只有合作而无竞争，也并非只有配合而无博弈。事实上，言语交际中交际者与受交际者的合作与竞争、博弈都是“司空见惯浑闲事”。在现实生活中，不仅升斗小民会为了鸡毛蒜皮之事而起口角，高高在上的政治家、道貌岸然的学者也会常常因为政见或观点的不同而大打口水仗。这些现象，其实都是言语博弈的表现。既然是言语博弈，那就有一个谁胜谁负的问题。如果博弈双方的主动者是交际者，那么被动者就是受交际者。交际者提出一个观点，或是说出一番指责受交际者的话，那么受交际者必然奋起而辩驳。

那么，受交际者怎么进行辩驳的呢？怎样的辩驳才算是具有“辩驳力”呢？对于前者，我们不能一概而论。因为怎样辩驳，是需要受交际者根据当时与交际者进行言语博弈的具体情况，根据交际者提出的观点或提出的指责予以分析后发挥创意造言的智慧，才能寻找到一个对症下药、有的放矢的有效辩驳策略，没有固定不变的辩驳模式。对于后者，即“辩驳力”的确认，我们认为是有确切标准的。这个标准就是看受交际者的辩驳有没有艺术性，能否以柔克刚，发挥“四两拨千斤”的效果。如果能达到这种境界，我们就认为他的言语博弈具有“辩驳力”；否则，像“泼妇骂街”式的辩驳，即使火力再猛，也算不得是有“辩驳力”的。例如：

> 孔文举年十岁，随父到洛。时李元礼有盛名，为司隶校尉，诣门者皆俊才清称及中表亲戚乃通。文举至门，谓吏曰：“我是李府君亲。”既通，前坐。元礼问曰：“君与仆有何亲？”对曰：“昔先君仲尼与君先人伯阳有师资之尊，是仆与君奕世为通好也。”元礼及宾客莫不奇之。太中大夫陈韪后至，人以其语语之。韪曰：“小时了了，大未必佳。”文举曰：“想君小时，必当了了。”韪大踧踖。
>
> ——南朝·宋·刘义庆《世说新语·言语第二》

在上引这个故事中，少年孔融与太中大夫陈韪的言语博弈，就具有极强的“辩驳力”。正因为如此，才会作为文人佳话在《世说新语》中记载下来，千百年来一直为人们所津津乐道。太中大夫陈韪看到李元礼等当时士大夫上层人物都对早慧的孔融赞赏不已，就冷静地提出了自己的不同意见：“小时了了，大未必佳”，即认为小孩子小时候太聪明，长大后未必有什么出息。客观地说，这话是说得非常中肯的，后来孔融被曹操所杀的悲惨结局也证明了陈韪是有先见之明的。但是，当时陈韪在与早慧的孔融进行言语博弈时，却是输家，而少年孔融则是赢家。对于陈韪明显不具友好意图的评价，孔融没有针锋相对地进行驳斥，而是顺着陈韪“小时了了，大未必佳”这句话的逻辑，以反转因果的方法，用同样的推理方式自然而然地推出了“想君小时，必当了了”的结论，意思是说，看陈韪现在这样没有出息，就知道他小时候是很聪明的。很明显，这是绕着弯子在骂陈韪老大而无成就。但是，由于孔融对陈韪批评语的回击与辩驳是以“折绕”的表达手法进行的，因此表意相当含蓄婉转。这样，在旁观者看来，孔融对陈韪批评语的辩驳（反批评）既有力地维护了他自己的人格尊严，又显得彬彬有礼，符合封建时代长幼人伦的道德规范。正因为如此，我们可以说孔融与陈韪的言语博弈具有极强的“辩驳力”。

所谓“沟通力”，是指交际者说写时有意识地使用一些特定的表达法（即修辞手法），顺畅地实现了与受交际者进行思想交流与情感沟通的预定目标任务。如果能臻至这一目标，我们就可据此认为当时交际者的言语交际是具有特殊效力的。这种特殊的语言效力，我们可以将之称为“沟通力”。

在言语交际中，“沟通力”应该是交际者追求的一个非常重要的指标。因为除了政治家、学者或社会各界名人所作的报告、演讲是单向的观点宣达之外，我们日常的言语交际都是双向互动的，交际者所要实现的预定言语交际目标是需要受交际者配合的。特别是交际者与受交际者之间交换看法、交流思想、沟通感情，更是一种双向互动的活动，一定是以“沟通力”为追求的主要目标的。值得指出的是，在言语交际中，要想保证思想感情交流或沟通的顺畅，亦即具有“沟通力”，交际者除了要有世情练达的社交能力外，还要有洞悉人心与创意造言的智慧，否则恐怕难以将话说到受交际者的心坎里，让受交际者在言语交际过程中欣悦地配合，从而顺畅地实现事务上或思想情感上的沟通。相对来说，事务性的沟通，“沟通力”的取得难度要小点，而思想与情感的交流与沟通，“沟通力”的取得就要难得多了。不过，如果真有创意造言的智慧，真有洞悉人心的敏锐性，思想或情感的沟通也可以是顺畅的，“沟通力”预定目标的实现也是有可能的。例如：

我与她曾八年同窗，此期间接触很少，相遇时也只打个招呼，点点头。我们都很年轻，踌躇满志而又矜持骄傲。

后来，我们都踏上了工作岗位。时光悠然逝去，我成了大小伙子。偶然的机会我得知她仍然是个老姑娘。于是我冒昧给她去一封信：

小莉：你好！听说……对吗？若真的话，我想……

你的同学　萌雅

过了15天，我终于收到她的回信：

萌哥：您好！也听说……对吗？若是的话，我也想……

你的小妹　莉

这就是我的初恋。

——萌雅《初恋》，《月老报》1986年第16期

上引这个故事，交际者（萌雅）与受交际者（小莉）是中学男女同学。交际者听说受交际者毕业工作后多年尚未成家，仍是待字闺中，于是就萌发了向受交际者求爱的念头。因为二人是同学关系，太熟悉了，因此真的到了要表白感情的时候，交际者反而感到为难了。最终，交际者选择了一个较为合适的沟通方式，那就是写信。虽说写信表达感情不像面对面那样难以启齿，但交际者仍然觉得难以下笔。之所以难以下笔，是因为交际者洞悉了受交际者的心理，她是一个老姑娘，心理比较脆弱，对男女感情问题也比较敏感。正是基于对受交际者心理状态的了解，所以交际者选择了一种"留白"表达法，非常婉转地陈述了二人都是单身的现状，含而不露地表达了自己希望与受交际者发展感情关系的愿望。由于交际者对受交际者的心理状态把握得非常准确，创意造言富有智慧，给足了受交际者面子，结果顺畅地与受交际者实现了心灵的沟通。十五天后，受交际者仿照交际者的书信文本模式回了交际者一封信，一切都尽在其中了，由此一桩甜蜜的爱情就此拉开了序幕。可见，交际者（萌雅）与受交际者（小莉）的书信传情是极具"沟通力"

的。由此，也说明了上面我们所强调的两点："沟通力"的取得，既需要交际者有高度的创意造言的智慧，又需要交际者有洞悉人情世故的心智，二者缺一不可。

以上我们对"说明力"、"表达力"、"突破力"、"说服力"、"感染力"、"辩驳力"、"沟通力"等七种"语言力"都作了清楚的概念内涵界定，还有一个"理解力"在此也需要清楚地予以界定。

应该指出的是，"理解力"与上述七种"语言力"在本质上是不同的。因为上述七种"语言力"都是基于表达者（即交际者）的视点，是指交际者通过语言的创造性运用而产生的一种语言效力。而"理解力"则是站在接受者（即受交际者）的立场，是考察受交际者对交际者创意造言的努力而产生的某种语言效力的领悟与把握能力。正因为如此，我们可以对"理解力"作如下这样一个概念内涵界定。

所谓"理解力"，是指受交际者对于交际者为了实现达意传情的预定目标而运用某种表达法的意图能够准确解读并迅速予以回应的能力。从本质上说，"理解力"就是一种"语言能力"，就像一个人在一定的语言社会中成长，经过耳濡目染的"习得"过程，掌握某种语言一定的词汇与语法规则就能开口说话的"语言能力"一样。前文我们说过，语言是人类最重要的交际工具。以语言为工具而进行的言语交际，乃是一种双向互动的语言活动，包括交际者的表达与受交际者的接受两个方面。表达需要运用词汇与语法规则进行遣词造句，接受则需要对经由词汇与语法规则运用而产生的言语作品进行解读。遣词造句是通过语言"习得"而获得的一种"语言能力"，对他人遣词造句所产生的言语作品进行准确解读的"语言能力"，同样也是通过语言"习得"而获得的一种"语言能力"。不过，应该强调指出的是，遣词造句的"语言能力"与对他人遣词造句所产生的言语作品进行解读的"语言能力"（即上面我们所说的"理解力"）在"习得"方面是有差别的。遣词造句方面的"语言能力"的"习得"是较为简单的，属于低级的"语言能力"。之所以说它是较为简单的，是低级的，这是因为我们通过机械的学习就能获得。在现实生活中，我们经常看到，一个三四岁的孩子就能自如流利地遣词造句，基本意思的表达毫无问题。这就有力地说明了一个问题：学说话的“语言能力”是容易获得的；相反，在现实生活中，许多智商、知识水平非常高的成人在听别人说话时都有产生误解的时候。这又有力地说明了一个问题：听说话的“语言能力”（即“理解力”）是不容易学会的，至少可以说是不容易学好的。虽然“理解力”的获得不像遣词造句的“语言能力”那样简单，但并不是学不会、学不到的。事实上，只要我们平时加强学习，留心别人创意造言的技巧，熟练掌握一些言语交际中经常运用的表达手法，注意考察言语交际时特定的情境（包括言语交际的时间、地点、环境，参与方的知识背景、职业特点、心理状态等），就能准确把握交际者真正想要传达的情意，做个“善解人意”者，由此很好地与交际者进行互动，在言语交际中无往而不利。下面我们看一个现实的例证：

> 人到了迟暮，如石火风灯，命在须臾，但是仍不喜欢别人预言他的大限。丘吉尔八十岁过生日，一位冒失的新闻记者有意讨好的说：“丘吉尔先生，我今天非常高兴，希望我能再来参加你的九十岁的生日宴。”丘吉尔耸了一下眉毛说：“小伙子，我看你身体满健康的，没有理由不能来参加我九十岁的宴会。”胡适之先生素来善于言词，有时也不免说溜了嘴，他六十八岁时候来台湾，在一次欢宴中遇到长他十几岁的齐如山先生，没话找话的说：“齐先生，我看你活到九十岁决无问题。”齐先生愣了一下说：“我倒有个故事，有一位矍铄老叟，人家恭维他可以活到一百岁，忿然作色曰：‘我又不吃你的饭，你为什么限制我的寿数?’”胡先生急忙道歉：“我说错了话。”
>
> ——梁实秋《年龄》

上引故事中，胡适恭维齐如山，说他活到九十岁绝无问题，这肯定是出于一番好意，是胡适有意亲近齐如山的表现。但是，齐如山对于生命有较高的期望值，觉得胡适是限制他的寿数，所以心生不满。不过，齐如山是个明白人，他知道胡适的话没有恶意，也知道胡适在学术界与社会上的名声与地位盖过自己很多，他无法直接发泄对胡适的不满，所以他选择运用了“讽喻”这一表达手法（根据说写时的情境临时编造一个故事寄托所要讽刺的意涵），讲了一个百岁老人做寿的故事。结果，故事还没讲完，胡适就急忙道歉了。那么，胡适为什么要道歉呢？因为他听懂了讲故事人（交际者）齐如山所讲故事的深刻含义，佩服他创意造言的智慧，既不露痕迹地表达了不满之情，又给自己留足了面子。所以，他能心悦诚服而又爽快地向齐如山道歉。这里，我们既可以看到交际者齐如山创意造言的智慧与表情达意的“语言力”，又能清楚地见到受交际者胡适敏捷的语言“理解力”。若要追究胡适为何具有如此敏捷的语言“理解力”的原因，主要有两个方面：一是胡适是大学问家，熟悉中国人自先秦以来就一直喜欢运用的“讽喻”表达手法，所以齐如山讲故事，他一听就懂；二是胡适是才思敏捷的人，善于分析言语交际的情境，所以他能结合齐如山的故事情境准确破译出其所讲故事的弦外之音。可见，语言“理解力”的获得既需要先天所赋予的领悟力，又需要后天的学习与修炼。

本丛书名曰“语言力”，包括《说明力》、《表达力》、《突破力》、《说服力》、《感染力》、《沟通力》、《辩驳力》和《理解力》八种。这套“语言力”丛书的写作，其意在于尽可能地发掘中国古哲今贤创意造言智慧的富矿，从中总结归纳出相关的规律，提供给广大读者参考，以期有效提升广大读者的“语言力”，使其在今后的言语交际活动中无往而不利。为了增强可读性，在本丛书的每一部中，笔者都努力在选材上做到经典性与生动性相结合，写作上努力在“化深奥为浅显”、“化平淡为生动”方面下功夫，希冀读者在获取知识、明白学理的同时获取一种阅读的审美享受。

吴礼权

2015 年 9 月 28 日于复旦大学

目　录

第一章　引　言

一、何谓说服力

在日常生活中，我们经常听人们提到“说服力”一词。比方说，学生之间常会议论：“这个老师很严厉，批评人不留情面，不过他的话确实有说服力，让你心服口服”；有的人天生就能说会道，但是不一定能赢得他人的好感，甚至有些人会说：“这个人巧舌如簧，能把死的说成活的，但讲的都是歪理，没有说服力”；我们都有过听人演讲的经验，或是政治演讲，或是学术演讲，听完后大家常有诸如此类的议论：“他的观点虽然具有前瞻性，但说服力不足”，“他的学术见解，我不敢苟同，因为材料不足，缺乏说服力”。可见，“说服力”是一个使用频率较高的常用词。

虽然“说服力”是一个使用频率较高的常用词，但无论是《辞海》，还是《现代汉语词典》，都没有对“说服力”下过定义，而只是对“说服”的内涵有所界定：

> 说服 ① 用充分的理由开导对方，使之心服。② (yuè－)“说”通“悦”。心悦诚服。《汉书·王尊传》奸邪销释，吏民说服。[①]
>
> 【说服】shuō//fú 动 用理由充分的话使对方心服：～力｜只是这么几句话，～不了人。[②]

---

① 《辞海》(缩印本)，上海辞书出版社1990年版，第449页。

② 《现代汉语词典》(第六版)，商务印书馆2012年版，第1225页。

由上面两部辞书对“说服”的定义来看，都强调了两点：一是“充分的理由”，二是“使对方心服”。也就是说，“说服”作为一种言语行为，是由交际者（即表达者）与受交际者（即接受者）共同完成的。交际者要给出“充分的理由”且让受交际者“心服”，这样“说服”的过程才能完成。

明白了“说服”的内涵，那么就可以自然地推导出“说服力”的定义：“所谓‘说服力’，就是交际者以充分的理由开导受交际者，使之心服的能力。”说得简单点，就是“说服他人的能力”。应该说，这种对“说服力”内涵的理解，大体上是对的。不过，需要指出的是，若从语言学的眼光来看，这样的理解是不够全面的。如果仅仅简单地以“说服他人的能力”来定义“说服力”，那是不够科学、不够严谨的。严密周延的“说服力”的定义，应该是如下这种表述：

> 所谓“说服力”，是指言语交际中交际者（Communicator）向受交际者（Communicatee）推阐自己的某种理念、主张，说服受交际者接受其建议、意见而充分发挥创意造言的智慧，从而有效地说服受交际者，使其欣然接受的语言能力。

在这个定义中，有两点是需要强调的。一是“说服力”的“力”，是指“语言能力”，亦即定义中强调的“创意造言的智慧”，而非其他什么能力。如果说得更具体点，就是指娴熟运用特定语言表达技巧（即修辞策略）的能力。二是“说服受交际者”要以“有效”为考察的唯一标准，即以“成败论英雄”。如果交际者（表达者）说得天花乱坠，但受交际者（接受者）最终没有“欣然接受”，那么则视为说服“无效”。只有当交际者向受交际者推阐的某种理念、主张或建议、劝告最终被受交际者“欣然接受”，这才视为说服“有效”。而只有说服“有效”，“说服力”才能得以体现出来。否则，即使交际者自己或是直接接受者之外的第三方觉得交际者充分发挥了创意造言的智慧，也不能视其言语表达具有说服力。因为道理很简单，说服他人是以直接接受者为目标的，言语交际需要说服的不是交际者本人，也不是受交际者之外的其他人。下面我们不妨看《战国策》中的一个例子：

苏秦始将连横，说秦惠王曰："大王之国，西有巴、蜀、汉中之利，北有胡、貉、代马之用，南有巫山、黔中之限，东有肴、函之固。田肥美，民殷富，战车万乘，奋击百万，沃野千里，蓄积饶多，地势形便。此所谓'天府'，天下之雄国也。以大王之贤，士民之众，车骑之用，兵法之教，可以并诸侯，吞天下，称帝而治。愿大王少留意，臣请奏其效！"

秦王曰："寡人闻之：毛羽不丰满者，不可以高飞；文章不成者，不可以诛罚；道德不厚者，不可以使民；政教不顺者，不可以烦大臣。今先生俨然不远千里而庭教之，愿以异日。"

苏秦曰："臣固疑大王之不能用也。昔者神农伐补遂，黄帝伐涿鹿而禽蚩尤，尧伐驩兜，舜伐三苗，禹伐共工，汤伐有夏，文王伐崇，武王伐纣，齐桓任战而伯天下。由此观之，恶有不战者乎？古者使车毂击驰，言语相结，天下为一，约从连横，兵革不藏；文士并饬，诸侯乱惑，万端俱起，不可胜理；科条既备，民多伪态；书策稠浊，百姓不足；上下相愁，民无所聊；明言章理，兵甲愈起；辩言伟服，战攻不息；繁称文辞，天下不治；舌弊耳聋，不见成功；行义约信，天下不亲。于是，乃废文任武，厚养死士，缀甲厉兵，效胜于战场。夫徒处而致利，安坐而广地，虽古五帝、三王、五伯、明主贤君，常欲坐而致之，其势不能，故以战续之。宽则两军相攻，迫则杖戟相橦，然后可建大功。是故兵胜于外，义强于内；威立于上，民服于下。今欲并天下，凌万乘，诎敌国，制海内，子元元，臣诸侯，非兵不可。今之嗣主，忽于至道，皆惛于教，乱于治，迷于言，惑于语，沉于辩，溺于辞。以此论之，王固不能行也。”

说秦王书十上而说不行，黑貂之裘弊，黄金百斤尽，资用乏绝，去秦而归。羸縢履蹻，负书担橐，形容枯槁，面目犁黑，状有愧色。归至家，妻不下纴，嫂不为炊，父母不与言。苏秦喟叹曰：“妻不以我为夫，嫂不以我为叔，父母不以我为子，是皆秦之罪也！”乃夜发书，陈箧数十，得《太公阴符》之谋，伏而诵之，简练以为揣摩。读书欲睡，引锥自刺其股，血流至足。曰：“安有说人主不能出其金玉锦绣、取卿相之尊者乎？”期年，揣摩成，曰：“此真可以说当世之君矣。”

——《战国策·秦策一》

稍有点历史常识的人，都知道苏秦是何许人也。他出身于战国乱世洛阳的一个破落家庭，是一个贫困潦倒、连温饱也不能解决的书生。但是，他凭着一张能说会道的嘴，北走燕，南走楚，东走齐，西走赵、魏、韩，游说山东六国之王，组成了一个联合抗秦的“合纵”之盟，挂六国相印，爵封武安君，叱咤风云。《战国策·秦策一》评说道：“苏秦相于赵而关不通。当此之时，天下之大，万民之众，王侯之威，谋臣之权，皆欲决苏秦之策。不费斗粮，未烦一兵，未战一士，未绝一弦，未折一矢，诸侯相亲，贤于兄弟。夫贤人在，而天下服；一人用，而天下从。”然而，就是这样一个游说天下诸侯、无往而不利的说客苏秦，当初以“连横”之策游说秦惠王时却遭到了惨败。上引文字，就是记录他游说秦惠王的经过及其失败的细节。

也许读者读了上引文字，对于苏秦游说秦惠王失败感到困惑，认为苏秦的游说辞非常有说服力，秦惠王不应该不认同他的见解。但是，事实上秦惠王就是不认同苏秦的游说及其所献的“连横”之策。尽管后来秦惠王和他的后继之君都信奉“连横”之策，并以此对付山东六国的“合纵”之计，实行“远交近攻”、“各个击破”的战术，最终逐渐消灭了六国，统一了天下；但是在苏秦游说秦惠王的当时，秦惠王却没有接受苏秦的“连横”之策。冷静客观地来看，苏秦上述游说秦惠王实行“连横”之策的说辞，无论是“稽古”、“引经”修辞手法的运用，还是“排比”、“夸张”文本的建构，都是可圈可点的。整个说辞不仅气势磅礴，而且表意酣畅充足，说服力十足。但是他说得口干舌燥，最终却没有说服秦惠王，只得在裘弊金尽的情况下，贫困潦倒地回到了洛阳，尝尽了世态炎凉的滋味。

前文我们说过，说服他人是以说服的最终结果来论定的，即“以成败论英雄”。说服他人而不能为他人欣然接受，其说服力就难以体现。上引苏秦游说秦惠王的事例正是这种情况。究其原因，主要是苏秦游说秦惠王时只注重了修辞技巧，而忽视了一个最重要的问题，这便是研究受交际者秦惠王这一特定的对象，并分析其当时特定的心理。苏秦前往秦国游说秦惠王，建议他实行“连横”之策之时，正是秦孝公逝世不久，秦惠王刚刚即位之际。当时秦国政坛发生了一件重大事件，就是曾经为秦国变法革新、使秦国迅速强大起来的卫人公孙鞅（即商鞅）因与秦惠王有矛盾而举兵谋反，结果被秦惠王处以车裂之刑。[①] 公孙鞅原来也是一个游士，靠游说秦孝公而获得重用，因此秦惠王刚即位时对于游说之士极为反感的心理是可想而知的。不论是从战国时代的历史形势看，还是从秦国的既定国策看，苏秦向秦惠王献“连横”之策是没有错的，苏秦所陈述的实行“连横”之策的理由也是充分的，但是当时受交际者秦惠王因为商鞅的缘故在心理上极度排斥说客，这就注定了苏秦的游说必然失败。不管苏秦的说辞有没有说服力，其结果都一样，在当时特定的情境下都不可能为秦惠王所接受。而他后来转而游说山东六国之君，实行“合纵”之策以抗强秦的计划得以成功，则正是因为他

① 参见吴礼权：《远水孤云：说客苏秦》（简体版），云南人民出版社 2011 年版，第 42 ~63 页；《远水孤云：说客苏秦》（繁体版），台湾商务印书馆 2012 年版，第 80 ~122 页。

在游说秦惠王失败之后痛定思痛，悟出了游说人君需要揣摩其心理的道理，并不是因为他在修辞技巧上有了更大的长进。

由此可见，交际者向人推阐自己的理念、主张或向人提出建议、劝告，并不完全看交际者是否有语言运用的技巧，有创意造言的智慧，而且要看交际者是否真正了解受交际者其人及其心理。如果不了解其人，也没摸清其心理状态，那么即使有再强的语言能力，有再高超的修辞技巧，也是难以扣动受交际者的心弦，让其认同并欣然接受其所推阐的理念、主张或所提出的建议、劝告。因为不看清对象，不了解对象的心理特点，就好比是对牛弹琴、饮马以酒，再好的说辞都是不能产生说服力的。也就是说，具备语言能力（包括掌握特定的表达技巧）并不能保证一定会达到预期的说服效果。事实上，有能力是一回事，有没有契合受交际者的心理需求，将话说到他的心坎里，则又是另一回事。因此，要将说服力落到实处，并最终体现出来，除了要求交际者在语言能力（包括修辞技巧）方面加强修炼外，还要重视心理分析，对受交际者的心理进行揣摩，同时重视特定语境的把握。这样，才能有的放矢，扣动受交际者的心弦，让受交际者心服口服，欣然接受其所推阐的理念、主张或所提出的建议、劝告。

二、说服力何来

前文谈到“说服”的定义时特别强调两点：一是“充足的理由”，二是“心服口服”。前者是就交际者说的，后者是就受交际者说的。

所谓“充足的理由”，就是要求交际者在推阐自己的某种理念、主张或提出某一建议、劝告时，举出支持其论点的论据必须充分。而支持论点的论据，事实上是有“软”、“硬”之分的。“硬论据”比较好理解，就是事实，包括人证、物证与事证，它对论证交际者的观点最为直接，也可以说最具说服力。比方说，在法庭上，控诉方指陈被告有罪，其所提交给法庭的据以证明被告有罪的材料（物证与事证），或是请到法庭帮助控诉方与被告对簿公堂的证人（人证），就是“硬论据”。只要这些“硬论据”经得起检验，且与被告被指控的罪名有密切关联，那么它就有让被告低头认罪的说服力，就能让庭审法官认同其诉求并作出判决被告有罪的法律行为。又比方说，在日常生活中，我们批评一个人某件事做错了，或某句话说错了，结果造成了严重的后果，批评者所指陈的被批评者的错事、错话，就是构成批评者批评被批评者并督促其改正错误的“硬论据”。所谓“软论据”，就是那些看不见、摸不着的人类抽象思维的成果，包括人们所公认的公理、由前人经验总结出来的格言谚语、被社会广泛认同的权威者的名言等，都可算是“软论据”，能够发挥与看得见、摸得着的“硬论据”同样的说服力。另外，经由归纳法或演绎法推导出来的结论，也可以视为论证观点的“软论据”。因为每一个正常人都有逻辑思维能力，通过归纳推理与演绎推理，经由已知的事实或知识也能推导出某一正确的结论。这种经由逻辑推理得出的“结论”，虽然不像人证、物证或事实等“硬论据”那样看得见、摸得着、可验证，但是只要这个推导出来的“结论”符合逻辑推理规则，那么就会被人们认同，成为人类思维的共同成果或共识，因而也就可以成为一种论证某一观点的“软论据”。比方说，一个人从未见过大海，也未到过长江、黄河的入海口，没见过长江、黄河奔流而入大海的景象，但是如果有人跟他说：“水往低处流，中国地势西高东低，所以长江、黄河都是自西向东奔流入海的”，他肯定会认同这个说法。这是为什么呢？是因为“水往低处流，中国地势西高东低，所以长江、黄河都是自西向东奔流入海的”这句话是一个“三段论式推理”，属于演绎推理中的一种简单的判断推理，是人人都认同的推理方式。“水往低处流”是大前提，“中国地势西高东低”是小前提，“长江、黄河都是自西向东奔流入海的”则是由上述大小前提推出的结论。由于上述大小前提都是无需证明的客观事实，是我们大家都具备的常识或共识，所以根据“三段论式”演绎推理推导出来的结论自然具有说服力。人类社会之所以能够不断往前发展，科技之所以能够日新月异，就是因为人类有“经由已知而推导未知”的逻辑推理能力。正因为如此，符合逻辑推理规则的推论往往也能成为人们认同的“软论据”。

虽然“论据”有“软”、“硬”之分，但在言语交际中，无论是“硬论据”，还是“软论据”，只要有“质”有“量”，就能成为交际者说服受交际者的有力工具，产生让受交际者心服口服的说服力。这里应该强调的是，交际者如果是运用“硬论据”，除了要保证“质”（即证据的真实性、权威性）之外，还要保证有一定的“量”（即人证、物证或事证的数量），否则便会陷入“孤证无力”的境地，使自己所欲推阐的某种理念、主张或是提出的某一建议、劝告缺乏说服力。下面我们不妨看看张良是如何运用“硬论据”，从而有效地说服汉高祖刘邦，让他取消了分封六国后人的决定的。

汉三年，项羽急围汉王荥阳，汉王恐忧，与郦食其谋桡楚权。

食其曰：“昔汤伐桀，封其后于杞。武王伐纣，封其后于宋。今秦失德弃义，侵伐诸侯社稷，灭六国之后，使无立锥之地。陛下诚能复立六国后世，毕已受印，此其君臣百姓必皆戴陛下之德，莫不乡风慕义，愿为臣妾。德义已行，陛下南乡称霸，楚必敛衽而朝。”

汉王曰：“善！趣刻印，先生因行佩之矣。”

食其未行，张良从外来谒。汉王方食，曰：“子房前！客有为我计桡楚权者。”

具以郦生语告，曰：“于子房何如？”

良曰：“谁为陛下画此计者？陛下事去矣。”

汉王曰：“何哉？”

张良对曰：“臣请藉前箸为大王筹之。”

曰：“昔者汤伐桀而封其后于杞者，度能制桀之死命也。今陛下能制项籍之死命乎？”

曰：“未能也。”

“其不可一也。武王伐纣，封其后于宋者，度能得纣之头也。今陛下能得项籍之头乎?"

曰:"未能也。"

"其不可二也。武王入殷，表商容之闾，释箕子之拘，封比干之墓。今陛下能封圣人之墓，表贤者之闾，式智者之门乎?"

曰:"未能也。"

"其不可三也。发钜桥之粟，散鹿台之钱，以赐贫穷。今陛下能散府库以赐贫穷乎?"

曰:"未能也。"

"其不可四矣。殷事已毕，偃革为轩，倒置干戈，覆以虎皮，以示天下不复用兵。今陛下能偃武行文，不复用兵乎?"

曰:"未能也。"

"其不可五矣。休马华山之阳，示以无所为。今陛下能休马无所用乎?"

曰:"未能也。"

"其不可六矣。放牛桃林之阴，以示不复输积。今陛下能放牛不复输积乎?"

曰:"未能也。"

"其不可七矣。且天下游士离其亲戚，弃坟墓，去故旧，从陛下游者，徒欲日夜望咫尺之地。今复六国，立韩、魏、燕、赵、齐、楚之后，天下游士各归事其主，从其亲戚，反其故旧坟墓，陛下与谁取天下乎?其不可八矣。且夫楚唯无强，六国立者复桡而从之，陛下焉得而臣之?诚用客之谋，陛下事去矣。"

汉王辍食吐哺，骂曰:"竖儒，几败而公事!"

令趣销印。

——《史记·留侯世家》

上引文字，说的是这样一个故事:公元前204年(即《史记》

所谓的汉三年）夏四月，楚霸王项羽率大军围攻汉王刘邦占领的荥阳。荥阳被困一月有余，城内开始断粮，刘邦手下将士大多精疲力竭，汉王刘邦为此非常忧虑与焦急。于是刘邦就与郦食其研究商讨，寻找削弱楚霸王项羽的势力，进而反败为胜的策略。最后郦食其给刘邦献了一计，就是让刘邦刻印，分封原来被秦国所灭的齐、楚、燕、韩、赵、魏六国的后裔，让他们各自占地为王，此举既能笼络六国人心，又能平衡楚霸王项羽一家独大的局面。郦食其为了说服刘邦，举了两个事证：一是商汤伐灭夏桀后而封其后裔于杞，二是周武王伐灭商纣王而封其后代于宋。由于商汤与周武王都是大家认同的明王圣主，因此郦食其举出的这两个历史事证为“硬论据”，自然有不可辩驳的说服力。也正因为如此，刘邦听后立即派郦食其去刻印，执行分封六国后裔的决定。可是，郦食其前脚刚走，刘邦的重要谋臣张良就进来了。当他听刘邦说完郦食其的计策，立即跌足长叹，认为这样做无异于自毁前程。他认为，在全国尚未统一之前，刘邦不应该有分封六国后裔的想法。为了说服刘邦取消原来的决定，张良也采用了郦食其说服刘邦的办法，举历史事证为“硬论据”。但是，在列举事证，提供“硬论据”时，张良采取了以“量”取胜的策略。郦食其举了两个事证说服了刘邦，他则举了八个事证为“硬论据”，最终彻底突破了刘邦的心防，让他心服口服，让刘邦不仅“辍食吐哺”，而且立即命令“销印”，取消了原来的决定。由此可见，在言语交际中，如果是运用“硬论据”来增强说服力的话，适度的“量”是保证取胜的重要条件。不过张良所举的事证，如果严格推究，实际的“量”没有那么大，即支撑其论点的“硬论据”并没有八个。也就是说，张良用以论证自己论点的八个事证是有水分的。他所连叙的八点之中，“有许多只是同一件事罢了，本来可以省并得少些的”①。但是，为了从气势上盖过郦食其，张良有意玩了一点语言技巧，即通过“排比”修辞手法铺排并非等价的八个理由，造成一种磅礴的气势，从心理上慑服刘邦，

① 黄庆萱：《修辞学》，台湾三民书局1997年版，第101页。

让刘邦觉得他的理由更充分。这大概就是张良要硬凑出八点的原因所在。因为连叙八点，“分点愈多，产生了紧密的文势，联珠急发，其锐难当，难怪汉高祖一听以后，连嚼在嘴里的食物都赶忙吐出来，大声叹服了”①。

如果说增强说服力，运用“硬论据”要重视“量”，那么运用“软论据”就必须重视“质”，即重视创意造言的机智与修辞技巧。上面我们说过，“软论据”是指那些看不见、摸不着的人类抽象思维的成果，包括人们所公认的公理、由前人经验总结出来的格言谚语、被社会广泛认同的权威者的名言，以及经由归纳法或演绎法推导出来的“推论”等。从理论上说，上述这些“软论据”在作为论据支撑论点方面的价值是一样的，但是具体落实到不同的交际情境中，对不同的受交际者来说，其所产生的说服力则是有差异的。格言谚语可以作为论理劝说的“软论据”，但是通行于不同时代、不同地域，表示同一个意思的汉语格言谚语恐怕不止一种。因此，在言语交际中，我们需要引用表示某种意思的格言谚语作为“软论据”来推阐自己的某种理念、主张或向受交际者提出某一建议、劝告的话，就需要适应特定的受交际者，对相同意思的众多格言谚语进行一番选择。如果受交际者是有文化修养的，有服膺古圣贤的心理，那么就援引古人之言；如果受交际者文化水平不高，那么就引用现代人的话或是通俗易懂的谚语；如果受交际者是北方人，就引用那些广泛流行于北方的谚语；如果受交际者是南方人，就引用那些广泛流行于南方的谚语；如果交际者对受交际者了解甚深，甚至还可以引用那些只流行于受交际者成长生活的特定地域的谚语。这样，有的放矢，更容易打动受交际者之心，增强论理劝说的说服力。这就像两个小孩子发生争论，一方要说服另一方的情形一样。如果是同一个家庭中的两个孩子之间发生了争论，一方要说服另一方，最有效的说服方法是引用妈妈的话，说“妈妈怎么说”。因为在家庭中，在孩子眼里，妈妈最权威，她的话就是真理，是不能质

① 黄庆萱:《修辞学》，台湾三民书局1997年版，第101页。

疑的。如果是同一所学校、同一个班级里的两个孩子发生了争论，一方要说服另一方，恐怕最有效的方法是引用老师的话，说“老师怎么说”。相反，引用自己妈妈的话就不灵了。因为在学校，老师是孩子们心目中公认的最权威的人，他们的话就是真理，同样不容置疑。同样，以逻辑推理为“软论据”，也有一个适应特定受交际者而有所选择的问题。如果受交际者是一个文化水平或智商较低的人，采用归纳推理的“推论”为“软论据”跟他说理或对他进言，那会比较有效；如果受交际者是一个文化水平或智商较高的人，采用演绎推理的“推论”为“软论据”向他阐明理念、主张，可能更受其欢迎，也更具有说服力。

前文我们说过，说服力来源于两个方面，一是来自于交际者所给出的理由（即软、硬论据）充足，二是来自于受交际者心悦诚服的心理认同。因为我们都知道，“说服”是一个双向互动的语言活动，交际者必须考虑受交际者的心理，而不能只是一味地考虑自己给出的理由是否充足。在言语交际中，交际者为了推阐自己的理念、主张，或是向受交际者提出建议、劝告，能够提供充足的论据固然是有助于增强论说的说服力，但是这只是一种可能。因为充足的论据只是论说具有说服力的必要条件，而非充分条件。要想说服力真正得到落实，最终还是要看受交际者是否心悦诚服地认同交际者所说的道理或所提出的观点、主张。前面我们曾举过苏秦游说秦惠王的例子，苏秦游说秦惠王实行“连横”之策，无论是稽引的古人古事等“硬论据”，还是就事引申发挥的逻辑推论等“软论据”，客观地说，都算是非常充足的。但是，最终秦惠王没有认同他的观点，没有接纳他的建议，也没有授予他一官半职。这种情况，我们就不能说苏秦的游说具有说服力。因为交际者的论说，有没有“说服力”，最终是以受交际者是否认同与欣然接受为唯一判定标准的。因此，我们说，交际者要想使自己的论说具有说服力，除了要在提供充足的理由（即“硬论据”、“软论据”）方面下功夫外，还得善于心理分析，在研究受交际者方面有所努力。

三、如何创造说服力

言语交际是一种复杂的语言活动，如何创造说服力，使我们所欲推阐的理念、主张或所提出的建议、劝告被受交际者欣然接受，并没有一成不变的固定模式可以套用，而是需要我们根据特定的受交际者，适应特定的交际情境，充分发挥创意造言的机智，有效运用特定的修辞策略，提出或创造充足的理由，即看得见、摸得着且可验证的“硬论据”或看不见、摸不着但让人从内心予以认同的“软论据”，从而让受交际者心悦诚服，并欣然接受我们的理念、主张或建议、劝告。

尽管如何创造说服力确实没有“放之四海而皆准”的固定模式可以套用，但是前人与时贤曾经创造或运用过的某些具有说服力的表达方式（或曰修辞策略），还是值得我们借鉴与参考的。即使前贤的有些创意造言智慧我们无法企及，也无法模仿，但认真揣摩，我们至少可以从中得到一些教益与启发，这对提升我们论说的说服力也不无裨益。

正是基于这种想法，我们通过对古今贤哲大量说写修辞文本的分析，总结出如下七种创造说服力的基本方法。

第一种方法，是“让历史的经验作证”。这种说服的方法，其实就是修辞学上所说的“稽古”策略，是通过稽引古代或前代的事例作为论证某一观点的论据。因为历史的经验最为后人所看重，所以交际者利用人们这种心理，往往就能通过“稽古”策略成功说服受交际者。如晋人王嘉在《王子年拾遗记》中记有这样一个故事：

> 蜀先主甘后……及后生而体貌特异，年至十八，玉质柔肌，态媚容冶；先主致后于白绡帐中，于户外望者，如月下聚雪。
>
> 河南献玉人，高三尺，乃取玉人置后侧，昼则讲说军谋，夕则拥后而玩玉人。常称：“玉之所贵，比德君子，

况为人形，而不可玩乎?”

甘后与玉人洁白齐润，观者殆相乱惑，嬖宠者非唯嫉甘后，而亦妒玉人。

后常欲琢毁坏之。乃戒先主曰：“昔子罕不以玉为宝，春秋美之，今吴魏未灭，安以妖玩经怀！凡诬惑生疑，勿复进焉。”

先主乃撤玉人像，嬖者皆退。当时君子以甘后为神智妇人。

这个故事说的是，蜀汉先主刘备的夫人甘氏颇有识见，她知道丈夫刘备有恢复汉室的大志，所以对他寄予了厚望。可是刘备却一度患上“恋物癖”，玩弄玉人，大有玩物丧志的倾向。为了防止丈夫继续堕落下去，甘氏就郑重劝谏刘备，让他务须戒除恋物癖，以灭吴魏、恢复汉室、一统天下为奋斗目标。为了增强说服力，甘氏稽引了春秋时代宋国正卿子罕不以玉为宝的事迹作为论据。“子罕不以玉为宝”，典出于《左传·襄公十五年》的一段历史记载：“宋人得玉，献诸子罕。子罕弗受。献玉者曰：‘以示玉人，玉人以为宝也，故敢献之。’子罕曰：‘我以不贪为宝，尔以玉为宝。若以与我，皆丧其宝也。’”甘氏之所以要搬出遥远的春秋时代的事例而不举身边与当代的事例，有她深刻的用意。因为她知道，“刘备玩物丧志的原因就是因为玉，所以搬出‘子罕不以玉为宝’的典故，对他最有针对性。另外，刘备最倚重的结义兄弟关羽最喜欢读《春秋》，最服膺春秋时代的许多人物，当然包括子罕。他说‘兄弟如手足’，兄弟喜欢的，也一定是他喜欢的”①。由于甘氏“对刘备的心理把握得非常准确，所以一搬出‘子罕不以玉为宝’的典故，立即就镇住了刘备，让他幡然醒悟：要青史留名，要成就大业，就必须学习古之圣人”②。可见，善于运用“稽古”修辞策略，援引古人

① 吴礼权：《言语交际与人际沟通》，暨南大学出版社2013年版，第180页。
② 吴礼权：《言语交际与人际沟通》，暨南大学出版社2013年版，第180页。

的事迹为论据，让历史的经验来作证，确实是提升说服力的有效手段。

第二种方法，是“借祖宗的嘴巴说话”。这种说服的方法，其实就是修辞学上所说的“引用”修辞策略，是借古人（包括权威者）的嘴巴替自己代言，从而将自己所想表达的意思表达出来，最终达到说服受交际者的目标。这种方法之所以在说服他人时往往能够奏效，主要是利用了人们尊崇祖宗与权威的心理。既然大家都有这种心理，那么“借祖宗的嘴巴说话”，就比较容易从心理上慑服受交际者，在其心防顿开时顺利地“暗度陈仓”，最终达到说服对方的交际目标。如汉人邹阳在《狱中上梁王书》中有这样一段话：

> 语曰：“有白头如新，倾盖如故。”何则？知与不知也。故樊於期逃秦之燕，借荆轲首以奉丹事；王奢去齐之魏，临城自到以却齐而存魏。夫王奢、樊於期非新于齐、秦而故于燕、魏也，所以去二国、死两君者，行合于志，慕义无穷也。是以苏秦不信于天下，为燕尾生；白圭战亡六城，为魏取中山。何则？诚有以相知也。苏秦相燕，人恶之燕王，燕王按剑而怒，食以駃騠；白圭显于中山，人恶之于魏文侯，文侯赐以夜光之璧。何则？两主二臣，剖心析肝相信，岂移于浮辞哉！

邹阳是西汉文帝与景帝时代的著名辞赋家，非常有才华。最初仕于吴王刘濞手下，汉景帝时吴王蓄谋叛乱，邹阳上书力谏，吴王不听，遂离开吴王刘濞而改投梁孝王刘武门下。梁孝王乃汉文帝窦皇后之少子，与汉景帝是同母兄弟。所以，梁孝王有嗣位之心，而窦皇后也希望汉景帝将帝位传给梁孝王。但是，朝中大臣以帝位传子不传弟的祖制为由予以反对。邹阳虽在梁孝王门下，但也知梁孝王嗣位不可，遂力谏。但梁孝王的旧臣羊胜、公孙诡为了自己的利益，极力怂恿梁孝王图谋帝位，于是，便与邹阳发生了矛盾。结果，梁孝王听了羊胜、公孙诡的谗言，将邹阳逮捕下狱，并准备杀之。邹阳为了自救，遂在狱中给梁孝王刘武写了上述这封信，坦陈自己对梁孝王的一片忠心。梁孝王读后，为之深切感动，遂将邹阳释放，并待之为上宾。

邹阳的这封书信是中国文学史上的名篇，精彩之处不在少数。而上段引文，则是以强烈的说服力而著称。这段文字的主旨是告诉梁孝王这样一个道理："宾主之间要真诚相待，倾心相知，深信不疑。"但是，邹阳并没有直接将这个道理直白地说出来，而是引用了一个谚语："白头如新，倾盖如故"，意思是说：两个从小生活在一起的人，并不能保证能建立起信任关系，也许直到白头，还像是陌生人一样；两个在路上相遇的人，彼此只是停车交谈过几句，也许就能建立起永恒不渝的信任。由于谚语都是经由前人经验总结出来的至理名言，并世代相传，因此就有非常大的权威性。邹阳要向梁孝王说明的上述道理，之所以不用自己的话来表达，而是引用谚语来陈述，其用意就是"借祖宗的嘴巴说话"，让古人替自己代言，以此让梁孝王在慑服祖先权威的心理作用下认同所引谚语的意涵，进而让梁孝王明白"宾主之间应该坦诚相见，真诚相待，深信不疑"的道理。事实上，邹阳"借祖宗的嘴巴说话"，确实提升了这封书信的说服力，对于自救发挥了重要作用。为什么这么说呢？因为他所引用的这句谚语，与他接下来所稽引的古人事例非常匹配，樊於期授首于荆轲、王奢杀身而存魏，是宾对主的报答，也是主对宾深信不疑的结果；苏秦与燕昭王、白圭与魏文侯肝胆相照的事例，则是君臣倾心相知的榜样。很明显，邹阳所举的这四个古人事迹，既是对所引谚语"白头如新，倾盖如故"的意涵的诠释，又是对作为论点的"白头如新，倾盖如故"一句的实例论证。正因为如此，其说服力就进一步放大了。这大概就是这封书信能够深切打动梁孝王的原因所在。可见，善于运用"引用"修辞策略，援引古人的言论为论据，借祖宗的嘴巴为自己代言，也是一种有效提升说服力的重要手段。

第三种方法，是"以事实为依据说理"。这种说服方法，就是以当前已经发生或存在的事实作为论据，通过举例的形式予以论证所欲阐发的道理、主张或建议、劝告的合理性，进而使受交际者信服。这种方法是最普通的说服方法，但也是最行之有效的说服方法，无论是古人还是今人，无论是上层人士还是普通民众，都喜欢运用这种方法。因为以眼前所发生的事实（包括亲身经历）为论据，对于受交际者来说具有即时性、直接性，并不像列举的古人古事那样让人有距离感、隔阂感，因此也就更具有说服力。如《史记·管晏列传》记春秋时代齐国之相管仲的事迹，有如下一段文字：

> 管仲夷吾者，颍上人也。少时常与鲍叔牙游，鲍叔知其贤。管仲贫困，常欺鲍叔，鲍叔终善遇之，不以为言。已而鲍叔事齐公子小白，管仲事公子纠。及小白立为桓公，公子纠死，管仲囚焉。鲍叔遂进管仲。管仲既用，任政于齐，齐桓公以霸，九合诸侯，一匡天下，管仲之谋也。
>
> 管仲曰："吾始困时，尝与鲍叔贾，分财利多自与，鲍叔不以我为贪，知我贫也。吾尝为鲍叔谋事而更穷困，鲍叔不以我为愚，知时有利不利也。吾尝三仕三见逐于君，鲍叔不以我为不肖，知我不遭时也。吾尝三战三走，鲍叔不以我为怯，知我有老母也。公子纠败，召忽死之，吾幽囚受辱，鲍叔不以我为无耻，知我不羞小节而耻功名不显于天下也。生我者父母，知我者鲍子也。"
>
> 鲍叔既进管仲，以身下之。子孙世禄于齐，有封邑者十余世，常为名大夫。天下不多管仲之贤，而多鲍叔能知人也。

管仲是中国古代伟大的政治家、经济学家，曾经辅佐齐桓公"九合诸侯，一匡天下"，显现了难得一见的"经天纬地之才，济世匡时之略"，堪称治国的能臣。孔子对于管仲治国、平天下的事功曾给予了极高的赞扬，《论语·宪问篇》记孔子之言曰："微管仲，吾其被发左衽矣。"意思是说：没有管仲辅佐齐桓公"九合诸侯，一匡天下”，尊王攘夷，实行王化教育，我们至今还是披头散发、衣襟左开的野蛮人。又说：“桓公九合诸侯，不以兵车，管仲之力也，如其仁，如其仁!”（《论语·宪问篇》）连说两次“如其仁”，其对管仲治国、平天下能力的赞赏之情可见一斑。除了治国、平天下的事功外，管仲还是中国古代著名的思想家与教育家，在中国思想史、教育史上占有不可替代的重要地位。也因此，管仲被后人誉为“圣人之师”与“华夏文明的保护者”。①

管仲虽然伟大，但从上段引文来看，我们知道，还有一个人比他更伟大，这就是对管仲有知遇之恩的鲍叔牙，管仲的知交。所以，太史公司马迁评论说：“天下不多管仲之贤，而多鲍叔能知人也。”其实，不仅是太史公冷眼旁观，知道管仲的成功缘于鲍叔牙知人遇人的胸襟，就是当事人管仲自己在辅佐齐桓公获得成功后，也慨然感叹：“吾始困时，尝与鲍叔贾，分财利多自与，鲍叔不以我为贪，知我贫也。吾尝为鲍叔谋事而更穷困，鲍叔不以我为愚，知时有利不利也。吾尝三仕三见逐于君，鲍叔不以我为不肖，知我不遭时也。吾尝三战三走，鲍叔不以我为怯，知我有老母也。公子纠败，召忽死之，吾幽囚受辱，鲍叔不以我为无耻，知我不羞小节而耻功名不显于天下也。生我者父母，知我者鲍子也。”管仲的这段话，实际要表达的意思只是最后一句话：“生我者父母，知我者鲍子也”。意思是说，鲍叔牙对他有恩同再造之情。为了表达这层意思，揭示自己的成功与鲍叔牙的帮助之间的关系，管仲详细列举了自己在贫困时、谋事失利时、三战三败时、做囚徒时鲍叔牙如何倾力帮助他的往事为论据，从而有力地论证了其欲阐发的观点：“生我者父母，知我者鲍子也”。可见，摆事实（特别是亲身经历）也是讲道理或阐发观点最有效的方法之一。

第四种方法，是“以逻辑的力量征服人心”。这种说服方法，就是通过逻辑推理的形式推阐某种理念、主张或是提出某一建议、

① http：//baike. baidu. com/subview/2810/5969198. htm？fr = aladdin，百度百科“管仲”条。

劝告。虽然简单的逻辑推理大家都会，但以此来讲理劝说，能够产生慑服人心的说服力，则并不容易。因此，要想通过逻辑推理的方法说服他人，是需要有创意造言的智慧的。事实上，很多有说服力的逻辑推理都是富含智慧的。如台湾学者沈谦教授的《梁实秋的流风余韵》一文曾记有这样一个故事：

> 1981 年，梁老八十诞辰，诗人痖弦请了一桌寿宴，我有幸忝列末席，但不幸的是平生酒量太差，只好向他告饶："梁老，我酒量太差，只能干半杯，您随意！"梁老面露诡谲的微笑："那你就把下半杯干了！"

故事中的主角梁实秋，是中国人都非常熟悉的现代著名的作家与翻译家，所著《雅舍小品》与所译《莎士比亚全集》，则是他贡献给文坛有目共睹的盛馔。讲故事的作者沈谦，曾任台湾中兴大学中文系主任、台湾空中大学中文系主任、台湾中国修辞学会会长。当年台湾诗人痖弦置酒为梁实秋庆祝八十华诞时，他还是台湾师范大学的博士生。因此，在酒宴上，沈谦是以学生的身份向梁实秋先生敬酒的。众所周知，按中国人的习惯，既然是敬人酒，理应一饮而尽。可是，敬酒者沈谦却说他酒量差，只能饮半杯。梁实秋作为寿星和老师，当然可以按照中国人的文化传统，要求甚至是命令沈谦将一杯饮尽。但是，梁实秋先生却没有这样做，而只是诡谲地一笑，说了一句："那你就把下半杯干了"。结果，沈谦就心悦诚服地将一整杯酒一口喝完了。不仅喝完了，而且从此到处宣扬，以此作为佳话。

那么，生平不善饮酒的沈谦教授当年被梁实秋先生强逼着喝下一整杯酒，为什么心悦诚服，还以此为佳话到处宣扬呢？无他，这是因为梁实秋先生要他喝酒的理由充满了高度的智慧，而且风趣幽默，让他心服口服。按照一般人的思路，梁实秋要沈谦喝下一整杯酒，可以这样说："我是长辈，又是你的老师，今天我八十大寿，你主动要敬我酒，那么就应该喝完一杯才算有诚意。"如果这样说，沈谦肯定也会喝，但喝了也不会心服口服，更不会心悦诚服。梁实秋的高明之处在于，不是逆着晚辈沈谦的意思而勉其所难，而是顺着他的话接着往下说："如果只喝半杯，也可以，那就把下半杯干了。"这话乍一听，挺有体谅他人的意思，实则不然。因为它是一个充满智慧的"让步条件关系推理"，暗藏了玄机。表面上梁实秋同意沈谦喝半杯，却要求他不能喝上半杯，而是要喝下半杯。而酒是盛在杯具中的液体，无法拿开上半杯而取出下半杯。因此，要喝下半杯，就必须先喝掉上半杯。很明显，梁实秋先生这是在跟沈谦玩逻辑游戏。究其实质，仍然是要沈谦一杯饮尽。由于梁实秋的逻辑游戏玩得高妙，充满智慧，遂成了劝服沈谦喝完一杯的充足理由。可见，充满智慧的逻辑推理是有征服人心的说服力的。

第五种方法，是"以铺排夸张壮势"。这种说服方法，实际上就是运用"排比"与"夸张"两种修辞策略帮助增强说理劝说的力量。"排比"修辞策略是以三个或三个以上结构相同或相似的语言单位连续铺排。因此，"排比"文本一般都具有表意充足酣畅，气势磅礴的效果，极易对受交际者产生一种强烈的心理冲击，无形中形成一种说服力。"夸张"修辞策略，则是通过违背逻辑事理的张皇失实之辞，造成一种耸动人心的效果，从心理上影响或干扰受交际者进行理性的判断，从而"暗度陈仓"，实现其预定的交际目标（后文我们有专门的章节论述）。下面我们不妨来看先秦时代的一篇作品——《诗经·小雅·蓼莪》一诗：

蓼蓼者莪，匪莪伊蒿。
哀哀父母，生我劬劳。

蓼蓼者莪，匪莪伊蔚。
哀哀父母，生我劳瘁。

瓶之罄矣，维罍之耻。
鲜民之生，不如死之久矣。

无父何怙，无母何恃。
出则衔恤，入则靡至。

父兮生我，母兮鞠我。
拊我畜我，长我育我。
顾我复我，出入腹我。
欲报之德，昊天罔极。

南山烈烈，飘风发发。
民莫不谷，我独何害。

南山律律，飘风弗弗。
民莫不谷，我独不卒。

这首诗是一位孝子深沉的内心独白，也是其椎心泣血的痛苦呐喊。全诗的主旨是表达对父母养育之恩的深切感念之情，抒发失去父母的无比悲伤与无力奉养父母的深切痛楚。读之既令人无限感伤，又无限感慨。因此，说它是中国千古第一劝孝诗，当不为过也。清人方玉润就曾有评价，认为此诗乃“千古孝思绝作”①。

那么，为什么这首诗有如此撼动人心的力量，而被誉为“千古孝思绝作”呢？这与诗人善于运用“排比”修辞策略造势有关。诗歌第一章的第一、二句“蓼蓼者莪，匪莪伊蒿”，与诗歌第二章的第一、二句“蓼蓼者莪，匪莪伊蔚”结构形式相同，语义也相同，而且作用也相同（皆是为了抒情而作的铺垫，用的是“比兴”手法）。第一章的第三、四句“哀哀父母，生我劬劳”；与第二章的第三、四句“哀哀父母，生我劳瘁”，在结构、语义、作用方面都相

① （清）方玉润《诗经原始》卷十一。

同的。由此，第一章与第二章就在整体上构成了一个“排比”①，造就出一种一唱三叹的缠绵凄婉的格调，从而给人以一种凌空起势、先声夺人的感觉。第三章的第五、六句：“无父何怙，无母何恃”，第七、八句：“出则衔恤，入则靡至”，也是运用了“排比”策略的文本（属于两项内容的排比）。前者通过两句的排比，突出强调了父母对于孩子的重要性；后者则通过两句的排比，具体呈现了父母养育孩子的辛劳情状。至于第四章，则更是运用“排比”策略的极致。“父兮生我，母兮鞠我”，是语义总领式排比，以抽象的方式强调了父母的养育之恩。“拊我畜我，长我育我。顾我复我，出入腹我”四句，一连以“拊”、“畜”、“长”、“育”、“顾”、“复”、“腹”七个动词连续铺排，以具体的方式突出强调了父母养育“我”的辛劳。如此抽象与具体相结合，遂将诗人感激父母养育之恩的深切之情推到了极点。不仅表意充足酣畅，而且文势遒劲，气势磅礴，一下子就击中了人类情感的软肋，突破了天下儿女的心防，让人情不自禁地与诗人达成思想情感的共鸣，从而强烈认同诗人劝孝的理念：“天大地大，大不过父母对于子女的养育之恩；千悲万悲，悲不过子女无力奉养双亲之痛。”可见，“以铺排夸张壮势”可以产生慑服人心的力量，也可以增强劝世布道的说服力。

第六种方法，是“从侧面包抄进攻”。这种说服的方法，主要是在针对特定对象予以劝谏、说服时，采用修辞学上的“折绕”策略，以迂回曲折的方式将所要推阐的理念、主张或所欲提出的建议、劝告巧妙地表达出来，让受交际者在赚足面子的情形下愉快地接受其观点或建议。虽然这种说服方法相较于其他方法显得有些费辞，不够直接，但正如兵法上的迂回包抄战术，能够保证最终的胜利，使说服力落到实处，即让受交际者最终能欣然接受其观点或建议。下面我们就来看看《史记·滑稽列传》中记载的一则故事：

① 学术界一般倾向于认为“排比”是以三项或三项以上的事象并列。但是，陈望道认为两个事象也可以构成“排比”。参见《修辞学发凡》，上海教育出版社 1997 年版，第 205 页。

武帝时有所幸倡郭舍人者，发言陈辞虽不合大道，然令人主和说。

武帝少时，东武侯母常养帝。帝壮时，号之曰“大乳母”。率一月再朝。朝奏入，有诏使幸臣马游卿以帛五十匹赐乳母，又奉饮飧养乳母。

乳母上书曰：“某所有公田，原得假倩之。”

帝曰：“乳母欲得之乎？”

以赐乳母。乳母所言，未尝不听。有诏得令乳母乘车行驰道中。当此之时，公卿大臣皆敬重乳母。

乳母家子孙奴从者横暴长安中，当道掣顿人车马，夺人衣服。闻于中，不忍致之法。有司请徙乳母家室，处之于边。奏可。乳母当入至前，面见辞。乳母先见郭舍人，为下泣。

舍人曰：“即入见辞去，疾步数还顾。”

乳母如其言，谢去，疾步数还顾。

郭舍人疾言骂之，曰：“咄！老女子！何不疾行！陛下已壮矣，宁尚须汝乳而活邪？尚何还顾！”

于是人主怜焉悲之，乃下诏止无徙乳母，罚谪谮之者。

上引这段文字，说的是这样一个故事：汉武帝时候，有一个宠幸的舍人（即艺人）姓郭。郭舍人虽然讲不出治国平天下的大道理，却能逗汉武帝开心。汉武帝小时候，是由东武侯的母亲喂的奶。汉武帝长大成人后，便称她为“大乳母”。乳母一般是一个月入朝见汉武帝两次。每次入朝见武帝，武帝都会诏令宠幸之臣马游卿拿五十匹锦帛赐给她，而且给她奉上饮食。一次，乳母向武帝上书，说某地有一片公田，希望能够借给她。武帝问她：“你是想得到这块田吗？”于是，就将那块公田赏赐给了乳母。乳母所说的话，武帝没有不听从的。不仅如此，武帝还下诏让乳母乘车行驶在皇帝专用的御道上。因为武帝尊重乳母，所以当时的公卿大臣中没有人敢不尊重乳母的。后来，乳母家的子孙、家奴因为恃宠而横行于长安，并当道拦人车马，夺人衣物。此事传入宫中，武帝也不忍心依法追究乳母及其子孙、奴仆。后来，相关官员请求乳母一家迁出长安，发配到边地。武帝收到报告，也准了。乳母觉得，虽然被发配出京，但也理应向武帝当面辞别。不过，在谒见武帝前，乳母先去见了郭舍人。说到被发配之事，乳母伤心落泪了。郭舍人就给她出了一个主意，说："你马上进宫谒见皇上，跟他告辞离去时，快步而出，边走边不断回头看皇上。"乳母按照郭舍人的话，进宫谒见武帝后，辞谢而去时，快步退出而不断回头看武帝。这时，郭舍人从旁大声叫骂道："咄！死老婆子，还不快点离开！皇上已经长大了，难道还要你给他喂奶才能活命吗？你还回头看什么？"武帝听郭舍人这样说，顿时起了同情之心，觉得乳母很可怜，就下诏停止了发配乳母全家的计划，并且处罚了进献谗言的相关官员。

从这个故事来看，汉武帝的乳母之所以能够幸免发配边地的厄运，完全是郭舍人的智慧。郭舍人不仅为乳母设计好了辞别汉武帝的"演出剧本"，而且还配合演出，并且有精彩的"台词"。事实上，正是因为他精彩的"台词"，才最终让汉武帝取消原来发配乳母的决定。那么，郭舍人的这几句精彩的"台词"究竟精彩在何处呢？仔细分析郭舍人的"台词"，其实是要进谏汉武帝，跟他讲一个道理："为人不能忘本。"但是，郭舍人不是大臣，只是汉武帝的一个弄臣，不具备向皇帝进谏的资格。纵然是具备进谏资格的大臣，事实上也不能直言教训皇帝。所以，郭舍人采用了"折绕"修辞策略，通过指斥乳母不明理，旁敲侧击，暗指汉武帝发配乳母是"忘本"。由于郭舍人直接指责的是乳母，而不是汉武帝，汉武帝只能意会是批评他，却抓不住其把柄，同时也没有尊严受损的问题。所以，汉武帝能够坦然接受郭舍人的意见，取消了发配乳母全家的决定。很明显，郭舍人的谏说是成功的，它就像是战争中的迂回包抄战术，虽然要费点事，但能保证最终的胜利。可见，"从侧面包抄进攻"，也是言语交际特别是谏说中行之有效的方法，是保证说服力落到实处的有效手段。

第七种方法，是"以创意软实力取胜"。这种说服的方法，主要是通过“比喻”、“讽喻”、“双关”等修辞策略，以创意造言的智慧突破受交际者的心防，从而使受交际者在感佩其智慧的心理作用下迅速认同其所推阐的理念、主张或所提出的建议、劝告。下面我们不妨来看一个例子：

> 有一次，我参加在台北一个学校的毕业典礼，在我说话之前，有好多长长的讲演。轮到我说话时，已经十一点半了。我站起来说：“绅士的讲演，应当是像女人的裙子，越短越好。”大家听了一发愣，随后哄堂大笑。报纸上登了出来，成了我说的第一流的笑话，其实是一时兴之所至脱口而出的。
>
> ——林语堂《八十自叙》

上引故事中，林语堂即席所作的演讲，只有一句话：“绅士的讲演，应当是像女人的裙子，越短越好”，虽然简短，却是妙趣横生，含义隽永，因此被报纸登出来后就成了演讲者林语堂所讲的“第一流的笑话”。其实，林语堂说这句话并不是给大家逗乐的，而是要阐明一个有关演讲的道理。这个道理便是：“绅士的演讲应该简明扼要，要给听众留下回味的余地，才能令听众有意犹未尽的美感。如果绅士的讲演啰唆冗长，说了半天还不知所云，徒然浪费听众时间，那定然会让听众生厌的”①。不过，这个道理如果当时这样直白地讲出来，“虽然语意表达很充足，道理说得很透彻，却成了令人头大乏味的说教，不成其名言妙语为人传诵了”②。而且还会让在毕业典礼上讲话的长官们感情很受伤，因为这样说，等于是批评在他之前演讲的长官们都在说废话。这样，既破坏了毕业典礼的喜庆气氛，也有损自己的绅士形象。如果林语堂不这样讲，换一种方式说：“绅士的讲演，越短越好”，可能会显得“表达更简洁，语

① 吴礼权：《语言策略秀》（修订版），暨南大学出版社2014年版，第15页。
② 吴礼权：《语言策略秀》（修订版），暨南大学出版社2014年版，第15页。

言更经济，但却像女人穿的超短裙短到了没有的地步，也顿失韵味了"①。林语堂讲道理的高明之处，就在于突破了普通人论理布道的寻常思维模式，以创意造言的智慧取胜，以“女人的裙子”来比喻“绅士的讲演”，使喻本与本体的匹配大出人们意料，让人印象深刻。这样，必然会让人先为之一愣，继而回过神仔细品味，不禁为之会心一笑，从而在无限欣喜与敬佩的心理作用下愉快地认同他所讲的道理。可见，讲道理有时候并不一定要板起面孔，列举事实一二三四，或是逻辑推理一大套，创造精妙的“比喻”文本，以创意软实力也能取得说服他人的力量。

① 吴礼权：《语言策略秀》（修订版），暨南大学出版社2014年版，第15页。

第二章　让历史的经验作证

中国是一个宗法制社会，家国同构，君父家长有至高无上的权威，是任何人都不能也不敢挑战的。在中国人的心目中，先王先圣或家长所做的事都是对的，后代子孙都要照着做。虽然从历史的眼光来看，我们的祖先所做的事未必都是正确的，而且限于历史条件，有些事压根儿就是做错了。因此，后代子孙不必也不应该效仿着做。可是，中国是一个历史悠久的国度，中华民族是一个有着深厚文化积淀的民族，某种思想观念一旦形成，便会在心理定式与民族文化惯性的作用下凝固定型，进而固化为一种根深蒂固的观念或一成不变的规矩。

正因为如此，我们中国人自古以来就有一种说话的习惯，即表达自己的观点时，如果要举例论证，总爱引用古人或古事。如孔子、孟子等先秦圣贤，他们说话时喜欢征引三皇五帝之事，言必称尧舜，动辄说周公；而孔子、孟子之后的历代贤哲，他们开口说话、动笔写作时，除了继续上称尧舜、周公之外，还会拿孔子、孟子以及在他们之前的贤人说事。普通人不能博通经史，无法稽引典故，但他们也有办法，就是拿他们的祖先说事。日常生活中，我们常常听大人教育孩子说，想当初你爷爷如何如何，你爸爸如何如何。这就是拿祖宗来说事，即以历史的经验来作证。

以历史的经验来作证，在修辞学上有一个名词叫“稽古”或曰“用典”。在说写实践中，它既是一种有效的说服手段，又是一种增强说服力的修辞策略。上面我们说过，中国人都有尊崇祖先的民族心理，又有服膺权威的文化传统，所以当别人搬出祖先的故事或是先圣前哲的所作所为来说事时，接受者就会自动放弃自己的价值判断与是非标准，情不自禁地作出一种“集体无意识”的行为反应：

服从、听从。正因为征引前人之事，以历史的经验来作证，有着先声夺人、慑服人心的强大力量，能够引人进入“理解的要执行，不理解的也要执行”的境界，所以无论是古代还是现代或将来，这种说理的方法都具有永不褪色的魅力，这种修辞策略都是增强说服力最有效的手段。

下面我们就选择一些典型的文本予以分析，看看我们的古圣今贤是如何说服他人，推阐自己的思想观点的。

一、孟子主张“劳心者治人”

有为神农之言者许行，自楚之滕，踵门而告文公曰：“远方之人，闻君行仁政，愿受一廛而为氓。”

文公与之处。其徒数十人，皆衣褐，捆屦织席以为食。

陈良之徒陈相与其弟辛，负耒耜而自宋之滕，曰：“闻君行圣人之政，是亦圣人也，愿为圣人氓。”

陈相见许行而大悦，尽弃其学而学焉。

陈相见孟子，道许行之言曰：“滕君则诚贤君也；虽然，未闻道也。贤者与民并耕而食，饔飧而治。今也滕有仓廪府库，则是厉民而以自养也，恶得贤？”

孟子曰：“许子必种粟而后食乎？”

曰：“然。”

“许子必织布然后衣乎？”

曰：“否。许子衣褐。”

“许子冠乎？”

曰：“冠。”

曰：“奚冠？”

曰：“冠素。”

曰：“自织之与？”

曰：“否。以粟易之。”

曰：“许子奚为不自织？”

曰："害于耕。"

曰："许子以釜甑爨，以铁耕乎？"

曰："然。"

"自力之与？"

曰："否。以粟易之。"

"以粟易械器者，不为厉陶冶；陶冶亦以其械器易粟者，岂为厉农夫哉？且许子何不为陶冶，舍皆取诸其宫中而用之？何为纷纷然与百工交易？何许子之不惮烦？"

曰："百工之事，固不可耕且为也。"

"然则治天下独可耕且为与？有大人之事，有小人之事。且一人之身而百工之所为备，如必自为而后用之，是率天下而路也。故曰：或劳心，或劳力。劳心者治人，劳力者治于人；治于人者食人，治人者食于人：天下之通义也。当尧之时，天下犹未平。洪水横流，泛滥于天下。草木畅茂，禽兽繁殖，五谷不登，禽兽逼人。兽蹄鸟迹之道，交于中国。尧独忧之，举舜而敷治焉。舜使益掌火，益烈山泽而焚之，禽兽逃匿。禹疏九河，瀹济、漯而注诸海；决汝、汉，排淮、泗而注之江；然后中国可得而食也。当是时也，禹八年于外，三过其门而不入，虽欲耕，得乎？后稷教民稼穑，树艺五谷，五谷熟而民人育。人之有道也，饱食煖衣，逸居而无教，则近于禽兽。圣人有忧之，使契为司徒，教以人伦：父子有亲，君臣有义，夫妇有别，长幼有序，朋友有信。放勋曰：'劳之来之，匡之直之，辅之翼之，使自得之，又从而振德之。'圣人之忧民如此，而暇耕乎？尧以不得舜为己忧，舜以不得禹、皋陶为己忧。夫以百亩之不易为己忧者，农夫也。分人以财谓之惠，教人以善谓之忠，为天下得人者谓之仁。是故以天下与人易，为天下得人难。孔子曰：'大哉，尧之为君！惟天为大，惟尧则之，荡荡乎民无能名焉！君哉，舜也！巍巍乎，有天下而不与焉！'尧舜之治天下，岂无所用其心哉？亦不用于耕耳！”

——《孟子·滕文公上》

上引这段文字，说的是这样一个故事：有一个信奉农家学派观点的人，名叫许行。他从南方大国楚来到北方小国滕后，径直走到滕文公宫门前，求见滕文公，跟他说：“我是远道而来的人，听说您在滕国实行仁政，希望能获得一块建房之地，搭间小屋，从此以后在滕国做个老百姓。”滕文公听了很高兴，就划了一块地给他。与许行同来滕国的，还有他的追随者数十人，都穿着粗麻布衣，以编织草鞋、草席为生。

当许行慕名来到滕国时，宋国有一个叫陈相的人，是儒家学派陈良的门徒，也慕名带着弟弟陈辛背着农具耒和耜来到了滕国。陈相到滕国后，也拜访了滕文公，跟他说：“听说您正在实行圣人的仁政，这说明您也是圣人。我们希望做圣人治下的百姓。”不久，陈相与许行见了面，相谈甚欢。最后，陈相彻底放弃了其所信奉的儒家学说，转而信奉农家的政治主张，并向许行学习。

一次，陈相见到孟子，称颂了一番许行的学说之后，突然说道：“滕国之君，确实算得上是一位贤德之君了。不过，他还是没有真正领教治国安邦之道。贤明之君应该与老百姓一同耕作，自食其力。一边蒸炊，自己准备早饭晚餐；一边处理政务，治国安邦。今滕国之君则不然，他建有国家粮仓与府库，储备了大量粮食与钱财布帛，这是盘剥老百姓而自肥，岂能算得上是贤明呢？”

孟子对陈相背叛儒家而投靠农家的行为，本就心存不满，如今又见他如此诋毁当时诸侯国中唯一听从自己政治主张的滕文公，就更加生气了，遂质问陈相道：“许子是不是一定要自己种了粮食，收获后才吃饭的？”

陈相回答说：“是这样。”

孟子又问：“许子是不是一定要自己纺纱织布，然后才裁制成衣服而穿上的？”

陈相回答说：“不是。许子不穿经过纺织的布衣，而只穿未经纺织的粗麻布衣。”

“那许子戴帽子吗？”孟子又问道。

“戴帽子。”陈相说。

孟子遂又问道：“那许子戴什么帽子呢？”

“戴生绢制的帽子。”陈相回道。

“那生绢是许子自己织的吗？”孟子紧追不舍道。

陈相顿了顿，回答道：“不是。是用他种的粮食交换来的。”

孟子见此，又接着问道：“那许子为什么不自己纺织呢？”

“这样会妨碍他耕种。”陈相不假思索地说。

孟子几乎没让陈相来得及喘口气，又进一步追问道：“许子用釜、甑做饭烧水吗？用铁犁耕地吗？”

“是的。”陈相点头答道。

孟子看了看陈相，又问道：“釜、甑和铁犁，都是许子亲自制作的吗？”

“不是。是他用自己种的粮食交换来的。”陈相压低声音说道。

孟子见陈相已经明显底气不足了，遂提高声调说道：“如果说农夫用粮食交换炊具与农具，这不算是损害了制陶与制铁的工匠的利益的话，那么制陶与制铁的工匠用他们的器具换取他们所需的粮食，难道就损害了农夫的利益了吗？如果按照许子的观点，那么他为什么不自己烧陶冶铁，使日用器具都出于己手呢？何必整天忙忙碌碌地跑集市而与百工交换物品呢？他这样做，难道不嫌麻烦吗？”

陈相见孟子如此质问，只得无奈地回答道：“各种手工艺活儿本来就不是农夫兼职能干得了的。”

孟子见陈相事实上已经完全认输了，遂接着说开了：“既然你也这样认为，那么为什么又要求国君治理国家的同时还要兼着干农活养活自己呢？世上的事情，本来就有分工，有的事是君主官员要做的，有的事则是老百姓要做的。何况一个人的生活，涉及社会生产的方方面面。如果什么事都要自己亲自去做，什么东西都要自己制造后才能使用，那么人与人之间还有什么协作关系，不都形同陌路而老死不相往来了吗？这样，还成什么社会？所以说，正常的社会，就应该是有人从事脑力劳动，有人从事体力劳动。从事脑力劳动的人统治管理别人，从事体力劳动的人受人统治管理。被统治管理的人供养别人，统治管理别人的人则受他人供养，这是天经地义的道理。当尧帝管理天下时，世界还很不太平。河道不固定，洪水肆虐，泛滥成灾。大地之上，到处草长树茂，禽兽繁殖无度，五谷不能成熟，野兽横行无忌，人类的生存面临着极大的威胁。当时的中原大地，人烟稀少，到处都是鸟兽的足迹。尧帝见此情景，深以为忧，遂推举舜帝出来治理天下。舜帝受到推举，就派益负责管理火的事务。益受命后，采取了放火烧山的办法，使禽兽无处藏身，纷纷出山而逃匿，从而解除了野兽对人的生存威胁。接着，舜帝又派禹负责治水事务，疏通河流。禹受命后，发动民众，疏导了济水、漯水，使之向东注入大海。又开通了汝水、汉水，疏浚了淮水与泗水，使之流入长江。之后，中原地区才具备了耕种的条件，并逐渐有了粮食生产，保证了人们的食物供应。为此，当时禹在外奔波了八年，三次经过家门口都没进屋看过家人。试想一想，禹想耕而后食，有可能吗？后稷教老百姓农业技巧，种植五谷。五谷丰收了，老百姓的温饱就解决了。做人有做人的道理。如果一个人吃饱了饭，穿暖了衣，住得安逸，而没有教化，那他跟禽兽是没有什么区别的。尧帝正是看到了这一点，所以对此很忧心。于是，他便派契为司徒，教化老百姓端正人与人之间的关系，让天下人都明白这样的人伦道理：父子之间有骨肉之情，君臣之间有礼义之道，夫妻之间有内外之别，长幼之间有尊卑之分，朋友之间有信任之诚。尧帝有言：'慰劳民众，教化民众，保护民众，让他们自得其所，然后再赈济他们，使他们得到恩惠。'尧帝时刻心忧民众，哪里还有闲暇从事耕种呢？尧帝以治天下得不到舜这样的人才为忧，舜帝以觅不到禹、皋陶这样的贤能而忧虑。以种不好地为忧的，是农夫。将财物分给人的，叫做惠；教人向善的，叫做忠；为治天下而觅贤人的，叫做仁。所以说，将天下让人易，为天下觅贤才难。孔子说：'尧作为国君，真是伟大啊！唯有天能包罗万象，唯有尧能效法天。尧的仁德浩浩荡荡，老百姓无法以言语表达。舜作为国君，真是伟大啊！舜的道德崇高如山，有天下而不事事过问。’尧、舜治理天下，难道还不够殚精竭虑吗？只是他们的辛劳不是用在耕种方面罢了。”

由上面孟子与陈相的对话，我们可以清楚地看出：农家学派的代表人物许行力主“耕而后食”，由儒家信徒转而信奉农家的陈相不仅推崇许行的观点，而且还将其观点往前推进了一步，认为滕文公虽然实行了仁政，但也算不得是贤君，因为他没有一边耕种，一边治理国家，而是靠老百姓供养。孟子的观点正相反，他认为一个国君是不是贤君，不是看他是否能够自食其力，即一边耕种，一边治国，而是看他能否将国家治理好，让老百姓得到实惠。为了驳斥陈相“耕而后食”观点的不切实际与荒谬，同时也是为了论证社会分工的必要性与合理性，增强说服力，让陈相心服口服，孟子没有直接阐明自己的观点，而是先以“设彀”的语言策略，提出一个个问题，诱使陈相一一回答，然后通过陈相之嘴说出自己想说的结论：“百工之事，固不可耕且为也”，即一个人不可能同时兼涉社会生产的各个方面，社会生产需要有所分工。

通过循循善诱的问答，孟子得到了上述这个结论，应该说已经算是让陈相口服了。但是，孟子觉得这还不够，尚未让他心服。于是，他在已有结论的基础上推阐出一个新的观点：治天下也不可以“耕且为也”（即“治天下独可耕且为与”）。认为“治天下”是“大人之事”，“耕种”是“小人之事”。“大人之事”是“劳心”，“小人之事”是“劳力”。“劳心”与“劳力”，在本质上都是一种“自食其力”的表现。由此，再推出一个终极结论：“劳心者治人，劳力者治于人；治于人者食人，治人者食于人：天下之通义也。”

应该说，孟子的这个终极结论，无论是从人类的社会实践看，还是从逻辑上说，无疑都是正确的，是人人都会服膺的公理（即“天下之通义”）。但是，为了让这个“天下之通义”真正让陈相明白，并打心眼里信服，孟子运用了一个有效的修辞策略——“稽古”（即“用典”）。通过举证尧、舜、禹等先王殚精竭虑治理天下、为民造福的事例，有力地说明了“劳心者”的“劳心”，并不比

“劳力者”耕而后食的“劳力”轻松，“劳心者”的功劳并不比“劳力者”小。由于尧、舜、禹等都是上古圣君，他们的所作所为，都是被后代认可并称颂的。虽然战国时代有百家争鸣，各个学派的人都有自己看人看事看世界的不同观点，但是对于尧、舜、禹等上古之君的所作所为，各家各派的人都还是有一个共识的，即在基本价值判断上，大家还是趋于一致的。正因为如此，当孟子搬出尧、舜、禹等上古圣君的所作所为来说事时，就显得格外具有慑服人心的力量。而对于原是儒家学派信徒，后转而成为农家学派门生的陈相来说，则更具有一种“不战而屈人之心”的效果。孟子是个辩论高手，他的辩论往往具有很强的说服力，这与他善于运用“稽古”修辞策略，让历史的经验作证的思路有着密切关系。

二、颜斶说齐王贵士

齐宣王见颜斶，曰：“斶前！”

斶亦曰：“王前！”

宣王不悦。

左右曰：“王，人君也；斶，人臣也。王曰‘斶前’，亦曰‘王前’，可乎？”

斶对曰：“夫斶前为慕势，王前为趋士。与使斶为慕势，不如使王为趋士。”

王忿然作色，曰：“王者贵乎，士贵乎？”

对曰：“士贵耳，王者不贵。”

王曰：“有说乎？”

斶曰：“有。昔者秦攻齐，令曰：‘有敢去柳下季垄五十步而樵采者，死不赦。’令曰：‘有能得齐王头者，封万户侯，赐金千镒。’由是观之，生王之头曾不若死士之垄也。”

宣王默然不悦。

左右皆曰：“斶来！斶来！大王据千乘之地，而建千石钟，万石虡。天下之士，仁义皆来役处；辩士并进，莫不来语；东西南北，莫敢不服。求万物无不备具，而百姓无不亲附。今夫士之高者，乃称匹夫，徒步而处农亩，下则鄙野、监门、闾里，士之贱也，亦甚矣！”

斶对曰：“不然，斶闻古大禹之时，诸侯万国。何则？德厚之道，得贵士之力也。故舜起农亩，出于野鄙，而为天子。及汤之时，诸侯三千。当今之世，南面称寡者，乃二十四。由此观之，非得失之策与？稍稍诛灭，灭亡无族之时，欲为监门、闾里，安可得而有乎哉？是故《易传》不云乎：‘居上位未得其实，以喜其为名者，必以骄奢为行；倨慢骄奢，则凶必从之。’是故无其实而喜其名者削，无德而望其福者约，无功而受其禄者辱，祸必握。故曰‘矜功不立，虚愿不至’，此皆幸乐其名，华而无其实德者也。是以尧有九佐，舜有七友，禹有五丞，汤有三辅。自古及今，而能虚成名于天下者，无有。是以君王无羞亟问，不愧下学。是故成其道德，而扬功名于后世者，尧、舜、禹、汤、周文王是也。故曰：‘无形者，形之君也；无端者，事之本也。’夫上见其原，下通其流，至圣人明学，何不吉之有哉？老子曰：‘虽贵，必以贱为本；虽高，必以下为基。是以侯王称孤、寡、不谷，是其贱之本与？’夫孤寡者，人之困贱下位也，而侯王以自谓，岂非下人而尊贵士与？夫尧传舜，舜传禹，周成王任周公旦，而世世称曰明主，是以明乎士之贵也。”

宣王曰：“嗟乎，君子焉可侮哉？寡人自取病耳！及今闻君子之言，乃今闻细人之行。愿请受为弟子，且颜先生与寡人游，食必太牢，出必乘车，妻子衣服丽都。”

颜斶辞去。……

——《战国策·齐策四》

上引这段文字，说的是这样一个故事：齐楚徐州之战，齐国大败。齐宣王痛定思痛，意欲重振齐国昔日雄风，遂决定效法昔日齐威王之例，颁令全国，招贤纳士，广开言路。齐国之士颜斶闻之，叩齐王之宫而求见。

齐宣王欣然见之，并亲切地招呼说："颜斶，过来！"

没想到，颜斶应声而答道："大王，过来！"

齐宣王一听，大为不悦。齐宣王的左右人等，则都被激怒，呵斥颜斶："王为人君，你为人臣。大王叫你趋前说话，你却叫大王趋前跟你说话，这合乎君臣之礼吗？"

颜斶从容答道："臣趋前而近大王，乃为趋炎附势；大王趋前近臣，则为礼贤下士。与其使臣有趋炎附势之名，不如使大王有礼贤下士之誉。"

齐宣王见颜斶如此没有尊卑观念，还要强词夺理，顿时勃然作色，厉声问道："是为王者贵？还是为士者贵？"

颜斶不假思索地答道："为士者贵，为王者不贵！"

齐宣王没想到颜斶会说出这种话来，不禁哑然失笑，本来蓄足了的怒气，至此反而消解了，顿了顿，语气平和地说道："寡人愿闻其详。"

颜斶看了看齐宣王，知道了他的心理，于是便从容说道："好！昔日齐秦两国交战，秦王有令：'有敢在柳下季之墓五十步内采樵者，罪死不赦！'又有令说：'有能得齐王头者，封万户侯，赐金千镒。'由此观之，齐王之头尚不如死士之墓。所以臣说：'为士者贵，为王者不贵。'不是吗？"

齐宣王听了颜斶这话，顿时默然，但脸上仍存不悦之色。这时，侍奉在齐宣王左右的人都愤怒了，乃大声呵斥颜斶道："颜斶过来！颜斶过来！大王据万乘之地，铸千石之钟，立万石之虡，对礼乐不可谓不倾心。天下之士，仁者义者，皆趋之若骛，争相至齐，而为大王所驱使；智辩之士，莫不闻风而至，争相游说于王廷；东西南北之人，诸侯各国之君，莫有敢不服者。大王求万物，无不备具；大王治天下，百姓无不亲附。今天下之士，多若尘沙。其高者，乃称匹夫、徒步，求生于垄亩之中；其下者，则处鄙野穷乡，或守监门闾里。今日为士者之低贱，不亦甚哉，何贵之有！”

然而，颜斶并未被齐宣王左右气急败坏的呵斥所吓倒，仍不疾不徐，不愠不火，从容回应道：“不是这样！臣听说大禹之时，禹帝召集天下诸侯于涂山，执玉帛者有万国。何以至此？就是因为禹帝厚德善教，尊崇士人之力。又如舜帝，因尊崇士人，有贵士之心，所以能够起于垄亩，出于野鄙，而贵为天子。到了商汤之时，虽然不能与舜帝、禹帝相提并论，但那时尚有诸侯三千。而反观当今之世，南面称寡人者，还有多少？不过区区二十四人而已。由此观之，得士与失士，高下优劣可知。而今，天下诸侯殄灭殆尽，为士者欲为监门闾里之守，亦不可得。大王岂不闻《易传》中有这样一句话：‘居上位者不行贵士之实，善而用之，而喜好士虚名以炫世，必入骄奢之歧途。倨慢而骄奢，则祸患必随之。’人主无贵士之实，而喜好士之名者，地必日削，国必益弱。无其德，而望其福者，必陷于困境；无其功，而受其禄者，必自取其辱。如此，祸患必大。古人有言：‘矜功不立，虚愿不至。’大凡幸乐其成，华而无实者，终不能成其大功。昔尧帝有九佐，舜帝有七友，禹帝有五丞，商汤有二相三辅。古往今来，能成虚名，大行于天下者，从未有过。所以，古代的贤主明君，都不羞于亟问，不耻于下学，恭而敬之以待士。自古及今，能成其道德，而扬名于后世者，唯尧、舜、禹、汤、周文王数人而已。所以说：‘才、德这种无形无端的东西，才是成事立功的根本与主宰。’如果能上溯事物发生的本源，下推事物发展演变的结果，像圣人那样睿智，哪里会有不吉祥的事发生呢？楚人老聃有言：‘虽贵，必以贱为本；虽高，必以下为基。侯王自谓孤、寡、不穀，这不是以贱为本吗？’孤、寡，说的都是人处困贱之中的境遇，而侯王用以自称，岂非贱己而贵士之意？尧传舜，舜传禹，周成王而任周公旦，而世世称为明主。这就是因为他们懂得‘士为贵’的道理。”

颜斶说到这里，齐宣王终于明白过来了，于是喟然长叹道：“唉！君子岂可侮辱呢？寡人是自取其辱！今日闻君子之言，寡人始知贱士乃小人之德。现在寡人就希望执弟子之礼，日日以求教于先生！有生之年，寡人愿与先生同游，食必太牢，出必乘车。至于先生的妻子儿女，寡人也会让他们的衣服穿得美丽鲜艳。”①

齐宣王虽然说得诚恳，但颜斶并不为之动心，最终婉拒了齐宣王的盛意，辞归故里。

由上面颜斶与齐宣王的一番对话，我们可以清楚地看出，齐宣王本无“贵士”之心，他求士只是统治国家的权宜之计。但是，颜斶的一番话却让他洗心革面，真正明白了“贵士”的重要性，由此对颜斶恭敬有加，打心眼里敬佩，甚至要执弟子礼跟他学习。那么，齐宣王前后的行为与思想观点何以会发生这么大的转变呢？这是因为颜斶的话具有强大的说服力，慑服了齐宣王，让他不得不从心底对颜斶所讲的道理心服口服。

说服别人有很多种方法，颜斶用的方法是中国古人最喜欢运用的方法，即我们今天修辞学上所说的“稽古”（或曰“用典”）策略。齐宣王初见颜斶时，虽然也摆出了礼贤下士的姿态（让颜斶近前说话，意在展现和蔼可亲的姿态），但内心却并无半点“贵士”之意。这从颜斶仿其口气让他趋近自己说话时，他非常生气的表现就能看出。当他的左右呵斥颜斶，并极力贬低士的地位时，他也没有阻止，这说明他与其左右一样，也是认为士是不值得尊重的低贱之民。虽然齐宣王无礼在前，但颜斶并没有无礼在后，而是恪守了君臣之礼，口不出恶言。为了论证他提出的“士贵，王不贵”的观点，他稽引了两个典故，即历史上秦王曾向世人宣告的两条命令：一是禁止秦国民众在柳下季之墓五十步内采樵，二是齐秦交战时秦王悬赏求购齐王的首级。通过这两个命令内容的对比，由“生王之头尚不如死士之墓”的历史现实，自然推演出“士贵，王不贵”的结论。应该说，这种“稽古”加推论的论证方法，是具有很强的说服力的。但是，齐宣王明知颜斶说得有理，却打心眼里予以排斥，不肯认同。齐宣王的左右则更是恃势凌人，用士在齐国不应有的地

① 参见吴礼权：《冷月飘风：策士张仪》，云南人民出版社 2011 年版，第 104 ~ 105 页。

位反驳颜斶的观点，并极力贬低士的作用。为此，颜斶只得继续寻求论据强化自己的论证结果。于是，他搬出了上古圣王的典故，从而一下子堵住了齐宣王及其左右的嘴，让其慑于祖宗的威仪而不敢有任何放肆的言语。颜斶稽引的上古圣王之事有四：一是禹会诸侯于涂山时，当时有诸侯万国，乃是“得贵士之力”；二是舜“起于农亩，出于野鄙，而为天子”，也是“得贵士之力”；三是汤有天下时，当时尚有诸侯三千，士也有用武之地；四是“尧有九佐，舜有七友，禹有五丞，汤有三辅”，更是圣王贵士的表现。通过这些史实典故的罗列，以不可辩驳的力量论证了这样一个道理：一个君王要想“成其道德”、“扬功名于后世”，比肩尧、舜、禹、汤、周文王等圣主，就应该有“无羞亟问，不愧下学”的“贵士”胸襟。由于“尧有九佐，舜有七友，禹有五丞，汤有三辅”，乃是当时人们公认并确信不疑的典故，尧、舜、禹、汤、周文王等人的历史功勋无人敢提出质疑，因此当颜斶将这些老祖宗及其所作所为搬出来后，就有一种毋庸置疑的说服力，彻底打消了齐宣王及其左右内心深处可能萌发的任何质疑的想法。这是一种修辞策略，也是一种有效的心理战术（即《孙子兵法》所说的“攻心为上”的谋略），在中国古人立论说理过程中堪称是强化语势、加强说服力，无往而不胜的不二法宝。当然，我们在充分肯定颜斶在论证过程中运用“稽古”修辞策略的效果的同时，也不能忘记颜斶不时插入的一些引语的作用（如引《易传》之言、《老子》之语等）。这是另一种修辞策略的运用，叫做“引经”，后文我们将深入论述。

三、蔡泽劝范睢急流勇退

蔡泽者，燕人也。游学干诸侯小大甚众，不遇。而从唐举相，曰：“吾闻先生相李兑，曰‘百日之内持国秉’，有之乎？”

曰：“有之。”

曰：“若臣者何如？”

唐举孰视而笑，曰：“先生曷鼻，巨肩，魋颜，蹙齃，膝挛。吾闻圣人不相，殆先生乎?”

蔡泽知唐举戏之，乃曰：“富贵吾所自有，吾所不知者寿也，愿闻之。”

唐举曰：“先生之寿，从今以往者四十三岁。”

蔡泽笑谢而去，谓其御者曰：“吾持粱刺齿肥，跃马疾驱，怀黄金之印，结紫绶于要，揖让人主之前，食肉富贵，四十三年足矣。”

去之赵，见逐。之韩、魏，遇夺釜鬲于涂。闻应侯任郑安平、王稽皆负重罪于秦，应侯内惭，蔡泽乃西入秦。

将见昭王，使人宣言以感怒应侯曰：“燕客蔡泽，天下雄俊弘辩智士也。彼一见秦王，秦王必困君而夺君之位。”

应侯闻，曰：“五帝三代之事，百家之说，吾既知之，众口之辩，吾皆摧之，是恶能困我而夺我位乎?”

使人召蔡泽。蔡泽入，则揖应侯。应侯固不快，及见之，又倨，应侯因让之曰：“子尝宣言欲代我相秦，宁有之乎?”

对曰：“然。”

应侯曰：“请闻其说。”

蔡泽曰：“吁，君何见之晚也！夫四时之序，成功者去。夫人生百体坚强，手足便利，耳目聪明而心圣智，岂非士之愿与?”

应侯曰：“然。”

蔡泽曰：“质仁秉义，行道施德，得志于天下，天下怀乐敬爱而尊慕之，皆愿以为君王，岂不辩智之期与?”

应侯曰：“然。”

蔡泽复曰：“富贵显荣，成理万物，使各得其所；性命寿长，终其天年而不夭伤；天下继其统，守其业，传之无穷；名实纯粹，泽流千里，世世称之而无绝，与天地终始：岂道德之符而圣人所谓吉祥善事者与？”

应侯曰：“然。”

蔡泽曰：“若夫秦之商君，楚之吴起，越之大夫种，其卒然亦可愿与？”

应侯知蔡泽之欲困己以说，复谬曰：“何为不可？夫公孙鞅之事孝公也，极身无贰虑，尽公而不顾私；设刀锯以禁奸邪，信赏罚以致治；披腹心，示情素，蒙怨咎，欺旧友，夺魏公子卬，安秦社稷，利百姓，卒为秦禽将破敌，攘地千里。吴起之事悼王也，使私不得害公，谗不得蔽忠，言不取苟合，行不取苟容，不为危易行，行义不辟难，然为霸主强国，不辞祸凶。大夫种之事越王也，主虽困辱，悉忠而不解，主虽绝亡，尽能而弗离，成功而弗矜，贵富而不骄怠。若此三子者，固义之至也，忠之节也。是故君子以义死难，视死如归；生而辱不如死而荣。士固有杀身以成名，唯义之所在，虽死无所恨。何为不可哉？”

蔡泽曰：“主圣臣贤，天下之盛福也；君明臣直，国之福也；父慈子孝，夫信妻贞，家之福也。故比干忠而不能存殷，子胥智而不能完吴，申生孝而晋国乱。是皆有忠臣孝子，而国家灭乱者，何也？无明君贤父以听之，故天下以其君父为僇辱而怜其臣子。今商君、吴起、大夫种之为人臣，是也；其君，非也。故世称三子致功而不见德，岂慕不遇世死乎？夫待死而后可以立忠成名，是微子不足仁，孔子不足圣，管仲不足大也。夫人之立功，岂不期于成全邪？身与名俱全者，上也。名可法而身死者，其次也。名在僇辱而身全者，下也。”

于是应侯称善。

蔡泽少得间，因曰：“夫商君、吴起、大夫种，其为人臣尽忠致功则可愿矣，闳夭事文王，周公辅成王也，岂不亦忠圣乎？以君臣论之，商君、吴起、大夫种其可愿孰与闳夭、周公哉？”

应侯曰：“商君、吴起、大夫种弗若也。”

蔡泽曰：“然则君之主慈仁任忠，惇厚旧故，其贤智与有道之士为胶漆，义不倍功臣，孰与秦孝公、楚悼王、越王乎？”

应侯曰：“未知何如也。”

蔡泽曰：“今主亲忠臣，不过秦孝公、楚悼王、越王。君之设智，能为主安危修政，治乱强兵，批患折难，广地殖谷，富国足家，强主，尊社稷，显宗庙，天下莫敢欺犯其主，主之威盖震海内，功彰万里之外，声名光辉传于千世，君孰与商君、吴起、大夫种？”

应侯曰：“不若。”

蔡泽曰：“今主之亲忠臣、不忘旧故，不若孝公、悼王、句践；而君之功绩、爱信亲幸，又不若商君、吴起、大夫种，然而君之禄位贵盛，私家之富过于三子，而身不退者，恐患之甚于三子，窃为君危之。语曰‘日中则移，月满则亏’。物盛则衰，天地之常数也。进退盈缩，与时变化，圣人之常道也。故‘国有道则仕，国无道则隐’。圣人曰‘飞龙在天，利见大人’。‘不义而富且贵，于我如浮云’。今君之怨已雠而德已报，意欲至矣，而无变计，窃为君不取也。且夫翠、鹄、犀、象，其处势非不远死也，而所以死者，惑于饵也。苏秦、智伯之智，非不足以辟辱远死也，而所以死者，惑于贪利不止也。是以圣人制礼节欲，取于民有度，使之以时，用之有止，故志不溢，行不骄，常与道俱而不失，故天下承而不绝。昔者齐桓公九合诸侯，一匡天下，至于葵丘之会，有骄矜之志，畔者九国。吴王夫差兵无敌于天下，勇强以轻诸侯，陵齐晋，故遂以杀身亡国。夏育、太史嗷叱呼骇三军，然而身死于庸夫。此皆乘至盛而不返道理，不居卑退处俭约之患也。夫商君为秦孝公明法令，禁奸本，尊爵必赏，有罪必罚，平权衡，正度量，调轻重，决裂阡陌，以静生民之业而一其俗，劝民耕农利土，一室无二事，力田稸积，习战陈之事，是以兵动而地广，兵休而国富，故秦无敌于天下，立威诸侯，成秦国之业。功已成矣，而遂以车裂。楚地方数千里，持戟百万，白起率数万之师以与楚战，一战举鄢郢以烧夷陵，再战南并蜀汉。又越韩、魏而攻强赵，北阬马服，诛屠四十余万之众，尽之于长平之下，流血成川，沸声若雷，遂入围邯郸，使秦有帝业。楚、赵天下之强国而秦之仇敌也，自是之后，楚、赵皆慑伏不敢攻秦者，白起之势也。身所服者七十余城，功已成矣，而遂赐剑死于杜邮。吴起为楚悼王立法，卑减大臣之威重，罢无能，废无用，损不急之官，塞私门之请，一楚国之俗，禁游客之民，精耕战之士，南收杨越，北并陈、蔡，破横散从，使驰说之士无所开其口，禁朋党以励百姓，定楚国之政，兵震天下，威服诸侯。功已成矣，而卒枝解。大夫种为越王深谋远计，免会稽之危，以亡为存，因辱为荣，垦草入邑，辟地殖谷，率四方之士，专上下之力，辅句践之贤，报夫差之仇，卒擒劲吴，令越成霸。功已彰而信矣，句践终负而杀之。此四子者，功成不去，祸至于此。此所谓信而不能诎，往而不能返者也。范蠡知之，超然辟世，长为陶朱公。君独不观夫博者乎？或欲大投，或欲分功，此皆君之所明知也。今君相秦，计不下席，谋不出廊庙，坐制诸侯，利施三川，以实宜阳，决羊肠之险，塞太行之道，又斩范、中行之涂，六国不得合从，栈道千里，通于蜀汉，使天下皆畏秦，秦之欲得矣，君之功极矣，此亦秦之分功之时也。如是而不退，则商君、白公、吴起、大夫种是也。吾闻之，‘鉴于水者见面之容，鉴于人者知吉与凶’。《书》曰‘成功之下，不可久处’。四子之祸，君何居焉？君何不以此时归相印，让贤者而授之，退而岩居川观，必有伯夷之廉，长为应侯。世世称孤，而有许由、延陵季子之让，乔松之寿，孰与以祸终哉？即君何居焉？忍不能自离，疑不能自决，必有四子之祸矣。《易》曰：‘亢龙有悔’，此言上而不能下，信而不能诎，往而不能自返者也。愿君孰计之！”

应侯曰：“善。吾闻‘欲而不知足，失其所以欲；有而不知止，失其所以有’。先生幸教，睢敬受命。”

于是乃延入坐，为上客。

后数日，入朝，言于秦昭王曰：“客新有从山东来者曰蔡泽，其人辩士，明于三王之事，五伯之业，世俗之变，足以寄秦国之政。臣之见人甚众，莫及，臣不如也。臣敢以闻。”

秦昭王召见，与语，大说之，拜为客卿。应侯因谢病请归相印。昭王强起应侯，应侯遂称病笃。范睢免相，昭王新说蔡泽计画，遂拜为秦相，东收周室。

——司马迁《史记·范睢蔡泽列传》

上引文字，说的是这样一个故事：战国时代末期的蔡泽，乃燕国一介书生。与当时所有想走上仕途的书生一样，他也幻想着凭三寸不烂之舌，游说诸侯王，弄个一官半职。可是，在大小诸侯国之间游走了很长时间，干谒诸侯、封侯拜相的理想一直没有实现。后来，遇到魏国人唐举，跟他学起相人之术。一次，蔡泽问唐举道：“我听说先生曾经给赵国之相李兑相面，说他‘百日之内可执国政’，有这回事吗？”

唐举回答道：“确有此事。”

蔡泽顿时来了精神，趁机问道：“先生，您看我的面相如何？”

唐举仔细看了看蔡泽，笑道：“先生鼻如蝎虫，脖短而肩耸，容貌似魋，鼻子逼近眉毛，两膝挛曲。我听说圣人都有非同一般的面相，大概说的就是先生这种人吧。”

蔡泽知道唐举是在戏弄他，也不计较，乃坦然说道：“富贵我命中自有，这个我不担心。我最想知道的是，我到底寿命有多长，希望先生指教。”

唐举不假思索地回答道：“你的寿命，从今往后，还有四十三年好活。”

蔡泽听后，向唐举道了谢，笑着离开了。出门上车后，蔡泽对其车夫说道：“我吃精米、啖肥肉，跃马疾驰，怀黄金官印，腰系紫绶大带，行走于朝堂之上，在国君面前行揖让之礼，吃山珍海味，享荣华富贵，四十三年够了。”

抱持着美好的理想，蔡泽策马扬鞭赶到了赵国。可是，连赵王面都没有见到，就被人驱逐出境了。无奈之下，蔡泽只得转往韩、魏两国。走到半路上，随车携带的釜、鬲等炊具也被人抢走了。就在蔡泽走投无路之时，忽然他听说秦国之相、爵封应侯的范雎曾极力推荐的郑安平、王稽都背叛了秦国，让范雎感到非常窘迫与羞愧。蔡泽觉得自己的机会来了，说不定他就有取范雎而代之的可能。于是，蔡泽立即策马西行往秦国去了。

到了秦都咸阳，蔡泽在准备晋见秦昭王之前，先让人公开放风，转告范雎说：“燕客蔡泽，乃天下雄才俊秀，辩才无碍，足智多谋。他只要见了秦王，一定会让您难堪，夺了您的相位。”其意就是想用言语激怒应侯范雎，让范雎召见他。

范雎听说了，果然非常愤怒，对人说道：“五帝三代之事，百家之说，我都通晓，众口之辩，我都能一一驳倒，区区一个燕国书生，如何能让我难堪，并夺了我的秦国相位呢?”

接着，范雎就派人召蔡泽来相府相见。蔡泽进了相府，见到范雎后，并没有行跪拜之礼，而只是作了一个长揖。范雎本来对蔡泽就心有不满，等到见了面，又见他如此倨傲，更是气不打一处来，于是就毫不客气地责备道：“听说您曾公开说想取代我做秦国之相，难道真有这样的事吗?”

蔡泽毫不犹豫地回答道：“确有此事。”

范雎见蔡泽如此坦率，并不躲闪，遂说道：“那我倒想听您说说看。”

蔡泽接口便道：“唉，您怎么这样没有远见呢？春夏秋冬四季，到了时候就按顺序轮换。人生在世，能够身体健康，手脚灵便，耳聪目明，心智正常，难道这不是士所希望的吗?”

“是这样。”范雎回答道。

蔡泽接着说道：“保有一颗仁义之心，以道德感化他人，得志于天下，天下人都喜欢他、爱戴他，并尊敬他、羡慕他，都希望他成为自己的君王，这难道不正是辩才无碍、足智多谋的人所期待的结果吗?”

“是这样。”范雎答道。

蔡泽见范雎听得认真，又继续说道：“安享富贵显荣，使万事条理井然，使万物各得其所；延年益寿，终其天年而无意外死亡；天下诸侯各继其道统，守其先君基业，国运绵长，代代相传而无穷；成败是非名实相符，没有虚假，恩泽流播广远，世世代代被人称颂而不绝，与天地共长存，这些难道不符合道德的最高追求目标，不是圣人所说的吉祥善事吗?”

范雎又回答说：“是这样。”

蔡泽接着说道：“像秦国的商君、楚国的吴起、越国的大夫文种，其最终的人生结局，难道也是我们所期待的吗?”

范雎听蔡泽说到这里，终于明白了其用意，知道他到底想说些什么了。于是，故意口不应心地说道：“他们的所作所为，有什么可以物议的?商君公孙鞅辅佐秦孝公，终生无二心，尽忠于公而无私念；他设刀锯酷刑以禁绝奸邪，信守赏罚原则以治国安民；他对秦国披肝沥胆，对秦王展露真切情愫，为了变法革新而甘愿蒙受怨咎，为秉公执法而不念旧友之情；他设奇谋劫持魏公子卬，为安定秦国社稷，造福秦国百姓，最终擒敌将、破强师，为秦国拓疆千里。吴起辅佐楚悼王，使私利不能侵害公益，使谗言不能屏蔽忠言，不当言行不被容忍。为了国家利益，不因为有危险而改变既定行动，为了推行义举而不避艰难，为了使楚王成为天下霸主、使楚国富实强大，他不辞祸患凶险。大夫文种辅佐越王勾践，也是尽忠竭力。越王虽然被困于吴国而受辱，但他忠心不改；国家濒临灭亡之境，他竭尽全力维持而不离开越国；成功了，他不骄傲自满；富贵了，他不骄奢懈怠。像这三位先贤，本来就是行义尽忠的极致榜样。所以，是君子就会为义而勇赴死难，视死如归。活着受辱，不如死而有荣。士本来就有杀身而成名的，只要是义之所在，即使身死也无遗憾。他们三位的所作所为，有何不可呢?”

蔡泽听了范雎这番话，当然也知道其用意，遂接下他的话头，从容说道：“君主圣哲，大臣贤能，这是天下的大福；国君贤明，大臣正直，这是国家之福；父亲慈爱，子女孝顺，丈夫守信，妻子贞节，这是家庭之福。比干有忠心而不能挽救商朝的国运，伍子胥有智谋而终不能保全吴国，申生有孝心而不能免晋国之乱。这三朝皆有忠臣孝子，而国家却难免灭亡或内乱的厄运，这是为什么呢?没有别的原因，是因为没有明君贤父听从忠臣孝子之言，所以天下人因其君父的羞辱而同情其臣子。商君、吴起、大夫文种作为人臣，他们的所作所为是值得肯定的；他们的国君，其所作所为，则是应该非议的。世人称颂商君、吴起、大夫文种三人为国建功而不遭德报，难道是羡慕他们不遇明主而死的结局吗？如果等到死后才能因忠君为国而成名，那么微子就算不得仁义，孔子就算不上是圣人，管仲也谈不上伟大。一个人建功立业，难道就不期望保全自己的性命吗？性命与名誉都能保全的，这是人生的最高境界；好名声流播于后世，但性命不能保全的，这是次一等的境界；名誉毁坏而性命得以保全的，这是最差的一种境界。”

范雎听到这里，这才点头称好。

蔡泽受到鼓励，得到机会后，又顺势说道：“商君、吴起、大夫文种为国尽忠、建功立业，他们作为人臣，确实是值得人们效仿的。但是，闳夭辅佐周文王，周公辅佐周成王，难道就不算忠君的圣哲吗？以君臣相处相得的结局而论，商君、吴起、大夫文种与秦孝公、楚悼王、越王勾践的关系，和闳夭、周公与周文王、周成王的关系相比，哪个更值得称道呢?”

“商君、吴起、大夫文种不如闳夭、周公。”范雎脱口而出。

蔡泽见此，接着说道：“既然如此，那么我想请教应侯，您所辅佐的秦王在慈仁待人、任用忠臣、淳厚而待故旧方面做得如何?

他是否真的崇尚贤智与有道之士，并与他们关系密切融洽，坚守道义而不负功臣？如果要与秦孝公、楚悼王、越王勾践相比，他到底算一个什么样的君主？"

"这个很难说。"范雎不假思索地答道。

蔡泽知道已经说动了范雎，遂顺势而下，接着说道："既然您而今所辅佐的秦王，在信任忠臣方面比不上秦孝公、楚悼王和越王勾践，那么，以您的智慧，在为秦王安定危局、修明内政、治乱强兵、消弭患难、开疆拓土、种植增产、富国足家、显国君之名、尊国家之位、显宗庙之灵等方面，做得又如何呢？还有，您是否让天下之人皆不敢欺犯秦王，令秦王威名震盖天下，秦王功绩彰显万里之外，秦王声名光耀千秋万代？与商君、吴起、大夫文种相比，您到底如何？"

"不如他们。"范雎如实回答说。

蔡泽听范雎的口气，知道他的锐气与傲气皆被彻底磨灭了，遂一鼓作气道："您而今所辅佐的秦王，在信任忠臣、不忘故旧方面，不如秦孝公、楚悼王和越王勾践；而您的功绩和受秦王信任、宠爱的程度，又不如商君、吴起和大夫文种。可是，您的官爵之高、俸禄之厚却达到了人臣的极点，您的私家财富远超商君、吴起与大夫文种三位。在这种情况下，您仍无功成身退的打算，恐怕日后的祸患也是要超过这三位先贤的。所以，我私下里都替您担心，觉得您的处境危险至极。古语说得好：'日中则移，月满则亏'。任何事物发展到了极点，都会盛极而衰的，这又是自然规律。进退伸缩，随时代而有所变化，这是圣人早就阐明的道理。所以圣人孔子有言：'国有道则仕，国无道则隐'。又说：'飞龙在天，利见大人'。'不义而富且贵，于我如浮云'。而今，您的恩怨情仇都已报，您所想达到的目的都已经实现了，却没有改变人生计划的打算，我私下里都替您觉得不可取。翠鸟、天鹅、犀牛、大象，它们所处的环境离人类不可谓不远，但却死于人类之手，这又是为什么呢？因为它们为人类所下的诱饵所惑。苏秦、智伯的智慧，不是不足以避辱免死，但却身死而为天下笑，这又是为什么呢？因为他们贪图利益而不知节止。所以，圣人要制礼以节制人的欲望。治国安邦取利于民，但要有所节度；征用民力，要注意时间，不误农时；国家开支用度，要有所限制。不志满，不骄傲，一切行为都符合规范，那么天下就会太平，国祚就会绵长。昔日齐桓公九次召集诸侯，一统天下，但是到葵丘之会时，因骄傲志满，而失诸侯之心，九国背离他而去。吴王夫差用兵，天下无敌，但因恃强勇而轻诸侯，侵凌齐、晋两国，最终国破身亡。夏育、太史噭叱呼足以吓退三军，但最终却死于庸夫之手。这些人都是因为不懂盛极而衰的道理，只知进而不知退，不知低调处世、俭约为人，以致招惹祸患。商君为秦孝公变法，申明法令的权威，禁绝奸邪滋生的根源，有功必赏，有罪必罚，确定度量衡的标准，开阡陌封疆，废井田，制辕田，以安定百姓生计，改变不良民俗，鼓励民众从事农业生产，使一家人只做两件事：一是尽力于耕种而蓄积粮食，二是训练战阵之事。因此，秦国只要大兵出去，就能开疆拓土；只要休兵生产，就能民富国强。所以，秦国能无敌于天下，立威于诸侯，成霸王之业。然而，商君辅佐秦王成就霸业之后，得到的结果却是车裂身亡。楚国之地，方圆数千里，持戟士兵超百万，秦将白起率数万之师与楚战，一战而胜，下鄢郢而烧夷陵；再战而南并巴蜀、汉中。然后又越韩、魏之地而击赵，大败赵将赵括。长平一役，坑杀赵师四十余万。赵国将士血流成河，哀号之声如鼎沸雷鸣。于是，白起倾起大兵围困赵都邯郸，终使秦国奠定了帝王霸业。楚、赵乃天下强国，亦为秦国劲敌，从此以后，楚、赵皆臣服于秦而不敢攻秦。这都是慑于白起的威势。白起前后攻下楚、赵七十余城，大功告成后却被秦王赐剑死于杜邮。吴起替楚悼王立法，削弱大臣的威权，罢免无能的官员，废黜无用之吏，裁减闲散之官，杜绝私门请托，改革楚国不良风俗，禁绝游手好闲之民，鼓励勤耕勇战之士，终使楚国兵强国富，南收杨越，北并陈、蔡，破“连横”之计，散“合纵”之策，使驰说天下的游士至楚无法开口。他还禁止朋党为奸，奖励百姓向善，安定了楚国内政，然后用兵于诸侯，威震天下，诸侯皆服。然而，功成之后吴起却最终落得个被楚王肢解的下场。大夫文种辅佐越王勾践，为之深谋远虑，解会稽山之危，殚精竭虑维持名存实亡的越国，以辱为荣，垦荒建城，拓地种粮，率四方之士，集上下之力，辅佐勾践，以报吴国亡越之仇，最终灭了吴国，使越国称霸于诸侯。但是，大夫文种功成名就之后，最终还是被越王杀了。这四个人都是因为功成之后不知全身而退，最终招致了杀身之祸。这就是所谓‘只能伸而不能屈，只知往而不知返’的结果。世人之中，唯有范蠡一人明白这个道理。他辅佐越王勾践灭了吴国后，超然避世，急流勇退，远走江湖，货殖理财，最终成为富可敌国的陶朱公，一生安乐无忧。应侯，您难道没见过人赌博吗？有人想统吃，有人想分羹，这些您都是明白的。而今您为秦国之相，筹一计不必离席，谋一策不出朝堂，就能坐控天下诸侯，伐得韩国三川之地，充实宜阳之塞，决羊肠险道，塞太行山之口，斩范、中行二国于途，使山东六国不能‘合纵’而攻秦。又修栈道千里，连通巴蜀、汉中，使天下诸侯皆畏于秦。秦国的愿望实现了，您的功劳也达到了极点，这也是您与秦王分功之时。在此情况之下，您仍不知全身而退，那么商君、白公、吴起、大夫文种的遭际恐怕就要在您身上重演了。我听说有这样一句话，‘以水为镜的，可以看到自己的面容；以人为镜的，可以预知吉凶’。《尚书》中有言，‘成功之下，不可久处’。四位先贤之祸，您何必还要重复呢？您为什么不在此时就归还秦王相印，令贤者受其相印，自己退居山林岩穴之间，观山赏水？如此，则必有伯夷的廉名，长保应侯的爵位；子孙后代，世世称孤道寡，还有许由、延陵季子让国的美名。安享松柏之寿，谁能嫁祸于您呢？如果您现在仍想占着秦相之位，不忍自动离开，犹豫不能自决，那么一定会有四位先贤之祸。《周易》有言，‘亢龙有悔’，说的就是这种能上而不能下，能伸而不能屈，能进而不能退的情况。希望您仔细考虑一下。”

范雎听到这里，终于对蔡泽刮目相看了，心悦诚服地说道：“说得好！我听说有这样一句话：‘欲望不知满足，正是不能实现欲望的根源；占有而不知终止，正是不能永久占有的原因。’承蒙先生教诲，范雎敬受命。”

于是，范雎延请蔡泽入座，待之为上客。

过了几天，范雎入朝晋见秦昭王，对他说道："有一位新近从山东来的客人，叫蔡泽。此人乃是一位辩士，通晓三王之事、五霸之业、世俗之变，足以托付秦国的国政于他。臣阅人很多，没有一个人能比得上他。就是臣本人，也不如他。所以，臣斗胆禀报大王，让您了解情况。"

秦昭王相信范雎的话总不会有假，遂立即召见了蔡泽。交谈之后，秦昭王对蔡泽非常赏识，立即拜他为客卿。范雎见蔡泽已经得到秦昭王信任与重任，就趁机称病而归还了相印。秦昭王予以慰留，极力劝说，但范雎就是不答应，假装病重。最后，秦昭王没有办法，只得免了范雎秦相之职。不久，秦昭王对蔡泽所呈的治国计划很赏识，就拜蔡泽当了秦国之相，并听从其计，出兵吞并了东周王室。

从上面蔡泽与范雎的对话，我们可以清楚地看出，蔡泽虽然自视甚高，对自己的游说能力自信满满，但是为了说服说客出身的秦相范雎还是颇费了一番周折。不过，当初曾以三寸不烂之舌折服秦昭王而取尊荣卿相，并为秦国称霸诸侯立下不世之勋的应侯范雎，最终还是被其貌不扬的燕国一介书生蔡泽说服了。蔡泽不仅说服范雎明白了急流勇退的道理，而且还让范雎心甘情愿地让出秦相之位，并真心诚意地向秦昭王推荐他，从而让他顺利地坐上了秦相这一天下显赫的权位。

那么，蔡泽何来如此大的说服力呢？这主要是因为蔡泽善于运用"稽古"（即"用典"）修辞策略，征引古人之事来说理，从而以历史的经验来作证，让被说服者范雎无力反驳，也无从怀疑其正确性，从而心防被彻底攻破，心悦诚服地听从其建议。不过，蔡泽运用"稽古"修辞策略，一开始并不顺利。当他提出"四时之序，成功者去"的观点，并提及商君、吴起、文种的名字，正准备以此三人的行事及人生结局为例来论证为人之臣应该明白"功成身退"的道理时，就被精于心理分析的范雎发觉，立即接过话题，先发制人，从忠君为国的角度对商君、吴起、文种三人的人品予以礼赞，从而有效地阻断了蔡泽意欲稽引商君、吴起、文种等人失败的人生结局来劝退自己的游说企图。从言语博弈的角度来看，第一局好像是游说者蔡泽失败了，被游说者范雎胜利了，验证了他事先对人夸下的海口：“五帝三代之事，百家之说，吾既知之，众口之辩，吾皆摧之，是恶能困我而夺我位乎”，确实不虚。其实，这只是假象。蔡泽作为说客，同样精于心理分析。他之所以到了秦都咸阳后不直接晋见秦昭王，而是故意公开放风激怒范雎，这就是他的心理战术。事实上，范雎被他的心理战术击中了。是范雎主动召见了他，他这才有机会游说范雎，从而最终达到劝退范雎，并让范雎向秦昭王推荐自己的极终目标。因为他早就料定，如果自己直接求见秦昭王，直接求官未必就能达成自己的心愿。而通过游说“一舌敌万师”的范雎，既可展现自己的能力，又可巧妙地借力使力，不失体面地达到自己求官的目的。正因为蔡泽是一位擅长揣摩他人心理的高手，所以他在与范雎的言语博弈中，故意先输给对方一局。其目的是要麻痹对手范雎的注意，从而实现侧面进攻的胜利。事实上，蔡泽的目的达到了。当范雎抢过蔡泽的话题，以商君、吴起、文种之事论证了他们忠君为国的丰功伟绩值得世人景仰的观点而感到得意时，蔡泽则不露声色地举出另三位古人——商纣王的忠臣比干、吴国的忠臣伍子胥和晋国的孝子贤孙申生，通过稽引他们的事迹，从而有力地说明了一个与范雎相反的观点：不能以忠孝论英雄，而应该以成败论英雄。由此，不露痕迹地驳回了范雎的观点。然后，在此基础上，又稽引微子、孔子、管仲这三位古人的事迹，论证了自己的新观点：立忠成名应当“身与名俱全”才是最高境界。由此，再次否定了范雎的观点，即认为商君、吴起、文种以悲情的人生结局赢得后世人的同情，获得忠君为国的美名是不足取的，更不是为士者应该效法的榜样。言外之意是说，立忠成名后全身而退，身名俱全，才是为士者所追求的最高人生境界。这番话说得极其巧妙，完全出乎范雎的意料，让范雎既惊讶错愕，又喜出望外，对蔡泽的智慧与口才不得不打心眼里佩服。所以，这才改变了范雎之前倨傲的心态，对蔡泽的一番话击节称好。按道理说，蔡泽话说到这里，完全可以直接点题，清楚明白地劝范雎急流勇退了。但是，蔡泽没有这样做，而是一鼓作气，继续运用“稽古”修辞策略，征引古人之事来论证刚刚建立起来并为范雎初步认可的结论。为了使论证更具说服力，蔡泽稽引了时代更早、知名度更大的古人古事：“闳夭事文王，周公辅成王”，通过闳夭事文王、周公辅成王的结果，与商君事秦王、吴起事楚王、文种辅越王的结局相对比，让事实说话，逼迫范雎自己承认商君、吴起、文种不如闳夭、周公。接着，蔡泽又从慈爱任忠、尊贤重义方面，有意将秦昭王跟秦孝公、楚悼王、越王勾践联系到一起，语带玄机地逼问范雎：他所辅佐的秦昭王与秦孝公、楚悼王、越王勾践相比到底怎么样？结果，范雎只能如实承认：“未知何如也”（即承认自己不了解秦昭王，不知道秦昭王是否真的信任自己，是不是用人不疑、重情重义的明主）。顺着先君后臣的思路，蔡泽又将范雎与商君、吴起、文种等人相比，追问范雎：他为秦国建立的功勋，与商君等人曾经所建立的功勋相比如何。结果，再次让范雎在客观事实面前低头，承认自己不及商君等人。由此，蔡泽顺水推舟地得出一个结论：“今主之亲忠臣、不忘旧故，不若孝公、悼王、句践；而君之功绩、爱信亲幸，又不若商君、吴起、大夫种，然而君之禄位贵盛，私家之富过于三子，而身不退者，恐患之甚于三子”。即认为，秦昭王任忠重义不及秦孝公等人，范雎的功劳不及商君等人而禄位贵盛，所以范雎如果不急流勇退，可能会遭遇比商君等人更大的祸患。说到这里，道理已经非常明白了，说服力也非常强了。但是，蔡泽却并没有就此鸣金收兵，而是乘胜追击。先举苏秦、智伯贪利不止而亡身，再举齐桓公、吴王夫差与夏育、太史嗷等人得意之时不知警惕而身败名裂，重申了前面所提出的观点，突出强调了“乘至盛而不返”、不知“居卑退处”、不知“俭约”的祸患，从反面论证了“功成身退”的重要性。应该说，至此蔡泽的游说已经酣畅淋漓，道理说得非常透彻，足以慑服范雎之心了。但是，蔡泽并未就此打住，而是继续运用“稽古”修辞策略，进一步巩固已有成果，增加说服力，以使范雎心服口服。不过，这次的“稽古”征引，不仅仅有古人古事，还有近人近事。古人古事，就是前面蔡泽已经反复提到的吴起事楚王、文种辅越王而功成不退，结果被赐死的历史；近人近事，就是发生于秦国的白起与商君功高而被杀的往事。白起是与范雎同时代的人，而且同辅秦昭王，这个事例对于范雎最具震撼教育的价值。而稍早点的商鞅辅佐秦孝公，为秦国变法革新成功，为秦国强力崛起奠定坚实基础而最终被秦惠王车裂的事实，对于任何身在秦国官场中的人都是记忆深刻的。所以，蔡泽将历史与现实并举，将古今人事联系到一起，就更能有力地证明一点：古今为人君者都一样，是过河拆桥、兔死狗烹的薄情寡义之人；古今为人臣者也是一样，功成皆贪图荣华富贵而不知急流勇退，结果结局也是一样。这样，让历史的影像与现实的鲜血形成对比，岂能没有强大的说服力而让范雎幡然醒悟？可见，蔡泽能够说服范雎，与他善于运用“稽古”修辞策略并达到出神入化的地步是分不开的。当然，除了“稽古”策略的运用外，“引经”的策略也起了不小作用。这从蔡泽“稽古”论证中不时插入的孔子之言、《尚书》与《周易》之语都能感受到。

四、李斯谏秦王收回成命

臣闻吏议逐客，窃以为过矣。昔穆公求士，西取由余于戎，东得百里奚于宛，迎蹇叔于宋，来邳豹、公孙支于晋。此五子者，不产于秦，而穆公用之，并国二十，遂霸西戎。孝公用商鞅之法，移风易俗，民以殷盛，国以富强，百姓乐用，诸侯亲服，获楚、魏之师，举地千里，至今治强。惠王用张仪之计，拔三川之地，西并巴蜀，北收上郡，南取汉中，包九夷，制鄢、郢，东据成皋之险，割膏腴之壤，遂散六国之众，使之西面事秦，功施到今。昭王得范雎，废穰侯，逐华阳，强公室，杜私门，蚕食诸侯，使秦成帝业。此四君者，皆以客之功。由此观之，客何负于秦哉？向使四君却客而不内，疏士而不用，是使国无富利之实，而秦无强大之名也。

今陛下致昆山之玉，有随和之宝，垂明月之珠，服太阿之剑，乘纤离之马，建翠凤之旗，树灵鼍之鼓。此数宝者，秦不生一焉，而陛下说之，何也？必秦国之所生然后可，则是夜光之璧，不饰朝廷；犀象之器，不为玩好；郑卫之女，不充后宫；而骏良駃騠，不实外厩；江南金锡不为用，西蜀丹青不为采。所以饰后宫、充下陈、娱心意、说耳目者，必出于秦然后可，则是宛珠之簪、傅玑之珥、阿缟之衣、锦绣之饰，不进于前；而随俗雅化、佳冶窈窕赵女，不立于侧也。夫击瓮叩缶，弹筝搏髀，而歌呼呜呜，快耳目者，真秦之声也。郑卫桑间，昭虞武象者，异国之乐也。今弃击瓮叩缶而就郑卫，退弹筝而取昭虞，若是者何也？快意当前，适观而已矣。今取人则不然，不问可否，不论曲直，非秦者去，为客者逐。然则是所重者，在乎色乐珠玉；而所轻者，在乎人民也。此非所以跨海内、制诸侯之术也。

臣闻地广者粟多，国大者人众，兵强则士勇。是以泰山不让土壤，故能成其大；河海不择细流，故能就其深；王者不却众庶，故能明其德。是以地无四方，民无异国，四时充美，鬼神降福，此五帝三王之所以无敌也。今乃弃黔首以资敌国，却宾客以业诸侯，使天下之士退而不敢西向，裹足不入秦，此所谓"借寇兵而赍盗粮"者也。

夫物不产于秦，可宝者多；士不产于秦，而愿忠者众。今逐客以资敌国，损民以益仇，内自虚而外树怨于诸侯，求国无危，不可得也。

——李斯《谏逐客书》

上引文字，是李斯写给当时还未统一天下而称帝的秦王嬴政的书信。李斯之所以要给秦王嬴政写这封书信，是有原因的。当时，秦国的王公大臣都在怂恿秦王嬴政驱逐外来客卿。他们的理由是外来客卿来秦国投效，并非真心为秦国的利益着想，而是为山东特定诸侯国的利益来离间秦与诸侯各国的关系，从而削弱秦国的力量。这封书信的内容如下：

听说秦国的官吏们正在议论驱逐外来客卿之事，臣私下以为这是错误的。昔日秦穆公求取人才，得由余于西边的戎国，得百里奚于东边的宛国，从宋国迎来了蹇叔，从晋国招徕了邳豹与公孙支。这五位都不是秦国本土人才，但秦穆公却破格录用，且用之不疑。由此，秦国实力大增，吞并了周边二十个小国，独霸了西戎之地。秦孝公任用卫人公孙鞅，为秦国变法革新，彻底根除了秦国民众的陋习与不良民风，民众由此富裕起来，国家由此强盛起来，百姓安居乐业，诸侯亲近臣服。之后，公孙鞅又率军大破楚、魏之师，为秦开疆拓地千里。秦国有今日强大的国力基础，都与公孙鞅的功劳分不开。秦惠王任用魏人张仪，听从其连横之计，东拔韩国三川之地，西并巴、蜀两国，北收魏国上郡，南取楚国汉中，包举九夷之地，攻占楚都鄢郢，东据成皋险塞，割取韩、魏膏腴之地，于是拆散了山东六国“合纵”攻秦联盟，使六国皆向西臣服于秦。张仪之功，对秦国的影响至今犹在。秦昭王任用魏人范雎，得其辅佐，去穰侯相位，夺华阳君兵权，巩固王室地位，削弱私家势力，蚕食山东诸侯土地，使秦国终成王霸之业。秦穆公、秦孝公、秦惠王、秦昭王这四位君主，他们的功业都是借客卿之力而建立起来的。从以上事例来看，客卿哪里有负秦国了？假设以前秦国的四位君主排斥外来客卿闭门不纳，疏远外国人才而不重用，那么就不会使秦国有今日之富强，使秦国有天下无敌的霸主之名了。

陛下今拥昆仑山之宝，有随侯之珠、和氏之璧，冠饰明月之珠，腰佩太阿之剑，骑纤离宝马，树翠凤大旗，竖灵鼍神鼓。这诸多宝贝，没有一样出产于秦国，而陛下却喜欢它们，为什么呢？是否一定是秦国所产，才能使用呢？如果是这样，那么夜光璧不应该装饰于陛下的宫殿之中，犀角象牙雕琢的器物不应该成为陛下喜好的玩物，郑、卫两国的美女不应该充于陛下的后宫，匈奴胡戎的駃騠良驹不应该挤满陛下的马厩，江南的金锡不应该为陛下所用，西蜀的丹青不应该被陛下所采。如果说用以装饰宫殿、充实后宫、娱悦心意、刺激耳目的东西，都必须是产于秦国才能使用的话，那么宛珠之簪、傅玑之珥、阿缟之衣、锦绣之饰，都是不能进呈于陛下之前的；那些随俗推移、时尚优雅的窈窕赵女，也是不能侧立于陛下左右的。叩击土瓮，敲打瓦缶，弹筝拍腿，呜呜喊叫以快人耳目的，才是真正的秦国之声；郑、卫桑间女子歌咏的小调，在宫廷中演奏的《昭》、《虞》、《武》、《象》之曲，则都是外国的音乐。陛下今弃击瓮叩缶之秦声，而悦郑、卫桑间之小调，不听弹筝之声而爱《昭》、《虞》之乐，这又是为什么呢？还不是因为这些外来的音乐能够让陛下心意悦快，耳目感官得到刺激吗？陛下对于外来事物既然有如此包容的胸襟，那为什么对外来人才的态度却不一样呢？为什么对外来的人才，不问他们是否有能力，也不管他们是否有真心服效秦国之心，只要不是秦国本土人士，一律将之驱逐出境呢？如果是这种态度，那么陛下所看重的就是声色珠玉这类东西，所轻视的则是人才。这恐怕不是陛下统御海内、控制诸侯的有效办法吧。

臣听说有这样一种说法：土地广的，产粮必多；国家大的，人口必众；兵器锋利的，士兵必勇。泰山不拒大小尘土，所以能够巍峨高大；河海不嫌涓涓细流，所以能够深广辽阔；王者不弃百姓，所以能够彰显高尚道德。地不分东西南北，民不论他国异邦，一年四季物产丰足，鬼神皆来祈祷降福，这就是五帝三王之所以天下无敌的原因。陛下而今却不然，弃百姓以资助敌国，拒宾客以成就诸侯，使天下人才退而不敢往西，裹足不敢入秦，这就是所谓的借敌以兵、资盗以粮的行为。

不产于秦的物品，值得视之为宝的很多；不生于秦的人才，愿意效忠大王的不少。今陛下驱逐客卿以助敌国，减少人口以强仇人，不仅使自己内部空虚，而且又外树怨于诸侯。这样，要想国家没有危险，那是不可能的。

李斯在历史上是一个褒贬争议很大的人物，他原本只是楚国上蔡一个不名一文的书生，早年为郡小吏，因见厕鼠与仓鼠的不同生活境遇而顿悟人生的道理，遂弃职而从荀子学帝王之术。学成后入秦游说秦王，被秦相吕不韦任之为郎。后逐渐赢得秦王嬴政的赏识，助其完成了灭六国、一统天下的大业。秦始皇死后，李斯与赵高合谋，伪造遗诏而迫使皇长子扶苏与大将蒙恬自杀，立秦始皇少子亥为帝，从而加速了秦朝的灭亡。后来因与赵高产生矛盾，被腰斩于市，并被诛三族。当然，这是后话，历史上人们对他的所作所为，特别是他的为人有不同看法，仁者见仁，智者见智，这都是正常的。不过，就其早年之所为，我们应该承认他在政治上是非常成功的，其对中国历史发展的巨大贡献是不容抹杀的。至于他的才华，更是无人不佩服。不说别的，就是上引这封他写给秦王嬴政的《谏逐客书》，就足以奠定他在中国文学史上千古不朽的地位。

这封书信虽然不长，但其说服力非常强。秦王嬴政读了，竟然一夕之间将酝酿了多年才决定下来的驱逐客卿的国策予以推翻，收回了逐客的成命，不仅留住了许多客卿，而且也使被免除了官职的李斯得以复职，从而为其今后辅佐秦王嬴政灭六国、统一天下，成就千古大业奠定了基础。如果没有这封书信，如果这封书信没有足够的说服力让秦王嬴政收回成命，也许就不会有秦始皇统一中国的巨大历史功勋，最起码秦统一中国的历史进程要延后很多年，一统天下的千古一帝也许不是秦王嬴政，而是别人。当然，没有秦王嬴政的成功，也就不会有李斯个人的成功与前无古人的历史功勋。可见，李斯这封书信的价值有多高，在中国历史上的意义有多大。

那么，这封书信何来这么大的说服力，让雄才大略的秦王嬴政为之折服并改变初衷，收回成命呢？这主要是因为李斯善于运用“稽古”修辞策略，征引前代史实人事恰切而有针对性，迅速突破了秦王嬴政的心防，使其不得不从心底为之折服。在这封书信中，李斯稽古征引的前代人物共有秦国四代君主、五个外来奇才与三位客卿。四代君主分别是秦穆公、秦孝公、秦惠王、秦昭王。秦穆公算是一位古人，是“春秋五霸”之一，为秦国的第一次崛起奠定了坚实的基础。在他之前，秦国只不过是西部偏僻的一个小国，备受西戎诸国欺凌。由于秦穆公重视招贤纳士，革新政治，遂使秦国迅速强大起来，在争霸战争中吞并了周围众多小国，称霸了西戎。秦孝公是战国时代的人，离秦王嬴政生活的时代不过一百多年，算是一位近人，但却是秦国又一位重要的君主。在他执政期间，秦国实现了历史上第二次国力大提升，由此奠定了秦国称霸天下更坚实的基础。他最大的功绩就是颁布招贤令，广征天下英才为秦所用。特别是他慧眼识人，力排众议，任用卫人公孙鞅，并冒着极大的政治风险排除来自秦国内部保守势力的巨大阻力，让一个客卿担纲进行政治改革。最终，改革获得极大的成功，秦国一跃成为天下经济、军事实力最强的大国。接着，他又放手让公孙鞅领军攻打当时的天下霸主魏国，大败魏师，为秦拓地千里，彻底改变了秦、魏两国的实力对比，为秦国日后称霸天下奠定了坚不可摧的雄厚基础。秦惠王是继秦孝公之后的又一位秦国英主，他的最大功劳是任用魏人张仪，用其“连横”之计，拆解了山东六国“合纵”攻秦的强大危机，然后各个击破，不断蚕食韩、魏、楚诸国的土地，扩张秦国的版图，再次大大增强了秦国的实力，使秦国真正具备了称霸天下的条件和日后统一天下的基础。秦昭王则是距秦王嬴政时代更近的一代雄主。他是秦国历史上执政时间最长的君主，长达五十六年之久。秦昭王死后，秦孝文王执政了一年就崩逝，秦庄襄王执政了三年，之后就是秦王嬴政继任了。所以，李斯举秦昭王任用魏人范雎，听其“远交近攻”之计，蚕食诸侯土地，成就秦国帝王霸业的事例，对秦王嬴政来说就更有亲切感了。至于李斯文中稽引的外来五个奇才、三个客卿的事迹，不仅秦王嬴政知道，秦国臣民知道，就是诸侯各国之人也都是耳熟能详的。外来的五个奇才都是秦穆公时代招揽的，是秦国得以实现第一次崛起的依托。这五个奇才分别是由余、百里奚、蹇叔、邳豹、公孙支。由余，本是晋国人，后入戎邦。戎王令他出使秦国，秦穆公见其贤能，遂用计招之归秦。后秦穆公用由余之计，举兵伐戎，吞并小国十二个，拓地千里，称霸西戎。百里奚，乃楚国宛人，后入虞国为大夫。晋灭虞国，百里奚拒绝在晋国为官，于是晋献公嫁女于秦穆公时，就将百里奚作为“媵人”（即陪嫁奴隶）送给了秦国。百里奚至秦后设法逃脱，回到了家乡楚国。但被楚国边境之兵所执，流放到一地牧牛。秦穆公听说百里奚贤能，就派人携重金前往楚国，想将他赎回来。可是，又担心楚王知道百里奚是贤能之士而不允。于是，就遣使告诉楚王，说晋国送给秦国的一个随嫁奴隶逃到了楚国，请允许秦国用五张黑公羊皮赎回他。楚王不知真相，以为百里奚真的是一个普通奴隶，就收下了秦穆公的五张羊皮，将百里奚放了。当时，百里奚已经七十岁了。秦穆公与他谈论国家大事，一连谈了三天，非常投机，遂非常高兴地将国政交给了他，时人称之为“五羖大夫”。“五羖大夫”执政期间，“谋无不当，举必有功”，为秦国的崛起作出了巨大贡献。史载百里奚“三置晋国之君”，“救荆州之祸”，“发教封内，而巴人致贡；施德诸侯，而八戎来服”，终使秦穆公成为“春秋五霸”之一。蹇叔则是歧人，寄居于宋国，是百里奚的好友。百里奚当政时，向秦穆公举荐了蹇叔。秦穆公从谏如流，立即派人前往宋国以重金将蹇叔迎到秦国，任之为上大夫。蹇叔最大的特点是能审时度势，有知人之明。他与百里奚分任秦国左右相，共掌朝政时，对秦穆公辅助甚力，对秦国的崛起发挥了不可或缺的作用。邳豹，原是晋国大夫邳郑之子。邳郑被晋惠公杀害后，邳豹投奔了秦国。秦穆公任之为秦将，为秦国开疆拓土发挥了重要作用。公孙支（或写作公孙枝），乃歧人，游于晋而不得意，秦穆公知其贤能，招之为秦将，在秦穆公征战西戎的过程中立下很大功劳。至于三客卿公孙鞅、张仪、范雎，更是秦国君主任用外才的佳作与大手笔。公孙鞅本是卫国的诸庶孽公子，曾事魏相公孙痤而为中庶子。公孙痤临死前向魏王推荐公孙鞅，要魏王任之为魏相，并服从他的管理。魏王不听，公孙痤遂谏魏王杀之，不使公孙鞅逃出魏国。魏王皆不听，公孙鞅遂在秦孝公颁令天下求贤的情况下到了秦国。秦孝公力排众议，任之为客卿，并将变法革新秦国内政的大任全权托付给了公孙鞅。公孙鞅不负秦孝公厚望，十年改革成功，秦国的政治、经济、军事实力整体大幅跃升，从此奠定了称霸天下的坚实基础。后公孙鞅奉秦孝公之命率师伐魏，用计大败魏师，为秦拓地千里，遂被秦孝公封于於、商十五邑，号为商君。张仪乃一介游士，魏国人。在山东六国游说多年均没能获得成功，在楚国令尹府当食客时差点被打死。但是，到了秦国，张仪游说秦惠王获得了成功，执掌秦国相印，不仅为秦国解除了山东六国“合纵”围攻的危机，而且行“连横”之策成功，使秦国由被动变为主动，转入了战略反攻阶段，从此不断蚕食山东六国，并且屡屡得手，为秦国最终灭六国、一统天下奠定了坚实的基础。范雎也是魏国人，因为家境贫寒，无力周游列国游说诸侯，只得在魏国中大夫须贾门下混口饭吃。可是，因随须贾出使齐国时显露了杰出的外交才华而被须贾嫉恨。回到魏国后被须贾谗言陷害，差点被魏相魏齐打死。幸得当时出使魏国的秦国使臣王稽相救，将他带到秦国。范雎得到了秦昭王的信任，秦昭王任之为客卿。范雎帮助秦昭王摆脱了其母亲宣太后及其弟穰侯的专权束缚，然后陆续用计解除华阳君、泾阳君、高陵君等王室势力的掣肘，重振王室权威，使秦昭王得以亲政，由此开创了秦昭王五十余年的辉煌统治历史。特别是他为秦国制定的“远交近攻”战略，最终使秦国实现了灭六国而一统天下的终极目标，为秦国立下了盖世功勋。当李斯将秦国历史上四位明君、五位外来奇才、三位客卿的事迹一一罗列出来后，秦王嬴政就不得不在事实面前彻底臣服，不能也不敢抹杀外来客卿对于秦国强力崛起的重大贡献，从而不得不承认自己所作出的“逐客”决策是大错特错的了。为此，他不得不收回成命，继续实行秦穆公以来行之有效的人才战略。可见，李斯书信的说服力确实是来自于其“稽古”修辞策略。讲道理并不难，很多人都能将道理讲得头头是道。但是，讲道理是一回事，让人接受道理则又是另一回事。因为中国人自古以来就有两句话：一是“仁者见仁，智者见智”，二是“事实胜于雄辩”。如果讲道理是从理论到理论，不管其逻辑推理有多严密，讲得多么娓娓动听或雄辩滔滔，都未必能让接受者从心底予以认同。但是，讲道理若是以事实为依据，那么结果就完全不同了。只要讲道理者摆的事实是真实的，接受者不能也不敢提出质疑，那么他就只有一条道可走：在事实面前低头，认同并接受表达者的观点。

上面我们说李斯谏说秦王嬴政成功，是因为其运用“稽古”修辞策略的结果，但这并不是否认李斯这封书信中运用到的其他修辞策略。比方说，书信末尾的一段“引言”与“类比”，其作用也很明显，对于增加谏说的说服力也发挥了一定的作用。

五、司马迁谈逆境成才

> 昔西伯拘羑里，演《周易》；孔子厄陈、蔡，作《春秋》；屈原放逐，著《离骚》；左丘失明，厥有《国语》；孙子膑脚，而论兵法；不韦迁蜀，世传《吕览》；韩非囚秦，《说难》、《孤愤》；《诗》三百篇，大抵贤圣发愤之所为作也。
>
> ——司马迁《史记·太史公自序》

上引这段话，是司马迁在说到自己在汉武帝天汉二年（即公元前99年）因为李陵降匈奴之事陈述自己见解，而被汉武帝处以宫刑的屈辱时，一时感慨所至而发的议论。虽然这话是为开解自己的抑郁之情而说，却道出了一个深刻的人生哲理：“逆境才能成才”，因而千百年来一直被中国人奉为圭臬，成为训子或励志的名言。

那么，司马迁所论述的这个人生哲理为什么千百年来被中国人奉为圭臬呢？这主要是因为它有很强的说服力，而这说服力的来源，主要也是由于“稽古”修辞策略的运用。“昔西伯拘羑里，演《周易》”一句，说的是西昌伯姬昌（“周文王”是周武王灭商建周后追封的称号）被商纣王拘禁于羑里（在今河南汤阴北）时，根据上古伏羲所创的八卦推演成六十四卦，遂有《周易》传于后世的典故。“孔子厄陈、蔡，作《春秋》”一句，说的是孔子为了实现其“克己复礼”、恢复周公礼法的政治理想，带着众弟子周游列国，到处宣传其政治主张。结果，不仅屡屡碰壁，而且还在陈、蔡两国遭遇过断粮与被人围攻的困厄。后来，孔子明白其道不可行，乃回鲁国，退而作《春秋》，以刀笔为武器，讨伐乱臣贼子。“屈原放逐，著《离骚》”一句，说的是战国时代楚国贤臣与著名诗人屈原忠心为国却被楚怀王放逐，愤而作《离骚》之事。史载，屈原乃楚国贵族出身，早年颇受楚怀王信任，官任左徒、三闾大夫，主张内修美政，革新法律制度，举贤任能；外联大齐，合力抗秦，以确保楚国的长治久安。但是，因为他为人耿直，不愿与上官大夫靳尚同流合污，又受令尹子兰、楚怀王宠妃郑袖等人的谗言，结果被楚怀王疏远而不用，并被逐出郢都。由此，屈原怀着满腔的悲愤，开始了流浪生涯，《离骚》大概就是在此期间所写成的。楚怀王被秦相张仪诱骗入秦，囚死于咸阳后，楚襄王继位。但楚襄王继任后，屈原继续受到迫害。楚襄王二十一年（即公元前278年），秦将白起率师攻破楚都郢，屈原觉得楚国再也没有希望了，遂怀石而沉汨罗江，结束了忧愤的一生。“左丘失明，厥有《国语》”一句，讲的是春秋时代鲁国史官左丘在双目失明之后修成《国语》一书的传说。“孙子膑脚，而论兵法”一句，说的是齐人孙膑与魏人庞涓同事鬼谷子学习兵法，庞涓学成后被魏王任之为大将，孙膑则未被齐王重用。庞涓虽官场得意，却忌孙膑之才，唯恐将来孙膑对他不利。于是，就设计将孙膑诱骗到魏国，秘密对其施以膑刑（即削去其两腿膝盖上的膑骨），使其不能见人。后孙膑得齐国使臣帮助，被秘密带回齐国，被齐国大将田忌赏识，并被推荐给了齐威王。齐威王二十六年（即公元前353年），庞涓率师围攻赵都邯郸。赵求救于齐，齐威王以田忌为主帅，以孙膑为军师，令其率师伐魏。田忌听计于孙膑，以“围魏救赵”之计，诱庞涓于桂陵隘道，一举歼灭魏师八万，并将庞涓活捉了。公元前341年，魏国意欲吞并韩国，发动了对韩国的战争。韩国派使臣向齐威王求救，齐威王派田忌为主帅，以田婴、田盼为副帅，以孙膑为军师，出兵救韩。田忌听从孙膑之策，以“减灶诱敌”之计，将魏国十万大军在黄昏时诱至马陵隘道，将其一举歼灭，庞涓战败自刎。《孙膑兵法》，据说就是孙膑在齐国为齐威王军师时所写下的。“不韦迁蜀，世传《吕览》”一句，说的是秦相吕不韦召集门客文士编纂《吕氏春秋》的故事。应该指出的是，《吕氏春秋》的编纂并非吕不韦被秦始皇免了秦相之位而流放到蜀中后才完成的，而是他在秦始皇尚未亲政前，也就是他执政期间势焰张天的时候就已经编纂完成了。编完之后，他还令人将全书誊抄整齐，悬于秦都咸阳城门，悬赏指正。吕不韦声称若有人能改动其中的一个字，便赏予以千金。另外，还有一点也需指出：吕不韦被秦始皇免去相位，回到了自己的封地后，秦始皇曾下令让其举家迁入蜀中，但是，吕不韦忧惧被杀，遂饮鸩自尽，终其一生并未入蜀。“韩非囚秦，《说难》、《孤愤》”一句，说的是战国末期法家代表人物韩非入秦被囚与著有《说难》、《孤愤》两篇宏文的故事。不过，韩非确实入秦被囚，并且死在了秦国牢狱之中，但《说难》、《孤愤》二文写于狱中，则未必是事实。“《诗》三百篇，大抵贤圣发愤之所为作也”一句，说的是周秦时代的《诗经》中的所有作品创作，都是出于不同诗篇作者忧愤感慨之时。不过，这也只是司马迁的推测而已，并非确切的典故。司马迁一口气举了这么多古人古事，其真正的目的，只是意在将“大抵贤圣发愤之所为作也”予以坐实，也就是说明一个人生的哲理：“一个人只有处于逆境之中，发愤努力，才能有所作为”。这个道理虽然不错，但是如果司马迁在文中这样直接讲出来，虽然言简意赅，直截了当，但肯定不能给人留下什么印象，当然更不能为之信服而长留脑海，并作为人生的座右铭。后世之人之所以会记住司马迁上述这番话，并将之作为训子或自我励志的金言，原因就是他所讲的这番道理并不是建立在逻辑推理的空谈上，而是立足于客观史实（尽管其中有个别典故是与史实有所出入的，上面已经指出过），是以事实来说话的，因此就具有很强的说服力。尤其是作者所举的古人古事都是中国历史上最有名的，也是妇孺皆知的，这就更具有一种先入为主的印象，令其无法质疑，从而令人心悦诚服。可见，司马迁讲道理是有技巧的，他的话能成为千百年来中国人视为圭臬的圣训，事实上是与他善于运用“稽古”修辞策略密切相关的。尽管他在“稽古”征引古人古事时稍有偏离史实的地方，没有完全恪守“信史”的原则，但这并不影响其结论的说服力。

六、曹丕以为“文人相轻，自古而然”

文人相轻，自古而然。傅毅之于班固，伯仲之间耳，而固小之，与弟超书曰：“武仲以能属文，为兰台令史，下笔不能自休。”夫人善于自见，而文非一体，鲜能备善，是以各以所长，相轻所短。里话曰：“家有敝帚，享之千金。”斯不自见之患也。

——曹丕《典论·论文》

上引这段文字，乃魏文帝曹丕《典论·论文》的开篇之笔，意思是说：文人之间相互看不起，是自古以来就有的现象。东汉时代的傅毅与班固，在才学上可谓旗鼓相当，不分上下，但班固却看不起傅毅。他曾写信给他的弟弟班超说：“傅武仲因为能写文章，供职于兰台为令史，但是他下笔千言却不知如何打住。”可见，人都善于发现自己的优点，有自我独尊、自视甚高的毛病。事实上，文章并非只有一种体裁，很少有人擅长各种体裁。所以，以自己所擅长的，来比别人不擅长的，自己会有自高自大的感觉。俚俗之语说：“家中有把破扫帚，看得比千金还贵重。”这就是说自己看不清自己的人性弱点。

这段文字虽然不长，却开门见山，一针见血地针砭了自古以来文人唯我独尊，只看到自己的长处而看不见别人的优点的劣根性，千百年来无数读书人读之都“心有戚戚焉”，情不自禁间会反躬自省一番，由此幡然醒悟，看清自己的本来面目与弱点，并引以为戒。

那么，这段文字何来这等强大的说服力呢？这主要是因为作者“稽古”修辞策略运用恰当。作者在文章一开头，没有铺垫，也没有引渡，就凌空起势提出“文人相轻，自古而然”的观点，着更令人感到突兀。但是，作者紧接着“稽古”举出的一例，却让人一下子就信服了他的观点，觉得“文人相轻，自古而然”的话言之不虚，确是至理名言。之所以会有这样的效果，主要是因为作者“稽古”征引的人事（班固看不起傅毅），距离曹魏时代不远，对于当时的读者来说具有一种亲切感与真实感，因而就具有不可置疑、无可争辩的说服力。而对于曹魏之后的读者来说，因为班固与傅毅都是中国历史与文学史上非常有名的人物，大家都非常熟悉其人其事，因此举出他们的事例，后世读者自然也有一种亲切感，因而比较容易引起他们的认同。加之班固与傅毅的才华与成就是客观事实，不论时代如何演进，事实都是改变不了的。班固是东汉著名的历史学家，著有中国第一部纪传体断代史《汉书》，又是著名文学家，有《两都赋》、《答宾戏》、《幽通赋》等辞赋作品传世。傅毅也是东汉的一代才子，汉章帝建初中，因有杰出的才华而供职于兰台为令史。后拜郎中，与班固、贾逵等一起校书于东观阁。汉明帝时，傅毅因为仿《周颂·清庙》笔法作《显宗颂》十篇，颂扬汉明帝功德而名噪一时。甚至当时当朝擅权的车骑将军马防也对他礼敬有加，以师友礼待之，并聘为军司马。汉和帝永元元年（即公元89年），大将军窦宪奉命远征匈奴时，以傅毅为司马，大败北单于，登上燕然山（今蒙古杭爱山），勒石记功而还。窦宪功成显贵后，又请傅毅为主记室，以崔骃为主簿。可见，傅毅的文学才华确是显赫一时。与班固一样，傅毅在文学创作上也颇有成就，除了诗、诔、颂、祝文、连珠等作品外，还有许多辞赋如《舞赋》、《洛都赋》、《雅琴赋》等传世，另著有《国语解诂》、《左氏传解诂》等，在经学研究上也多有心得。只要是对中国历史与中国文学史稍有了解的，都会对班固与傅毅的这些背景比较清楚，都会认同曹丕的看法：“傅毅之于班固，伯仲之间耳”。因此，当曹丕举出班固写给其弟班超书信中贬低傅毅的话时，无论是曹魏时代的读者，还是曹魏之后的读者，都会不约而同地看清一个事实：班固确实是看不起傅毅的文才。既然如此，那么读者自然就会心悦诚服地认同作者曹丕文章一开头就提出的观点：“文人相轻，自古而然。”

曹丕论证其观点“文人相轻，自古而然”时，运用“稽古”修辞策略，确实是其具有极强说服力的关键。不过，还有两点也很重要。第一点是作者运用“稽古”修辞策略，举了班固轻视傅毅文才的例子后，又引了一个俚语："家有敝帚，享之千金"，这属于"引经"策略的运用（后文我们有专门论述），对于增强其观点的说服力也有很大帮助。第二点是紧接"稽古"文本之后的另一段文字："今之文人，鲁国孔融文举、广陵陈琳孔璋、山阳王粲仲宣、北海徐干伟长、陈留阮瑀元瑜、汝南应玚德琏、东平刘桢公干，斯七子者，于学无所遗，于辞无所假，咸自以骋骥騄于千里，仰齐足而并驰。以此相服，亦良难矣！"这是举当世文坛七贤各有所长，却又各自独尊，眼中没有他人的现实辅证，从而以历史与现实的对比进一步坐实文章开头提出的观点："文人相轻，自古而然"。因为有了现实的例证，这就使"自古而然"有了注脚。

七、韩愈论"责己"与"待人"

古之君子，其责己也重以周，其待人也轻以约。重以周，故不怠；轻以约，故人乐为善。

闻古之人有舜者，其为人也，仁义人也。求其所以为舜者，责于己曰："彼，人也；予，人也。彼能是，而我乃不能是！"早夜以思，去其不如舜者，就其如舜者。闻古之人有周公者，其为人也，多才与艺人也。求其所以为周公者，责于己曰："彼，人也；予，人也。彼能是，而我乃不能是！"早夜以思，去其不如周公者，就其如周公者。舜，大圣人也，后世无及焉；周公，大圣人也，后世无及焉。是人也，乃曰："不如舜，不如周公，吾之病也。"是不亦责于己者重以周乎！其于人也，曰："彼人也，能有是，是足为良人矣；能善是，是足为艺人矣。"取其一，不责其二；即其新，不究其旧；恐恐然惟惧其人之不得为善之利。一善易修也，一艺易能也。其于人也，乃曰："能有是，是亦足矣。"曰："能善是，是亦足矣。"不亦待于人者轻以约乎？

——韩愈《原毁》

上引文字，是唐代大文豪韩愈的散文名篇《原毁》中的开篇。其意思是说：古代的君子，对自己道德修养的要求既严格又详尽，而对于别人的要求则是既宽容又简单。因为对自己的要求严格而详尽，所以从不放松个人的道德修养；因为对他人的要求宽容而简单，所以易于促成他人上进向善。他们听说古代有一个叫舜的人，懂得万事万物的道理，明白为人处世的常情，循着仁义之道而行，而不是把行仁义作为沽名钓誉的工具与手段。为此，他们探讨舜之所以成为舜的原因，对自己提出要求道："舜是人，我也是人。舜能做到的，我为什么不能做到呢？"于是，他们日思夜想，改正不如舜的地方，努力向舜看齐。他们听说古代有一位周公，生性柔顺而巧能，多才多艺，且能虔诚地侍奉鬼神。为此，他们探讨周公之所以成为周公的原因，对自己提出要求道："周公是人，我也是人。周公能做到的，我为什么不能做到呢？"于是，他们日夜思虑，想着改正自己的缺点，努力向周公看齐。舜是大圣人，后代没有人能赶得上他；周公也是大圣人，后世也没人能与他相提并论。但是，古代的君子却说："不如舜，不如周公，这是我的缺陷。"这不是对自己要求严格而又详尽吗？他们对于他人，则不然。他们说："他只是一个普通的人，能够有此品德，已经算是一个善良的人了；能够做好这些事，算得上是有一技之长的能人了。"他们对于别人，总是看到其好的一面就够了，而不苛求更多；只对他们当前好的表现予以赞扬，而不过多地追究其过去的不足，唯恐他人有了善行而得不到应有的赞扬。虽然对于一个人来说，一样好的品德是容易修养成功的，一门技艺是容易学成的，但是古代的君子，对于他人的德能总是持有这样一种观点："他能有这一样好品德，也就足够了；他能有这样一门技艺，也就不错了。"这不是对别人的要求宽容而简单吗？

韩愈的《原毁》一文，论述的中心主旨是：我们要向古代的君子学习，宽以待人，严于律己。全文"从'责己''待人'两个方面，以'古'与'今'作对比，指出当时社会风气之浇薄，毁谤之滋多，并剖析其缘由在于'怠'与'忌'。'怠者不能修'，正违反了‘当仁不让’（《论语·卫灵公》）的精神；‘而忌者畏人修’，则和‘君子成人之美’（《论语·颜渊》），‘善与人同’（《孟子·公孙丑上》）的用心背道而驰。在朋党纷争，士人间排挤倾轧十分剧烈的中唐之世，此说，颇能切中时弊。”① 上引全文开篇的一段文字，虽然篇幅不长，但一上来就开宗明义，将作者的观点鲜明地亮出，并予以论证，让人感觉非常有说服力。即使没有后文的补充论证，其所表达的观点也足以令人信服。

那么，这段文字何以有如此强烈的说服力呢？这主要是作者创造性地运用了“稽古”修辞策略。我们都知道，“稽古”是表达者援引古人古事以论证自己所提出的某一观点，以此加强说服力的一种修辞手段。但是援引的古人古事都是具体的，一定会落实到某个时代某个真实的人与其所做的某件真实历史事件上。因为这样，才能给人以确凿无疑的感觉，让人在事实面前不得不从心底彻底打消疑虑，从而对表达者所提出的观点予以认同，真正是心服口服。但是，我们看韩愈上述“稽古”文本，情况则有所不同。他所稽引的古人舜与周公，都是历史上真实的人物（至少韩愈等唐代人认为他们是真实的），而且是公认的圣人。但是，文中征引的“古之君子”却不是具体的人，既无具体年代，也无确切姓名，只是一个抽象的集合概念，不是具体的个人。这种不提出具体人名及其确切身份的“稽古”，是此前所没有见过的。另外，作者“稽古”征引的“古之君子”的行事也不具体，只是一种抽象的概括。这些不同于寻常“稽古”的征引，从寻常眼光看，在一定程度上削弱了所稽引的古人古事的真实感，影响到观点论证的说服力。但是，如果我们换个角度看问题，从作者韩愈本身的地位看，则又能发现其合理性。因为作者是唐代著名文学家，是“文起八代之衰”的古文运动领袖，他在“稽古”修辞策略运用上予以变通，读者不仅不会认为不妥，反而在崇拜权威的心理作用下认为是一种创新。也就是说，他并不认为自己抽象地稽引古人古事削弱了论证的说服力。相反，由于作

① 朱东润主编：《中国历代文学作品选》，上海古籍出版社1980年版，第293页。

者稽古征引的古人舜、周公是真实的，舜与周公的行事也是大家都知道的，那么“古之君子”作为一个群体概念也就具有了相应的真实性。不仅如此，因为“古之君子”还是个集合概念，这就暗示了古代的君子很多，并非个别。由此，与作者下文斥责的中唐士人多爱结党纷争、相互倾轧的风气形成对比，文章从而会发挥更好的针砭时弊的效果。可见，韩愈在运用“稽古”修辞策略时深谋远虑，其论证的说服力也是很大的。

八、王安石认为“有贤而用，国之福也”

国以任贤使能而兴，弃贤专己而衰。此二者，必然之势，古今之通义，流俗所共知耳。何治安之世有之而能兴，昏乱之世虽有之亦不兴？盖用之与不用之谓矣。有贤而用，国之福也，有之而不用，犹无有也。

商之兴也，有仲虺、伊尹；其衰也，亦有三仁。周之兴也，同心者十人，其衰也，亦有祭公谋父、内史过。两汉之兴也，有萧、曹、寇、邓之徒；其衰也，亦有王嘉、傅喜、陈蕃、李固之众。魏、晋而下，至于李唐，不可遍举，然其间兴衰之世，亦皆同也。由此观之，有贤而用之者，国之福也；有之而不用，犹无有也，可不慎欤？

今犹古也，今之天下亦古之天下，今之士民亦古之士民。古虽扰攘之际，犹有贤能若是之众，况今太宁，岂曰无之？在君上用之而已。博询众庶，则才能者进矣；不有忌讳，则谠直之路开矣；不迩小人，则谗谀者自远矣；不拘文牵俗，则守职者辨治矣；不责人以细过，则能吏之志得以尽其效矣。苟行此道，则何虑不跨两汉、轶三代，然后践五帝、三皇之途哉。

——王安石《兴贤》

上引文字，是宋代政治家王安石为政治改革、推行新法制造舆论而写的一篇论文。其内容大意是：国家因为任用贤能者而兴盛，因为专权弃贤而衰亡。这两种结果，乃是必然之势，是古今都为人认同的规律，是普通人都明白的道理。那么，为什么太平安定之世有贤能之人，国家就能兴盛，而政治混乱之世有贤能之人，却不能使国家兴盛呢？这是因为善用贤能与不善用贤能的结果。有贤能之人而予以任用，这是国家之福；有贤能之人而不予以重用，那么有贤能之人等于没有贤能之人。

商朝兴盛时，有仲虺、伊尹两位贤臣；商朝衰落时，也有微子、箕子、比干三位仁人。周朝兴盛时，有周公旦、召公奭、太公望、毕公、荣公、太颠、闳夭、散宜生、南宫括、文母十位同心辅佐周王的贤臣；周朝衰落时，也有祭公谋父、内史过两位能人。两汉兴盛时，有萧何、曹参、寇恂、邓禹等能人；两汉衰落时，也有王嘉、傅喜、陈蕃、李固等众贤。魏、晋之后，直至唐朝，贤能之士不可胜举。但是，各朝代的兴衰规律，也都是相同的。由此可见，有贤能之士就予以重用的，就是国家之福；有贤能之士而不用的，虽有也等于没有。这难道不应该谨慎对待吗？

今日就像古代，今天的天下就像古代的天下，今天的士民就像古代的士民。古代虽然处于纷扰混乱之中，但还是有这么多贤能之士，何况今日是太平安宁之世，岂能说没有贤能之士呢？关键在于国君的任用而已。如果国君有不耻下问、博问于众的心胸，那么有才能的人肯定都能被任用；如果国君有听取逆耳之言的雅量，那么忠言直谏的言路肯定大开；如果国君不亲近小人，那么谗言献媚者肯定远离国君身边；如果国君不拘泥于祖制与世俗，那么官员们肯定能辨别是非而尽忠职守；如果国君不因小过而责备臣子，那么贤能官员的作用就能充分发挥。如果能推行此道，何愁不能超越两汉、三代，走上五帝、三皇天下大治的康庄大道呢？

王安石的这篇政论文虽然只有寥寥二百余字，篇幅极短，却写得理足辞畅，大气磅礴，极具说服力与鼓动性，为其正式推行新法的政治改革行动吹响了号角，读之给人的印象极深。特别是全文主旨观点的论述，尤其具有说服力，让人不得不口服心服。那么，这篇短文何以有如此强烈的说服力呢？这与作者创造性地运用“稽古”修辞策略有着密切关系。前面我们说过，“稽古”是一种古人常用的修辞策略，特别是在论辩中尤为常用。它通过征引古人古事的策略，让事实说话，彻底打消接受者的疑虑，从而心悦诚服地认同其所提出的观点。但是，王安石在论证其文章开头提出的政治观点——“国以任贤使能而兴，弃贤专己而衰”时，结合“对比”手法运用“稽古”策略，通过正反两个方面的对比，雄辩地说明了这样一个历史经验：任何朝代事实上都不乏贤能之士，关键是看国君是否善于任用贤能之士。用之则国兴，不用则国衰。在论述商朝的兴衰时，作者稽引了前期二贤与后期三仁的事。前期二贤是仲虺、伊尹，后期三仁是微子、箕子、比干。这五个人都是商朝的贤能仁士，因为辅佐的国君不同，结果国家的兴亡结果与个人的结局也大不相同。仲虺乃夏朝禹王的车服大夫奚仲的后裔，贤德有才，辅佐商汤为左相，对商朝的兴盛起了关键作用。伊尹本是奴隶出身，商汤却破格录用，委以国政。伊尹最终助商汤灭了夏朝暴君夏桀而建立了商朝。微子是商王帝乙的长子，纣王的庶兄。商纣王荒淫无道，微子屡谏不听，最后只得出走。后周武王伐纣，他无力保住商朝的江山，只得肉袒面缚乞降。周朝建立后，纣王之子武庚作乱，周公旦灭之而以微子承殷祀，封于宋，遂成宋的开国始祖。箕子乃文丁之子，帝乙之弟，纣王叔父，官任太师，封于箕，是当世第一哲人。因商纣王不听劝谏，荒淫误国，当周武王伐纣，商灭亡后，他带着商朝的礼仪制度走到朝鲜半岛，在那里建立了东方君子国，并得到了周朝的承认。比干为商帝丁之次子，商纣王叔父，官任少师。商帝乙临终时，托他辅佐其子即商纣王。比干受命，竭尽忠心，执政四十年，使商国富兵强，天下太平。后来，商纣王荒淫无道，横征暴敛，弄得天下怨声载道。比干极力劝谏，纣王不仅不听，还将其杀死剖心。王安石在论述周朝的兴衰时，既征引了周朝前期兴盛时周公旦、召公奭、太公望、毕公、荣公、太颠、闳夭、散宜生、南宫括、文母十贤辅佐周王的丰功伟业，也举证了周朝后期二杰祭公谋父、内史过虽贤却不能挽救周朝衰亡颓势的史实。王安石在论述两汉的兴衰时，既举了前期萧何、曹参、寇恂、邓禹等贤臣，又引了后期王嘉、傅喜、陈蕃、李固等能人。正是通过这些古人古事的援引与对比，从而以无可辩驳的事实说明了全文开头提出的观点："国以任贤使能而兴，弃贤专己而衰"，让为君者真正明白："有贤而用，国之福也"，有贤不用，国必衰亡。由于作者"稽古"征引的诸多古代贤臣都是人所熟知的，他们的行事与功业也是众所周知的，因此举他们的行事为证，自然具有不容置疑的说服力。再加上全文末尾一大段"排比"说理的文字，更是气势如虹，将原有的说服力予以了放大。正因如此，王安石的这篇政论文非常有说服力，给人的印象特别深刻。

九、朱湘建议人们多读"人生"这本书

天下事真是不如意的多。不讲别的，只说书这件东西，它是再与世无争也没有的了，也都要受这种厄运的摧残。至于那琉璃一般脆弱的美人，白鹤一般兀傲的文士，他们的遭忌更是不言可喻了。试想含意未伸的文人，他们在不得意时，有的樵采，有的放牛，不仅无异于庸人，并且备受家人或主子的轻蔑与凌辱；然而他们天生的性格倔强，世俗越对他白眼，他却越有精神。他们有的把柴挑在背后，拿书在手里读；有的骑在牛背上，将书挂在牛角上读；有的在蚊声如雷的夏夜，囊了萤照着书读；有的在寒风冻指的冬夜，拿了书映着雪读。然而时光是不等人的，等到他们学问已成的时候，眼光是早已花了，头发是早已白了，只是在他们的额头上新添加了一些深而长的皱纹。

咳！不如趁着眼睛还清朗，鬓发尚未成霜，多读一读"人生"这本书罢！

——朱湘《书》

上引这段文字，是现代作家朱湘谈读书的一番感慨，认为苦学

的精神诚然可贵，但是等到书读够了，学问已成，人也老了，除了书中的道理，还有很多人生的道理并没有弄明白。意谓光有书本知识还不够，还应该观察社会，从社会这个大学堂中汲取知识，从而认清人生的意义与真正价值。

但是，这番道理作者没有这样直讲，而是通过“稽古”修辞策略予以了申述，因而就显得格外耐人寻味而又说服力强大。为了说明上述这番道理，作者运用“稽古”修辞策略援引了四个典故。上山樵采，备受家人轻蔑，却“把柴挑在背后，拿书在手里读”，这说的是汉人朱买臣的故事。朱买臣乃西汉吴郡人，家境贫寒，却酷爱读书。生平不善治产业，四十岁仍是一介落魄儒生，靠上山打柴、集上卖柴勉强维持生计。汉景帝前元三年（即公元前154年），“七国之乱”爆发，为逃避战乱，朱买臣携妻逃至会稽郡，隐居深山，仍以打柴、卖柴为生。每日上山打柴，然后背柴下山到集市贩卖，虽然非常辛苦，但朱买臣却非常乐观，而且时刻不忘读书。每当他挑柴赶往集市时，途中都会边走边诵书，以致被人当作笑话传播。其妻听到别人背后的议论，觉得非常难堪，就劝他以后不要这样了。但朱买臣不为所动，继续行吟如故。其妻不堪众人闲语，要求与他离婚。朱买臣劝她说：“我五十岁当富贵，现已四十有余，等我富贵了，一定好好报答你。”其妻不听，遂改嫁给一个田夫。汉武帝时，因得同乡严助（即庄助）之荐，拜为中大夫，后拜为会稽太守。朱买臣乘车入吴，见前妻与其夫修道迎官，遂以车载其夫妇，于官舍之中招待他们，给食一月，前妻惭愧自缢而死。“骑在牛背上，将书挂在牛角上读”，这说的是隋朝李密牛角挂书，骑牛边走边读书的故事。据《新唐书·李密传》记载，李密要拜包恺为师，在前往缑山的路上，他将一函《汉书》挂于牛角之上，坐在牛背蒲垫上一边走一边读。越国公杨素出行见之，勒马随其后，问是何人读书如此勤奋。李密回头一看，原是杨素，遂连忙从牛背上下来，给杨素行礼。杨素问他所读为何书，李密答是《项羽传》。杨素与之交谈，对其才学十分惊讶。回府后，杨素还十分感叹，对其子杨玄感说道：“李密的见识与气度，依我看非你们可比。”由此，杨玄感遂倾心结交李密。隋末天下大乱，李密果然表现出了杰出的才能，领导瓦岗军在推翻隋炀帝残暴统治的过程中发挥了最重要的作用。“在蚊声如雷的夏夜，囊了萤照着书读”，这说的是东晋车胤夏夜借萤火虫的光亮读书的故事。车胤乃东晋南平人，从小聪明好学，但家境清贫，夜读常无点灯之油。夏夜时，常捉萤火虫数十只，用纱袋装上，借其微光夜读。《艺文类聚·续晋阳秋》记其事曰：“车胤，字武子，学而不倦。家贫不常得油，夏日用练囊盛数十萤火，以夜继日焉。”后车胤学有所成，历任中书侍郎、侍中、吏部尚书等职，成为东晋一代贤臣，死后追谥为忠烈王。“在寒风冻指的冬夜，拿了书映着雪读”，这说的是晋人孙康冬夜映着雪的光亮读书的故事。据说，孙康自小就非常爱读书，常觉时间不够用。但是，由于家境贫寒，无钱买油点灯，不能夜以继日地读书。为此，孙康觉得非常苦恼，尤其是冬夜漫长，更觉难熬。一次冬夜辗转难眠时，偶然侧身发现窗外有光亮透进。孙康欣喜地开门去看，原来已经悄无声息地下了一场大雪，满世界都是一片白色。看着银白的天地，孙康突然灵机一动，从屋里拿出一本书来，映着雪光一看，竟然能看清书上的文字。于是，他穿好衣服，跑到室外雪地上读起了书。《初学记》卷二引《宋齐语》有曰：“孙康家贫，常映雪读书。”由于孙康刻苦好学，后来成为学识渊博的一代大学者，官至御史大夫。无论是古人，还是现代人，稽古征引朱买臣负薪行吟、李密牛角挂书、车胤囊萤夜读、孙康映雪苦读的典故，都是为了鼓励人们珍惜时光，刻苦学习。但是，作者朱湘在稽古征引这四个古人古事时却不是为了说明这一点，而是意在讲明一个人生哲理：珍惜时光，勤奋读书，固然是成功的必由之路，但若眼光只关注于书本之内，而不关注书本之外的社会，那么所获得的学问是不完备的。即使来自书本的学问再好，也不过是“白鹤一般兀傲的文士”，不仅要受到“厄运的摧残”，“遭忌更是不言可喻了”。唯有内外兼修，才会有一个完美的人生，才会取得更大的成功。由于作者所稽古征引的四个古代的典故都是人所共知的，而且这四个苦学的古人都是事实上的成功人士，他们在人生中确实遭遇过很多苦难，有的虽然很成功，结局却非常悲惨（如朱买臣、李密、车胤等），这就以事实证明了人生不只是光读书本就够了，还得读一读社会这本大书。事实胜于雄辩，以古人古事来说服今人，自然更具说服力，让人无法质疑其所讲道理的正确性。

十、胡适向人传授“做贼”的技能

杜威的思想可以帮助我们明了中国过去的一些思想，譬如教育方面：朱子的教育方法也有一部分是讲实验主义的。三百年前，中国北方起了一个“颜李学派”（颜元和他的学生李塨）。颜元的思想注重在动——行动、活动。他的斋名叫“习斋”，就是所谓“学而时习之”的意思。他说：学弹琴的，不是拿书本子学的，要天天弹，越弹才越有进步。这和我刚才所讲的“时时刻刻改善你的经验”意义很相近。我国古时关于教育的学说，像这种例子的很多。

最后我要讲两个故事。在北宋时，有一个禅宗和尚，名叫法演，他是与王安石、苏东坡同时代的人物，死于1104年。他讲禅理非常怪，第一个原则就是“不说破”，要你自己去找答案。弟子们若有人对他有质疑的，他不但不答复，还要打你一个嘴巴；假使再要问他，就把你赶出庙去。就好像说你在台湾师范学院不行了，要到广州师范学院、福州师范学院、江西师范学院一个一个地去跑。要你到每座名山自己去寻访、去募化。当时和尚出门不像我们现在可以坐飞机、乘轮船；既不能住旅馆，又不许住在人家家里；只有一根打狗的棍子，一个讨饭的碗和一双要换的草鞋。冬天受冷，夏天受热，受尽了风霜雨露，经历苦痛，增加经验。也许到了三年、五年、十年、十五年，甚至二十年。在这个时间中，他或许偶然闻到了什么花香，听到了一声鸟鸣，或者村里人唱的小曲，豁然通了，悟了道。于是他朝老师那个方向叩头，感谢当年不说破的恩，他现在终于找到了。如果师父那时候还在人世，他就一步一步地赶回去，眼里含着眼泪给师父叩头谢恩。自己去找，自己经验丰富的时候，才得到一种觉悟。这种方法也可以说是实验主义。

有一天，这个法演和尚忽然问他的学生们说："你们来学禅，我这里的禅像什么东西呢？我要讲一个故事来解释。"现在就借他讲的这个故事作为我两次讲演的结论。

有一个做贼的人，他是专门靠偷东西混饭吃的。有一天，他的小儿子对他说："爸爸，你年纪大了，你不能去'作工'了。我得养活你。现在请你教我一门行业，教我一种本事。"他爸爸说："好！今天晚上跟我走！"到了晚上，老贼牵着小贼走到一个很高大的房子前，在墙上挖了一个大洞，两个人先后钻进去。等到两个人都到了屋子里，一看，见有一个大柜；老贼就用百宝钥匙把柜子打开了，要他的儿子爬进去。等他儿子进去以后，这个老贼就把柜子锁了，向外走去，口里一面喊："捉贼呀！你们家里有贼啊！"他自己就跑回家去了。这一家人被他叫醒，起来一看，东西都没有丢，就是墙上有一个洞，正在感觉到怀疑的时候，柜子里的小贼还在低声说："爸爸，怎么把我锁在柜子里呢？"后来他一想这不是问题，现在的问题是"怎样出去"。同时，他听到前面有人说话，他就学老鼠咬衣服的声音。于是前面太太听见了，就喊丫头赶快拿灯来看看柜子里的东西别被老鼠咬坏了。柜子的门刚一打开，小贼就冲出来，把丫头和蜡烛都推倒了，从墙洞里逃了出去。这家的人就跟在后面追。这个小贼一跑跑到了水池旁边，连忙拾一块大石头丢进水里去；追的人听到扑通一声，以为他跳水了；而他却另外换了一条小路跑回家去。这时候，老贼正在家里一边喝酒，一边等他的儿子。这个小贼就问他的爸爸说："你怎么把我锁在柜子里呢？"

老贼说："你别说这些蠢话——你告诉我怎么出来的。"他儿子就告诉他怎样学老鼠咬衣服，怎样丢石头。老贼听了以后，就对他的儿子说："你已经学到行业了！"

——胡适《杜威哲学》

这是胡适于1952年12月3日、8日在台湾省立师范学院所作演讲的结尾部分。演讲辞全文原载于1952年12月4日、9日台北《中央日报》。①

杜威（即约翰·杜威，John Dewey，1859—1952）是很多中国人都听说过的美国著名哲学家与实用主义集大成者，也是胡适留学美国哥伦比亚大学攻读哲学博士学位的指导老师。杜威的实用主义哲学，是胡适一生都服膺的信仰。这篇演讲，虽是胡适替杜威哲学张目，但也并非纯粹地宣传其哲学观点，而是在较为全面地讲解了杜威哲学的主要观点的同时，将杜威的哲学思想与中国传统哲学进行了比较，进而提出了自己的看法："杜威的思想可以帮助我们明了中国过去的一些思想，譬如教育方面：朱子的教育方法也有一部分是讲实验主义的。三百年前，中国北方起了一个'颜李学派'（颜元和他的学生李塨）。颜元的思想注重在动——行动、活动。他的斋名叫'习斋'，就是所谓'学而时习之'的意思。他说，学弹琴的，不是拿书本子学的，要天天弹，越弹才越有进步。这和我刚才所讲的'时时刻刻改善你的经验'意义很相近。我国古时关于教育的学说，像这种例子的很多。"

上引这四段文字是胡适演讲的结束语，是收结全篇的演讲，重点阐释自己观点的压轴部分。"为了说明杜威哲学思想特别是杜威注重实践与经验的教育思想与中国的朱子教育方法、'颜李学派'注重'活动、行动'的思想是一致的，从而阐明杜威哲学思想的普

① 参见吴礼权：《口若悬河：演讲的技巧》（修订版），暨南大学出版社2014年版，第93页。

遍适用性与正确性”[1]，以提升其观点的说服力，胡适巧妙地运用了“稽古”修辞策略，“特意在演讲的结尾部分讲了两个故事：一是北宋时代的法演禅师教育弟子不说破，而要弟子通过自己的实践悟出禅理的故事；二是法演禅师讲给他弟子听的‘老贼教小贼’的故事”[2]。通过这两个真实的历史故事，以事实说话，让听讲者真切感受到“颜李学派”注重“活动、行动”的思想与杜威的实验主义是一致的。另外，由于胡适“稽古”征引古人古事时不是蜻蜓点水式提及人名或事件，而是以讲故事的形式展开，与寻常的“稽古”修辞策略的运用大不相同，这就使其所讲的道理生动形象，不仅大大提升了听讲者的接受兴趣，加深了其接受印象，而且有利于听众反复回味，从而有效地传达了其思想观点。可见，“稽古”修辞策略虽是一种普通的说理论证的表达手法，但运用之妙则存乎一心，需要有创意造言的睿智与娴熟驾驭语言的能力。

① 吴礼权：《口若悬河：演讲的技巧》（修订版），暨南大学出版社 2014 年版，第 93 页。

② 吴礼权：《口若悬河：演讲的技巧》（修订版），暨南大学出版社 2014 年版，第 93 页。

第三章　借祖宗的嘴巴说话

我们都知道，人类都有尊崇祖先的心理。就中国人而言，这种心理则尤其明显。前文我们曾经说过，中国是一个宗法制的社会，祖宗崇拜的观念因其悠久的民族历史文化积淀又显得格外根深蒂固。也正因为如此，祖宗（包括君父家长）的话在中国社会就格外管用。什么事出现了纷争或争议，只要有人祭出祖宗之言，那么大家便噤若寒蝉，一切纷争便立即停止。因为在中国人的观念中，祖宗的话就是真理，是不容置疑的。

关于这一点，我们从历史与现实中都能找到活生生的例证。比方说，战国时代公孙鞅奉秦孝公之命，为秦国变法革新内政。变法革新大幕尚未拉开，就立即遭到来自秦国旧贵族与保守派势力的强烈抵制。其中，代表人物甘龙、杜挚等情绪尤其激动。甘龙明确主张："利不百，不变法；功不十，不易器"，甚至认为"法古无过，循礼无邪"。他们抵制变法的理由，就是祖制不能动。所谓祖制不能动，就是祖宗的思想、说的话，通过法律条文的形式固定下来成为一个文本后，就是金科玉律，不能再有所改变。宋代王安石奉宋神宗之命，为积弊甚重的大宋革新变法，同样也遭遇了强大的阻力。阻力也是来自于守旧派势力，而且也是以祖制说事。这弄得王安石没有办法，最后甚至喊出这样的口号："天变不足畏，祖宗不足法，人言不足恤"，以示与祖制开战的决心。其实，不仅历史上如此，现实中也是如此；政治如此，日常生活也是如此。现在我们还能时时见到一些人动辄以祖宗说事，拿祖宗的话压人，甚至不谙人事的小孩子也会这一套。比方说，我们常听到一些小孩子跟小伙伴甚至是大人说话时，遇到别人反驳质疑时，常说"这是老师说的"、"这是妈妈说的"。这就是典型的借祖宗的嘴巴说话的言语行为，是一种以祖宗压人的心理表现。

文化传统与民族心理定式，是一种客观存在。不管它好不好，是否合理，处于这种文化传统的民族社会中，我们只有认同并遵之守之。唯有如此，我们才能融入社会，与他人和谐相处，从而开创健康快乐的人生。落实到现实生活中，以语言文字为工具表情达意，说服他人，我们同样也要遵守中国人的文化传统，顺应中国人的民族心理，不仅要认同“祖宗之言”的力量，而且要善于运用“祖宗之言”，有意识地借祖宗的嘴巴说话。因为这不仅是一种借力使力的智慧，而且还是增强表达力与说服力的有效策略。

所谓“祖宗之言”，既包括被经典记载的先王、圣人或先贤的教训或哲理名言，还包括中国人千百年来代代口耳相传的谚语、格言甚至俚语、俗话。因为它们大多都是经过历史事实的检验，被千百年来无数人认同并视为有益的经验。日常生活中，我们常听人说：“不听老人言，吃亏在眼前”，说的就是这种“祖宗之言”的实用价值。事实上，很多“祖宗之言”确实非常经典，包含着中国古人的大智慧，有很大的借鉴教育意义，对我们的人生与日常生活都有很大的指导作用。正因为如此，说写表达中引用“祖宗之言”，借祖宗的嘴巴说话，远比自己直接发声要有说服力。

下面我们就从古今贤哲的语言实践中寻找例证，并以此为分析文本，看看如何借祖宗的嘴巴说话，才能更好地提升我们在推阐自己的观点、思想、主张时的说服力，从而使我们的事业更加成功，人生更加快乐。

一、宫之奇反对借道于晋

晋侯复假道于虞以伐虢，宫之奇谏曰：“虢，虞之表也。虢亡，虞必从之。晋不可启，寇不可玩，一之谓甚，其可再乎？谚所谓‘辅车相依，唇亡齿寒’者，其虞虢之谓也。”

公曰：“晋，吾宗也。岂害我哉？”

对曰："大伯、虞仲，大王之昭也。大伯不从，是以不嗣。虢仲、虢叔，王季之穆也。为文王卿士，勋在王室，藏于盟府。将虢是灭，何爱于虞？且虞能亲于桓、庄乎？其爱之也，桓、庄之族何罪，而以为戮，不唯逼乎？亲以宠逼，犹尚害之，况以国乎？"

公曰："吾享祀丰洁，神必据我。"

对曰："臣闻之：'鬼神非人实亲，惟德是依'。故《周书》曰：'皇天无亲，惟德是辅。'又曰：'黍稷非馨，明德惟馨。'又曰：'民不易物，惟德繄物。'如是，则非德，民不和，神不享矣。神所冯依，将在德矣。若晋取虞，而明德以荐馨香，神其吐之乎？"

弗听，许晋使。宫之奇以其族行，曰："虞不腊矣！在此行也，晋不更举矣。"

冬十二月丙子朔，晋灭虢。虢公丑奔京师。师还，馆于虞，遂袭虞，灭之，执虞公及其大夫井伯，以媵秦穆姬。

——《左传·僖公五年》

上引文字，是《左传》记鲁僖公五年虞国之君不听贤臣宫之奇的忠言，执意借道于晋以伐虢，结果自己也被灭了国的历史故事。全文意思大致如下：

鲁僖公五年，晋献公为了灭虢，再次向虞国借道。虞国大夫宫之奇劝谏虞公说："虢国是虞国的外围屏障，虢国如果灭亡了，虞国一定会随之而亡。晋国的扩张野心不能纵容，晋国的军队不能轻忽。借道一次，已属过分，难道还能再有第二次吗？民间俗语说：'颊骨与牙骨相互依从，没有嘴唇的保护，牙床便会受寒'，说的就是虞国与虢国这种关系。"

虞公说："晋国是我虞国的同宗，难道会害我们吗？"

宫之奇回答说："太伯、虞仲都是周太王之子，太伯没有依从太王之意，所以没有继承王位。虢仲和虢叔则是王季之子，太王之孙，他们都做过周文王的卿士，对王室有功，受勋的文书还藏在专管盟书的官府中。晋国准备灭亡虢国，难道还会偏爱于虞国吗？再说，虞国与晋国的关系能比得过晋侯与桓叔、庄伯之间的近亲关系吗？如果晋侯真爱桓叔、庄伯，桓叔、庄伯又没罪，为什么要对他们两族予以杀戮呢？这不都是因为他们对晋侯本人有威胁吗？近亲之间因为尊宠而相逼，尚且生出杀害之心，何况是国与国之间呢？”

虞公无以回答，于是转移话题道：“我祭祀时物品丰富而洁净，神灵一定会保佑我的。”

宫之奇立即回应说：“臣听说过这样一句话：‘鬼神并不特别亲近某个人，而是根据其德行。’所以《周书》中有句话说：‘上天没有亲近的人，只是庇佑有德的人。’又说：‘不是祭祀的谷物有馨香，而是祭祀之人的道德有馨香。’还说：‘祭祀的物品并不能改变，改变的只是祭祀者的道德。’由此可见，国君没有道德，人民就不会和睦，鬼神就不会来享用祭品。鬼神所依据的，只是祭祀者的德行。如果晋国伐取了虞国，然后修明道德以之为馨香的祭品，难道鬼神会将吃下的祭品吐出来吗？”

宫之奇的道理虽然说得再明白不过了，但是虞公执意不听，最终还是同意了借道给晋国。宫之奇非常失望，于是带着自己的家族离开了虞国。他临行前跟人说：“虞国不会有年终大祭的机会了！晋国灭虞，就在此次灭虢之后，不必再另外举兵劳师了。”

果然，不出宫之奇所料，就在这年冬天十二月丙子朔日，晋国的军队灭了虢国，虢公逃亡到了周天子的京师。晋国军队凯旋而还时，驻扎在虞国，顺便就将虞国给灭了，并捉住虞公及其大夫井伯。晋侯嫁女于秦穆公时，就将他们作为陪嫁的奴隶送给了秦国。

读了上面的故事，相信大家都不会认为虞国的灭亡是因为宫之奇劝谏虞公的话没有说服力，而是因为虞公根本不听劝谏，完全失去理性。恰恰相反，虞国最后灭亡的结果，正好说明了宫之奇的劝谏是具有说服力的。事实胜于雄辩，宫之奇预言的结果既然实现，那么他谏言的说服力也就自然体现出来了。

从上面宫之奇与虞公的对话中，我们可以清楚地看出，宫之奇为了说服虞公不允晋国借道伐虢，除了从历史上说明了晋侯与虞国、虢国之间的关系渊源，列举了晋侯杀戮近亲桓叔、庄伯的事实外，还大量运用了一种修辞策略，这就是“引经”。所谓“引经”，就是援引古人或古代经典中的名言（包括长期流传于民间并为老百姓口耳相传的民谚俗语）来佐证自己的观点，用以加强说服力的一种修辞手法。宫之奇开始谏劝虞公时，先从地缘政治上讲明了虞国与虢国战略上相互依存、互为屏障的天然关系，然后由此推导出“晋不可启，寇不可玩”的结论，劝虞公不能再借道于晋国了。这样的劝谏，从理论上是足以说服人了。但是，为了使糊涂的虞公更清醒地认识到这个道理，增强劝谏的说服力，宫之奇引用了一个生动形象的谚语——“辅车相依，唇亡齿寒”，进一步说明了虞、虢两国相互依存与相依为命的关系。因为谚语一般都是被事实证明是真理的名言，长期以来都被人们认同为公理，所以一旦被引用，就有不容置疑的权威性，让人能从心底彻底慑服接受者，说服力极强。虞公是一国之君，自然懂得“祖宗之言”的权威性与正确性。因此，当宫之奇引出这个民谚之后，他应该立即口服心服，接受谏议，不借道于晋。可是，事实上虞公不是一个悟性很好的君主，而是一个十足的糊涂蛋。宫之奇的一番忠言，虞公不但听不进去，反而给宫之奇讲了一番道理：“虞国与晋国是同宗，同宗手足怎么会相互加害呢?”宫之奇见虞公执迷不悟，遂只得放下道理不讲，给他摆事实：以晋侯与桓叔、庄伯的手足关系，尚且还要互相杀戮，从而反驳了虞公“晋虞同宗，不可能相互残杀”的幼稚想法。可是，糊涂透顶且顽固不化的虞公却以自己“享祀丰洁，神必据我”为由予以反驳，寄希望于鬼神保佑自己。宫之奇见摆事实也无济于事，便只得再次搬出“祖宗之言”。他先引用当时人们常用的一句话：“鬼神非人实亲，惟德是依”，以社会公理来说服虞公。接着，再将这个社会公理的“祖宗版”翻出来，这就是《周礼》中的三句话：“皇天无亲，惟德是辅”、“黍稷非馨，明德惟馨”、“民不易物，惟德繄物”，借祖宗的嘴巴说出自己想说的道理：“神所冯依，将在德矣。若晋取虞，而明德以荐馨香，神其吐之乎?”即是说：“鬼神只保佑有德之君，而不是看祭祀之物。晋侯若是灭虞而修德，鬼神同样会保佑他。”宫之奇如此高密度地援引“祖宗之言”，以“引经”修辞策略来说理，其说服力是非常强的。可是，形同花岗岩脑袋的虞公，最终还是不听。结果，宫之奇只能选择离开虞国。从言语交际的结果看，宫之奇虽然没有达到预定的交际目的，说服虞公拒绝借道给晋国的要求，但晋国灭虞的事实，则有力地证明了宫之奇所讲的道理是有说服力的，他所援引的“祖宗之言”是颠扑不破的真理。“不听老人言，吃亏在眼前”，不是虚言，而是事实。

二、孔子批评冉求

季氏将伐颛臾。冉有、季路见于孔子曰：“季氏将有事于颛臾。”

孔子曰：“求！无乃尔是过与？夫颛臾，昔者先王以为东蒙主，且在邦域之中矣，是社稷之臣也。何以伐为？”

冉有曰：“夫子欲之，吾二臣者，皆不欲也。”

孔子曰：“求！周任有言曰：‘陈力就列，不能者止。’危而不持，颠而不扶，则将焉用彼相矣？且尔言过矣！虎兕出于柙，龟玉毁于椟中，是谁之过与？”

冉有曰：“今夫颛臾，固而近于费。今不取，后世必为子孙忧。”

孔子曰：“求！君子疾夫舍曰‘欲之’，而必为之辞。丘也闻：‘有国有家者，不患贫而患不均，不患寡而患不安。’盖均无贫，和无寡，安无倾。夫如是，故远人不服，则修文德以来之。既来之，则安之。今由与求也相夫子，远人不服而不能来也，邦分崩离析而不能守也，而谋动干戈于邦内。吾恐季孙之忧，不在颛臾，而在萧墙之内也。”

——《论语·季氏》

上引文字，说的是这样一个故事：鲁国执政的季孙氏准备出兵攻打鲁国的附属国颛臾。当时，孔子的弟子冉有（即冉求，字子有)、子路(即仲由,字子路)在季孙氏相府中为家臣,得知消息后,立即前来报告老师孔子,说:“季孙氏准备对颛臾用兵了。”

孔子一听,立即愤怒地质问冉求道:“阿求,难道不应该批评你吗?昔日先王曾让颛臾主持东蒙的祭礼,而且颛臾本来就在鲁国的境内,是鲁国的附属国啊!为什么现在要出兵攻打它呢?”

冉求一脸无辜地回答道:“是冢宰季孙大夫要出兵的,我们两人只是他的家臣,都是不想出兵攻打颛臾的呀!”

孔子板起脸,望着冉求,严肃地说道:“阿求呀,《尚书》中记有古代史官周任的一句话:‘能施展才力者则任其职,不能胜任者则应辞职。’季孙大夫有危险,你不去匡救;他在政治上即将跌倒,你却不去搀扶,那还要你这个家臣辅佐什么呢?况且你的话也说错了!老虎、犀牛从笼中逃出,龟甲、美玉毁于匣中,这是谁的过错呢?”

冉求不同意老师的看法,遂辩解道:“颛臾虽是小国,但它城池坚固,而且离季孙氏的采邑费很近。现在若不夺占颛臾,将来一定会成为后世子孙的忧患。”

孔子听冉求没有明白自己的意思,遂抑制了一下激动的情绪,平静地说道:“阿求呀,君子最厌恶那种不承认自己贪心不足,还要想方设法狡辩的人。我听说有这样一句话:‘对于有国的诸侯与有家的大夫,不怕贫穷,就怕占有财富不均;不怕人口少,就怕内部不安定。’因为财富分配平均,就没有贫穷不贫穷的问题;大家和睦相处,就没有人多人少的问题;内部安定团结,国家就没有被倾覆的危机。如果这样,远方还有不臣服归化的人,那么就再加强仁义礼乐的教化,以此感召他们来归附。如果他们来归附了,就要使他们安定下来,融入我们的社会。阿由、阿求,现在你们辅佐季孙大夫,远方有人不肯归附,你们却没有办法感召他们;国家行将四分五裂,你们又没办法维护并使之安定下来,反而想在国境之内动用武力予以解决。如果这样的话,我担心季孙氏今后的忧患恐怕不在颛臾,而在他的宫墙之内。”

子路与冉求都是孔子的得意弟子,所以孔子对他们的要求也比较严格。因此,当他听说季孙氏决定对境内的附属小邦颛臾动用武力时，他不仅感到非常惊讶，而且非常气愤。但是，他对长期专擅鲁国朝政的季孙氏没有一点办法，所以他气愤也无法把气撒向季孙氏，而只能对自己的弟子特别是在季孙氏相府担任主要责任的冉求发脾气，批评他不应该放任季孙氏胡作非为，而应该努力谏止。冉求觉得委屈，辩解说是季孙大夫的决定，不是自己与子路想要这样的。孔子知道自己无法说服弟子了，遂引《尚书》中所记古代史官周任的话“陈力就列，不能者止”，借“祖宗之言”来弹压弟子冉求的辩解，希望冉求认识到自己的错误，应该努力谏止季孙氏。果然，孔子借祖宗的嘴巴说话非常有效，冉求无力反驳之下，只得说出了心里话：“今夫颛臾，固而近于费。今不取，后世必为子孙忧。”他认为，现在不解决颛臾问题，会贻患于后世子孙。这一下，孔子终于明白了冉求为什么不尽力谏止季孙氏出兵颛臾的真实原因了。于是，孔子再次搬出“祖宗之言”：“有国有家者，不患贫而患不均，不患寡而患不安”，然后再以此为依据，提出了自己和平主义的政治主张：修德以来远人。即以道德的力量来感召怀有不臣之心的人，让他们感恩戴德，心悦诚服地接受教化，欣然归附。虽然我们不知道孔子所说的“有国有家者，不患贫而患不均，不患寡而患不安”是不是真有来历的“祖宗之言”，但最起码说话的当时，是让冉求觉得这是“祖宗之言”，不是他自己说的。这从心理上就有一种震慑作用，有一种先声夺人的力量。事实证明，孔子的这一“引经”策略是有效果的，最终让冉求无话可说。正因为“引经”策略在说服他人时非常有效，所以古人在论事说理时常常爱用这一招。他们“引经”的内容，既有像孔子那样明引某部经典或某位圣贤的话，也有不说出来源甚至可能是编造的“祖宗之言”。不管是哪种情况，都能产生一种“借势压人”的心理震慑力，使说服力得以放大。孔子是说客，对于这种说服人的技巧是非常娴熟的。他教训批评自己的弟子也来这一套，而不用自己的话直道本心，这应该是其说话惯性使然。当然，也与“引经”这种修辞策略具有增强说服力的表达效果分不开。

三、孟母以《周礼》训子

孟子妻独居，踞。

孟子入户视之，白其母曰："妇无礼，请去之。"

母曰："何也？"

曰："踞。"

其母曰："何知之？"

孟子曰："我亲见之。"

母曰："乃汝无礼也，非妇无礼。《礼》不云乎：'将入门，问孰存。将上堂，声必扬。将入户，视必下。'不掩人不备也。今汝往燕私之处，入户不有声，令人踞而视之，是汝之无礼也，非妇无礼也。"

于是孟子自责，不敢去妇。

——《韩诗外传》卷九第十七章

上引文字，说的是这样一个故事：一次，孟子之妻在家独处，跪坐良久，觉得有点不舒服，遂放松地将双腿伸直了坐下。可是，没坐一会儿，孟子就从外面回来了。

孟子进门后见妻子竟然踞坐（古代最不礼貌、最不文雅的一种坐姿），既非常讶异，又非常生气，遂转身就向其母亲禀报去了。一见母亲，孟子就直接地说："我媳妇无礼，请母亲让我休了她。"

孟母不解地问道："为什么？"

孟子回答道："她踞坐。"

孟母又问道："你是怎么知道的？"

孟子说："我亲自看见的。"

孟子话音未落，孟母就厉声斥责道："这是你无礼，不是你媳妇无礼！周公礼法不是说过吗？'准备进门时，先问一声屋里有没有人；准备进厅堂时，走路的声音要响亮；准备进内室时，眼光要往下。'这是为了不趁人不备，让人尴尬。现在你进你媳妇起居的内室，进门没有一点声音，让她居家踞坐的样子被你看见。这不是你无礼，难道还是她无礼吗?”

孟子被母亲劈头盖脸地一番数落后，这才认识到了自己的错误，深感愧疚而自责，不敢再提休妻的事了。

孟子被人称为亚圣，自然是个谨守儒家思想的拘礼之人。因此，当他发现自己的妻子不遵守女子的行为规范，竟然张开两腿踞坐于席上时，当然不能容忍。然而，当他怒气冲冲地向其母控告其妻大逆不道之罪时，却被其母当头泼了一盆冷水，不仅不允许他休妻，而且还劈头盖脸地狠狠教训了他一顿。结果，他这个一向能说会道，以游说他人为职业的说客，竟然被其母说得哑口无言，而且心悦诚服地认错并深刻反省了自己的行为。

那么，孟母的一番话何以有如此强大的说服力呢?这主要是孟母“知人论事”，运用了一个有效的修辞策略——“引经”，以周公礼法中相关规诫为依据，借周公之嘴将自己的意思表达出来，从而让儿子孟轲无话可说。因为孟母了解孟轲，他既然以传承儒家道统为职志，就必然最服膺儒家代表人物孔子最崇拜的周公。孔子一生周游列国，培养弟子，历尽无数的挫折与苦难，最终都是直指一个奋斗目标：恢复周公礼法。由此可见周公礼法在孔子心目中的崇高地位。既然儒家的先圣孔子都最服膺周公及其所制定的礼法，那么孟子就不可能不尊崇周公及其制定的礼法。中国自古有句老话，叫做“知子莫如母”。孟母是何等贤惠的女子，孟子能成为传承儒家道统的亚圣，就是她从小悉心教育培养的结果。而今，儿子因为媳妇踞坐这种小事就要休妻，她当然不能答应。这倒不是因为她也是女人，有意维护儿媳，维护妇女的权益，而是她觉得儿子小题大做，有必要对儿子进行思想再教育，让他好好再温习一下周公礼法，反省一下自己的所作所为。正因为孟母有此意识，所以她特意引用了周公礼法的相关规定：“将入门，问孰存。将上堂，声必扬。将入户，视必下”，让儿子对照周公礼法的规定检讨自己的行为，从而在慑于周公不可冒犯的权威与“祖宗之言”不可轻忽的心理作用下，认真反省自己意欲休妻想法的错误。事实上，孟母的这一目标实现了，原来理直气壮、振振有词要休妻的孟子，听完母亲一席话后不仅哑口无言，而且深感羞愧。可见，“祖宗之言”是非常有用的，其说服力是无与伦比的。如果孟母不引周公礼法的规定，而直接讲理，那么势必会其理无据，让孟子有反驳的机会。即使孟子慑于母亲的威严而不敢反驳，或是基于人伦规范而违心地表示听从，那也是口服而心不服，无助于解决夫妻之间的矛盾，说不定今后他仍要找个机会提出休妻的要求。由此可见，孟母不仅是一个千古难得的贤母，更是辩才无碍、精于心理分析的奇女子。如果让她周游列国，说不定比她儿子孟轲还要成功。

四、孟子“刑于寡妻，至于兄弟”

挟太山以超北海，语人曰“我不能”，是诚不能也。为长者折枝，语人曰“我不能”，是不为也，非不能也。故王之不王，非挟太山以超北海之类也；王之不王，是折枝之类也。老吾老以及人之老；幼吾幼以及人之幼。天下可运于掌。《诗》云：“刑于寡妻，至于兄弟，以御于家邦。”言举斯心加诸彼而已。故推恩足以保四海，不推恩无以保妻子。古之人所以大过人者，无他焉，善推其所为而已矣。今恩足以及禽兽，而功不至于百姓者，独何与？权，然后知轻重；度，然后知长短。物皆然，心为甚。王请度之！抑王兴甲兵，危士臣，构怨于诸侯，然后快于心与？

——《孟子·梁惠王上》

上引这段文字，是孟子游说齐宣王实行仁政时所说的一番话。其大意如下：挟起泰山而跳过北海，跟人说：“我没能力办到”，这是真的没能力办到。替老人活动一下胳膊腿，跟人说：“我没能力做到”，这是不愿意做，而非没能力做。所以说，王者不能成为真正的王者，并不是因为他没有挟起泰山跳过北海之类的能力，而是因为他没有替老人活动一下胳膊腿之类的意愿。尊重我的老人，推而广之，也尊重别人的老人；爱护我的孩子，推而广之，也爱护别人的孩子。有此博爱之心，那么天下就能玩之于手掌之上。《诗经》中有句话说得好：“为自己的妻儿作个榜样，推而广之，也为兄弟作个榜样，那么就可以治邦齐家了。”这是说，要将博爱之心推及他人。能推爱及人，则足以保有天下；不能推爱及人，则连妻儿也保不住。古代圣王之所以有过人之处，也没什么别的，就是善于推爱及人而已。今大王能恩义及于禽兽，仁慈却不及于百姓，这是为什么呢？权衡则知轻重，量度则知长短。物是这样，心尤其如此。请大王好好权衡一下！难道大王一定要兴师动众，危及臣民，结怨于诸侯，然后才开心吗？

孟子上面这段话，其中心主旨是要求齐宣王践行他所提出的“推恩而王天下”的政治主张。孟子之所以说出上述这番话，其背景是：当时孟子远道而来，拜见齐宣王，齐宣王问达到怎样的道德境界才能一统天下，孟子趁机就提出了自己的政治主张：“保民而王，莫之能御也”，即爱护百姓，实行仁道，就能天下无敌。于是，齐宣王再问，像他这样的君主是否可以保民，孟子回答说可以。齐宣王问何以知之，孟子遂讲了一个他听说的故事，说齐宣王有一次看见有人牵牛从堂上经过，听说要杀牛祭钟，心有不忍，便令以羊易之。由此说明齐宣王有“不忍人之心”。齐宣王听了很高兴，觉得孟子是自己的知音。接着，孟子便趁机说了上面一大段话，将自己的政治主张完整地表达了出来，说得齐宣王哑口无言，连忙否认自己有“王兴甲兵，危士臣，构怨于诸侯，然后快于心”的意思。

那么，孟子上述这番话为什么能说得齐宣王哑口无言呢？这是因为孟子除了善于类比推论外，还有意识地运用了一个有效的修辞策略，这就是古人最喜欢也最擅长的“引经”修辞手法。从上面所引文字，我们可以清楚地看出，孟子游说齐宣王“保民而王”，推行其“博爱天下”的政治主张，没有开门见山，直道本意，而是先打了两个生动的比方：“挟太山以超北海，语人曰‘我不能’”、“为长者折枝，语人曰‘我不能’”，然后由此引申拓展开去，自然推演出“老吾老以及人之老；幼吾幼以及人之幼。天下可运于掌”的结论。应该说，孟子的这个结论是具有说服力的，因为它符合逻辑，而且与前面的两个比喻联系得紧密自然。齐宣王是战国时代的大国之君，以他的智商当然听得懂孟子的话，以他的理性当然也能服膺孟子推论的逻辑力量。但是，孟子是说客，他考虑问题没有那么简单。他知道，自己的道理虽然说得透彻生动，逻辑上也严密而无懈可击，足以服人。但是，齐宣王毕竟不是一般人，他是当时与秦王并驾齐驱的超级霸主。因此，以他的地位与心性，他完全可以不理会任何人所讲的道理。如果不让他内心彻底认同，任何道理在他心里都是没有道理的。这是地位使然，也是心理上的优势使然。对于这一点，孟子作为一个周游列国的著名说客当然是最清楚的。正因为如此，他在类比引申，推演出自己所要主张的结论之后，没有就此打住，而是运用“引经”修辞策略，巧妙地引了《诗经》中的一句话：“刑于寡妻，至于兄弟，以御于家邦”，以此进一步补证了自己的观点，同时也借此为平台再往前拓展一步，最终清楚明白地申述了自己的政治主张：“推恩足以保四海，不推恩无以保妻子。”最后，果然说得齐宣王哑口无言，只得承认他的政治主张是对的，而“王兴甲兵，危士臣，构怨于诸侯”的想法则是不理智的。可见，孟子引《诗经》之言奏效了。之所以奏效，并不是《诗经》之言（“刑于寡妻，至于兄弟，以御于家邦”）比孟子自己所说的话（“推恩足以保四海，不推恩无以保妻子”）更精辟，而是因为《诗经》之言是“祖宗之言”。齐宣王是至高无上的超级大国之君，现实中没有人能以势压他，更没人让他非要尊崇不可。尽管如此，但有一点，他与所有人是一样的，这就是他必须对祖宗怀有敬畏之心，对“祖宗之言”予以尊崇。否则，按照人伦规范，他连做人的资格都没有，何来以德服众的力量？孟子是说客，擅长心理分析，所以他在将道理说得相当明白有力的情况下，仍要引用《诗经》之言，目的就是通过祭出“祖宗之言”，借祖宗的嘴巴说话，彻底打消齐宣王辩解的念头。这就是孟子的高明之处。

五、贾谊主张积贮备荒

管子曰："仓廪实而知礼节。"民不足而可治者，自古及今，未之尝闻。古之人曰："一夫不耕，或受之饥；一女不织，或受之寒。"生之有时，而用之亡度，则物力必屈。古之治天下，至纤至悉也，故其畜积足恃。今背本而趋末，食者甚众，是天下之大残也；淫侈之俗，日日以长，是天下之大贼也。残贼公行，莫之或止；大命将泛，莫之振救。生之者甚少，而靡之者甚多，天下财产何得不蹶！

汉之为汉，几四十年矣，公私之积，犹可哀痛！失时不雨，民且狼顾；岁恶不入，请卖爵子，既闻耳矣。安有为天下阽危者若是，而上不惊者？世之有饥穰，天之行也，禹、汤被之矣。即不幸有方二三千里之旱，国胡以相恤？卒然边境有急，数千百万之众，国胡以馈之？兵旱相乘，天下大屈，有勇力者，聚徒而衡击；罢夫羸老，易子而咬其骨。政治未毕通也，远方之能疑者并举而争起矣。乃骇而图之，岂将有及乎？

夫积贮者，天下之大命也。苟粟多而财有余，何为而不成？以攻则取，以守则固，以战则胜。怀敌附远，何招而不至！今殴民而归之农田，皆著于本；使天下各食其力，末技游食之民，转而缘南亩，则畜积足而人乐其所矣。可以为富安天下，而直为此廪廪也，窃为陛下惜之。

——贾谊《论积贮疏》

上引文字，是西汉时代著名政治家贾谊写给汉文帝的奏章，陈述的是积贮备荒的战略意义。全文大意如下：

管子说过："国家府库充盈，人民自然懂礼守节。"老百姓不得温饱，国家可以治理得好，自古及今，从未听说过。古人说："一个男子不耕作，就有人要挨饿；一个女子不纺织，就有人要受冻。”衣食的生产是有农时限制的，而衣食的消费无限，那么物力必有穷尽匮乏之时。古人治理天下考虑得极细致极周致，所以国家的积蓄足以依恃。今日治理国家的人则不然，他们丢弃衣食生产这一国之根本，而趋向于重视工商末技。要吃饭穿衣的人很多，却不能满足他们的需求，这是天下最大的忧患；奢侈淫靡的风气一天天盛行起来，这是天下最大的祸害。祸患日益蔓延，没有人能够遏止；国家的命运面临危机，没有人能够拯救。从事生活资料生产的人很少，而消费者很多，天下的财富岂能不枯竭？

汉朝立国将近四十年了，国家与私人的积蓄还是微薄得令人悲哀。错过农耕时节，天还不下雨，老百姓就有后顾之忧；年成不好，没有收入，官府就卖官鬻爵，老百姓则卖儿卖女，这种事早就有所耳闻了。哪里有国家危险到了这步田地，而当国者不感到惊讶的呢？世上有荒年、有丰年，乃是自然规律，夏禹、商汤治理天下时也常常会遇到。现在国家一点积贮也没有，假设不幸发生方圆二三千里的旱灾，国家拿什么来救济百姓呢？假如突然之间边境有紧急战事发生，数千甚至上百万的将士，国家拿什么来给他们发饷呢？假如兵灾与旱灾接连发生，国家财富极度匮乏，有勇力的人就会聚众行劫，年老体弱的人则只能易子而食。国家政治不清明通达，远方有异志者就会蠢蠢欲动，争相起来作乱。这时，才惊骇地想到要设法解决，哪里还来得及呢？

积贮粟帛财富，乃是国家的命脉所系。如果粟米积贮充足，财帛有余，做什么不能成功呢？国家有足够的积贮，以之攻击敌国则可取胜，以之防守边关则能久固，以之征战则可获胜。怀柔敌国使之归顺，招徕远人使之归化，什么做不到呢？现在如果驱使老百姓都回归于农耕本业，使天下人都自食其力，从事工商末技之人、游食都市的流民都转而从事农耕生产，那么国家的积蓄肯定充足，老百姓都会安居乐业了。原本天下是可以富足安定的，现在弄到如此令人恐惧的境地，臣实在是替陛下感到可惜呀！

贾谊之所以向汉文帝上这篇奏章，要求重视积贮问题，是基于汉初的社会现实。西汉王朝是建立在秦末长期战争的废墟之上的，立国之初，社会生产停滞，经济几近崩溃，民生极其艰难。据《汉书·食货志》记载，当时米价一石五千钱，天下饿殍遍地，死者过半，民众相食。汉高祖刘邦乃命百姓卖子，就食于蜀汉。皇帝出巡，拉车的马找不到四匹同色的，将相则乘牛车。可见，当时天下贫困到了什么程度。到汉文帝即位时，西汉立国不过二十余年，社会经济刚刚有所恢复，国力还十分贫弱，但严重的社会问题已经出现。当时土地兼并现象严重，失去土地的农民越来越多，他们无以为生，纷纷流入城市，或成为工商业主的佣工，或沦为无业游民。虽然这在一定程度上促进了西汉工商业与城市经济的发展，但却从根本上削弱了农业生产的基础地位，严重影响了国家衣帛财富的积贮。伴随工商业的发展，还出现了一个严重的社会弊病，这就是由官僚与商贾带动的奢侈淫靡之风日益蔓延开来。这些对西汉王朝本不稳固的政治经济基础造成了严重冲击。与此同时，来自北方匈奴的军事威胁越来越严重。面对日益严重的内忧外患，贾谊从国家长远战略利益出发，遂向汉文帝上了这封奏章。

这封奏章所要陈述的主要观点就是：积贮备荒，国家才能富强，人心才能稳定，社会才能长治久安。但是，贾谊在表达这个观点时，并未开门见山，直道本意，而是凌空起势，劈头就引了管子的一句名言："仓廪实而知礼节"，然后据此自然引申推演出自己所要提出的观点："民不足而可治者，自古及今，未之尝闻"，意谓："民足始可治，民足国乃安"。这样的表达，明显在阅读接受上有一种先声夺人的效果，对于提升观点的说服力是非常重要的。之所以会有这种效果，是因为作者巧妙地运用了一种古人常用的"引经"修辞策略。前文我们说过，"引经"是一种援引古人或前贤的经典语句（包括体现千百年来中国人集体智慧的谚语、格言、俚语、俗语），借"祖宗之言"代自己发言，从而利用接受者尊崇祖先的心理彻底征服接受者，打消接受者质疑的念头，以此提升说服力的修辞手法。贾谊的这封奏章，以引用管子的话作为开头，就是"引经”修辞策略的运用。这种“引经”修辞策略的运用，看起来平凡，实际却极不平凡。因为贾谊的这个“引经”文本深藏玄机，是这封奏章之所以会产生极强说服力的原因。我们都知道，“仓廪实而知礼节”这句话所讲的道理并不深奥，但却非常深刻，对于西汉初期的社会现实具有极强的针对性，而且与作者贾谊所要论证的观点非常一致。所以，贾谊首先祭出管子的这句话，意在借管子的嘴巴来向汉文帝喊话。之所以要借管子的嘴巴来向汉文帝喊话，而不直接用自己的话直截了当地跟汉文帝沟通，那是因为管子在汉文帝面前是老祖宗，而贾谊自己在汉文帝面前只是一个普通的臣子。作为皇帝，汉文帝可以不听大臣的话，但不能不听老祖宗的话。况且管子这个老祖宗跟别的老祖宗还有很大的不同，他不是靠辈分让人尊重，而是论能耐就能让人肃然起敬的圣人。他是东周时代著名的政治家、哲学家与军事家，是齐国之相，曾辅佐齐桓公治国安邦，使齐国迅速强大起来，从而使齐桓公开创了“九合诸侯，一匡天下”的霸业，成为“春秋第一霸”。既然管子是众所周知的治国能臣，是孔子都极力推崇的圣人，所以他在汉文帝的心目中自然有崇高的地位，他的话既然是治国安邦的经验总结，当然就有不容置疑的说服力。正因为如此，贾谊借管子的话来表达自己的观点，自然就有不容置疑的说服力。很明显，这不仅是一种增强说服力的修辞策略，更是一种借力使力的语言智慧。

除了在论述治国当重视积贮的总论点时，贾谊运用了“引经”修辞策略外，在论述积贮应该首重农耕的分论点时，也运用了“引经”修辞策略，引用的不是古代具体某个人的话，而是全体古人（古之人）的共识：“一夫不耕，或受之饥；一女不织，或受之寒”，借众祖先的嘴巴集体发声，从而强有力地说明了一个道理：衣食的生产才是解决民生问题的根本，也是国家实施积贮备荒战略的基础。很明显，这种“引经”修辞策略对于提升说服力也是作用极大的。事实上，正是因为这封奏章开头一段接连以“引经”修辞策略建构了两个“引经”修辞文本，首先从气势上发挥了先声夺人的效果，同时为下文针对现实问题而作的逻辑论证奠定了理论基础，这才使全文的说理显得理直气壮，气势如虹，读之不得不让人为之心悦诚服。事实证明，贾谊的这封奏章不仅征服了汉文帝，而且也征服了几千年来所有的读者。如果我们说这封奏章的观点对于西汉“文景之治”盛世的开创产生了深远影响，那也绝对不是夸张失实之辞。

六、许允“举尔所知”

许允为吏部郎，多用其乡里。魏明帝遣虎贲收之，其妇出戒允曰：“对于明主，你可以理夺，难以情求。”

既至，帝核问之，允对曰：“‘举尔所知’，臣之乡人，臣所知也。陛下检校为称职与不？若不称职，臣受其罪。”

既检校，皆官得其人，于是乃释。允衣服败坏，诏赐新衣。

初，允被收，举家号哭。阮新妇自若，云：“无忧，寻还。”作粟粥待。顷之，允至。

——刘义庆《世说新语·贤媛第十九》

上引文字，说的是这样一个故事：三国曹魏时代，许允在魏明帝曹睿朝中官任吏部郎，主管官员举荐、考核等重要事务。因为职务上的方便，许允多用了一些同乡之人为官。结果，被人检举，说他徇私舞弊，结党营私。魏明帝接到弹劾许允的奏章后，不禁勃然大怒，立即派皇家禁卫军前去逮捕许允。

许允之妻阮氏见皇帝用如此大阵仗收捕她丈夫，觉得问题比较严重。她怕丈夫许允惊慌失措，乱了方寸，遂连忙出阁告诫丈夫道：“明主可以跟他讲理，以理折服他，但是不能跟他求情。”

许允牢记妻子的话，见到魏明帝时，态度不卑不亢，从容不迫地回答了魏明帝的所有问题。最后，他又化被动为主动地说道：“孔子说过：‘举荐你所了解的人。’臣的同乡，是臣最了解的人。臣用人时确实是多用了一些同乡，不过请陛下检校一下，看臣所用之人是不是都称职？如果不称职，臣甘愿认罪。”

魏明帝觉得他说得有理，遂让相关官员对许允所用之人逐一检校，结果发现他们都很称职。于是，魏明帝就下令释放了许允。看见许允的官服破旧了，魏明帝遂诏令赐许允一套新的官服。

许允被捕时，全家人都惊慌失措，觉得大难临头了，不禁放声大哭。只有许允之妻阮氏泰然自若地对家人说道：“不必忧虑，一会儿就会回来的。”说完，她就去熬了一锅小米粥，等着丈夫回来。果然，小米粥熬好不久，丈夫就回来了。

读了上面这则故事，大家一定都非常敬佩许允之妻阮氏，觉得是她的智慧与镇定救了丈夫。这当然是有道理的，不过许允的智慧也不容小觑。从上面他应对魏明帝的一番话，就可以看出他也不是等闲之辈，他的语言智慧也是值得我们敬佩的。如果不是他说服魏明帝的话有说服力，恐怕他因多用同乡一事，势必就要被坐实结党营私与徇私舞弊的罪行，结果是可想而知的。

那么，许允的一番话何以能够说服魏明帝，让他信服其多用同乡的行为不是结党营私，而是秉公荐贤，为国抡才呢？究其原因，与许允善用“引经”修辞策略有着密切关系。从上面的故事中，我们可以清楚地看出，许允在说服魏明帝时，没有直接说明用人究竟应该坚持什么原则，更没有为自己多用同乡一事辩解，而是先祭出孔子的一句话：“举尔所知”①。然后，再以孔子的这句话为理论依据，以“臣之乡人，臣所知也”为理由，从而自然推演出一个结论：“举贤任能，关键要了解其人。同乡既是自己所了解的人，只要真是贤能，就能任用。”由于这个结论的逻辑推理过程非常严密，无懈可击，如果魏明帝不能推翻这个结论据以成立的理论前提“举尔所知”，那么就不得不承认这个结论是正确的。也就是说，必须承认许允多用同乡没有过错，而且符合孔子所提出的用人主张。魏明帝虽是九五至尊，无人能冒犯他的权威，但是在孔子这个圣人面

① 语出《论语·子路》：仲弓为季氏宰，问政。子曰：“先有司，赦小过，举贤才。”曰：“焉知贤才而举之？”曰：“举尔所知。尔所不知，人其舍诸？”

前，他还不敢造次。因为中国封建时代的任何皇帝都是奉儒家思想为正统的，对孔子都是顶礼膜拜的。所以，许允搬出孔子，祭出他举贤任能的原则“举尔所知”，魏明帝就没有提出质疑的可能性，只得在崇拜祖宗与敬畏圣人的双重心理作用下，认同许允所推演出的结论，即承认他多用同乡没有错。

七、苏洵以为“以地事秦，犹抱薪救火”

六国破灭，非兵不利，战不善，弊在赂秦。赂秦而力亏，破灭之道也。或曰：“六国互丧，率赂秦耶？”曰：“不赂者以赂者丧，盖失强援，不能独完。故曰，弊在赂秦也。”

秦以攻取之外，小则获邑，大则得城。较秦之所得，与战胜而得者，其实百倍；诸侯之所亡，与战败而亡者，其实亦百倍。则秦之所大欲，诸侯之所大患，固不在战矣。

思厥先祖父，暴霜露，斩荆棘，以有尺寸之地。子孙视之不甚惜，举以予人，如弃草芥。今日割五城，明日割十城，然后得一夕安寝，起视四境，而秦兵又至矣。然则诸侯之地有限，暴秦之欲无厌，奉之弥繁，侵之愈急，故不战而强弱胜负已判矣。至于颠覆，理固宜然。古人云：“以地事秦，犹抱薪救火，薪不尽，火不灭。”此言得之。

齐人未尝赂秦，终继五国迁灭，何哉？与嬴而不助五国也。五国既丧，齐亦不免矣。燕、赵之君，始有远略，能守其土，义不赂秦。是故燕虽小国而后亡，斯用兵之效也。至丹以荆卿为计，始速祸焉。赵尝五战于秦，二败而三胜。后秦击赵者再，李牧连却之；洎牧以谗诛，邯郸为郡，惜其用武而不终也。且燕、赵处秦革灭殆尽之际，可谓智力孤危，战败而亡，诚不得已。向使三国各爱其地，齐人勿附于秦，刺客不行，良将犹在，则胜负之数，存亡之理，当与秦相较，或未易量。

呜呼！以赂秦之地封天下之谋臣；以事秦之心礼天下之奇才；并力西向，则吾恐秦人食之不得下咽也。悲夫！有如此之势，而为秦人积威之所劫，日削月割，以趋于亡。为国者无使为积威之所劫哉！

夫六国与秦皆诸侯，其势弱于秦，而犹有可以不赂而胜之之势。苟以天下之大，而从六国破亡之故事，是又在六国下矣。

——苏洵《六国论》

上引之文，是宋代著名散文家苏洵的一篇著名政论文，表面总结的是战国时代六国灭亡的经验教训，实际是要讽喻宋朝以财帛贿赂契丹、西夏的国策。全文大意如下：

六国相继亡国，并非兵器不锋利，作战不擅长，弊端在于用土地贿赂秦国。以地贿秦，则有损国力，这是失败与亡国的根本原因。有人说："六国继踵而亡，难道全是因为贿赂秦国的缘故吗？"回答是："不贿秦的国家，因有贿秦的国家而灭亡，这是因为不贿秦的国家失去了强大的后援，不能独自保全。所以说，六国灭亡，弊端在于贿秦。"

秦国除以战争手段直接夺取各国土地外，还从一些国家的贿赂中获取土地，小贿得邑，大贿得城。秦国从各国贿赂中得到的土地，相比于直接征战所得的，实际上多上百倍。各国贿赂秦国所失去的土地，相比于与秦国交战失败所失的，实际上也多上百倍。可见，秦国所想得到的与六国所忧虑失去的，本来都不在直接交战方面。

六国国君的子孙们应该想到，他们的祖先当初是怎样暴露于风霜雨露之中，如何披荆斩棘，才有了脚下这片土地。现在，他们的子孙却完全不珍惜这片土地，拿来送人，就像抛弃一根小草一样。今天割给秦国五座城池，明日又割给秦国十座城池，以此求得一夜安睡。然而，一觉睡醒，睁开眼睛看看四边国境，秦国的大兵又来了。可是，六国的土地是有限的，而虎狼之秦的贪欲是无穷的。六国奉送贿赂的土地越多，它的侵夺之心就越急切，所以不必两军对垒，六国与秦国的强弱胜负就已决定了。六国最终走到灭亡的地步，那是理所当然。古人说：“以土地侍奉强秦，就好比抱着柴禾去救火，柴禾没烧尽，火就不会熄灭。”这话说得太对了。

齐国人从未以土地贿赂过秦国，最终也继五国之后而灭亡，这是为什么呢？这是因为齐国战略失误，与秦国交好而不助五国抗秦。等到五国相继灭亡，齐国自然也就难逃灭亡的厄运了。燕、赵两国之君开始时很有长远的战略眼光，能够坚守立场，寸土不让，坚决不以土地贿赂秦国。所以，燕国虽是小国，却是最后一个灭亡的，这就是坚持对秦用兵而不妥协的结果。只是到了燕太子丹以侠士荆轲刺秦王为应对秦国之计时，这才招致了燕国的灭顶之灾。赵国曾经与秦国五次交战，两次失败而三次获胜。后来秦国又对赵国用兵两次，赵将李牧都连续将其击退。到李牧遭谗被杀后，赵国就彻底失败了，赵都邯郸也就成了秦国的郡治，赵国的抗战可惜没能贯彻到底！不过，应该看到的是，燕、赵两国的情况更为特殊。当燕、赵两国与秦国戮力决战时，已经是强秦逐一消灭六国殆尽之际，可谓是力竭智穷。两国因战败而亡国，实在是迫不得已。假使当初楚、魏、韩三国都各自珍惜自己的土地，而齐国人也不依附于强秦，燕国不派刺客刺杀秦王，赵国的良将李牧仍在，那么强秦与六国之间的对决，到底谁胜谁负、谁存谁亡，结果是很难说的。

唉！假如当初六国将贿赂秦国的土地拿来封赏天下谋士，以臣事强秦的诚心礼遇天下奇才，大家同心同德，合力向西对付强秦，那么恐怕秦国人饭也吃不下去了。太可悲了！六国有如此有利的形势，而反被秦国积久形成的威势所吓倒，每天割地贿秦，每月奉地予秦，以致最终趋于灭亡。治国安邦之人，千万不能被敌人积久形成的威势所吓倒！

同样都是诸侯国，六国虽然在国势上弱于秦国，但还是有不靠贿赂秦国而取胜的优势。如果今日我们再以泱泱大国而重蹈六国灭亡的覆辙，那就连六国也不如了。

上面我们曾提及，苏洵写作此文不是单纯地谈论历史，而是别有寓意，意在借六国灭亡之旧事讽刺宋朝实行的贿外敌以财帛的国策。了解宋朝历史者皆知，宋朝自开国以来其实就无意中立下了以财帛赂外敌，希图息事宁人的国策。“宋朝开国君主赵匡胤曾设‘封桩库’，把平定割据势力所得的金帛存于库中。他曾对臣僚说：‘石晋割幽燕诸郡以归契丹，朕悯八州之民久陷夷虏，俟所蓄满五百万缗，遣使北虏，以赎山后诸郡；如不我从，即散府财募战士以图攻取。’（《渑水燕谈录》卷一）赵匡胤的这一计划，因为龙驾归天而未能实现，但已开了‘赂契丹’的先声。宋真宗时，契丹大举南下，订立了屈辱的澶渊之盟，岁赂契丹银十万两、绢二十万匹。宋仁宗时，西夏发动了同宋王朝的战争，结果岁赂西夏银十万两、绢十万匹、茶叶三万斤；契丹也再次大军压境，岁增赂契丹银十万两、绢十万匹。本文为《权书》十篇之一，是一篇借古讽今之作，为宋王朝贿赂契丹和西夏而发。正如何仲默所说：‘老泉论六国赂秦，其实借论宋赂契丹之事，而卒以此亡，可谓深谋先见之识矣。’（《唐宋文举要》甲编卷八引）”① 对照宋朝的历史，我们再看上引苏洵的这篇政论文，其用意就一清二楚了。而对于生活于宋朝的人来说，特别是与苏洵同时代的宋人来说，不论是宋朝的皇帝，还是王公大臣，或是文人学士，甚至是贩夫走卒，一眼就能看穿苏洵写作此文的真实用意。

苏洵写作此文，意在阐明全文开头所提出的观点：“六国破灭，非兵不利，战不善，弊在赂秦”，意谓“对秦国妥协是六国灭亡的根本原因”。为了论证这个观点具有不容置疑的正确性，苏洵先假设了一个两人问答的场景，通过一问一答，从逻辑上讲清了“六国破灭，非兵不利，战不善，弊在赂秦”这一观点的逻辑理据。然后，再以此逻辑理据为进一步论述的拓展延伸平台，通过秦从六国所获贿地多于征战所得的史实，六国祖先“暴霜露，斩荆棘”开疆拓土的艰辛往事，以及秦国获贿后变本加厉侵逼六国的现实，以无

① 陈振鹏、章培恒主编：《古文鉴赏辞典》，上海辞书出版社 2005 年版，第 1243 页。

可辩驳的力量论证了六国“赂秦以土地”国策的巨大危害性。应该说，作者这种以逻辑分析与事实依据相结合的论证，是非常有说服力的，足以支撑作者文章一开头所提出的观点，惊醒宋朝的当政者。但是作者觉得这样还不够，于是又在此基础上续加了一句：“以地事秦，犹抱薪救火，薪不尽，火不灭。”这句话不是作者苏洵自己的话，而是古人说的话。作者之所以要引用古人这句话，并非写作中的画蛇添足之笔，而是巩固与加强论点说服力的一种表达策略，即前面我们所说的“引经”修辞手法。因为作者明白，自己的观点虽然非常鲜明，论证也很有力，但是要使这篇政论文发挥其应有的作用，即让宋朝的皇帝明白其用意，从而改变宋初立国以来确立的赂契丹、西夏以财帛而求息事宁人的错误国策，积极备战，振武扬威，抵御外侮，保疆卫土，以求国家长治久安，那么就要让宋朝的皇帝心悦诚服地接受这一观点，并付诸实践。可是，作者只是一介书生，在朝廷中只是秘书省的一个校书郎，对皇帝的影响力几乎可以忽略不计。因此，要想增强观点的说服力，让九五至尊的皇帝不得不听，那么只有抬出祖宗，祭出“祖宗之言”，才能从心理上震慑皇帝，让他在敬畏祖宗的心理作用下，欣然接受自己的观点。作者正是因为懂得这一心理，所以才在充分论证的基础上引出“以地事秦，犹抱薪救火，薪不尽，火不灭”这一“古人之言”，借祖宗的嘴巴说话，代自己立言，让宋朝的皇帝不能也不敢对此提出质疑，从而从历史的经验中汲取教训，深刻反省自宋初立国以来所实行的国策，改弦易辙，重新确立应对契丹、西夏外部威胁的国家战略。另外，苏洵援引的这句“祖宗之言”，由于本身是一个生动形象的比喻，表达力极强，因此客观上也大大提升了观点表达的说服力。可见，苏洵这篇政论文之所以具有强烈的说服力，成为千古传诵的名篇，实际上是与作者善于运用“引经”修辞策略分不开的。

八、孙中山“天下为公”说民权

> 从前是一人做皇帝，现在四万万人作主，就是四万万人做皇帝，虽然没有见过，但是老早便有这种理想。譬如孔子说：“天下为公”。又有人说：“天下者，是天下人之天下也”，就是这个理想。我们革命是实行三民主义，也就是这个思想。
>
> ——孙中山《在广州农民联欢会的讲话》

上引这段文字，是孙中山先生1924年7月28日在广州宣传“三民主义”学说的一次集会讲学中所说的一段话①。

孙中山先生所提出的中国资产阶级民主革命的纲领，其中阐述“三民主义”就是“民族主义”、“民权主义”、“民生主义”的合称。“所谓‘民族主义’，其内容就是1905年中国同盟会成立时提出的‘驱除鞑虏，恢复中华’，也就是要推翻封建统治。后来在俄国十月革命和中国共产党的帮助下，孙中山在1924年《中国国民党第一次全国代表大会宣言》中对‘民族主义’重新作了解释，主张反对帝国主义，中国民族自求解放，国内各民族一律平等。所谓‘民权主义’，其内容前后也有所变化，1905年提出时，主张推翻清朝封建专制制度，建立欧美式的资产阶级共和国。同样在1924年的《中国国民党第一次全国代表大会宣言》中，孙中山对‘民权主义’也重新作了解释，称民权为一般平民所共有，非少数人所得而私；一切自由和权利只给予真正反对帝国主义的个人及团体，凡效忠于帝国主义的军阀者皆不得享有。所谓‘民生主义’，孙中山明确指出：‘民生就是人民的生活，社会的生存，国民的生计，群众的生命。……故民生主义就是社会主义，又名共产主义，即是大同主义。’即以改善人民的物质生活，解决人民的食、衣、住、行问题，

① 全文详见《孙中山全集》，中华书局1986年版，第十卷第461页。

防止出现贫富的严重对立为目标。既要‘振兴实业’，发展生产力；又要‘反对少数人占经济之势力，垄断社会之富源’。与‘民族主义’、‘民权主义’一样，‘民生主义’内容前后也有不同说法。在1905年提出的纲领中是指‘平均地权’，要使地主不能因为地价上涨而坐享其成。在1924年《中国国民党第一次全国代表大会宣言》中又有了新解释，进一步把‘节制资本’也定为‘民生主义’的纲领”①。

“三民主义”学说，是孙中山先生矢志推翻清政权、建立中华民国的理论纲领与行动纲领。虽然中华民国早在1912年就已建立，但是“三民主义”的内涵直到20世纪20年代中期仍在逐渐完善与丰富之中，没有定型的完整体系。因此，一般民众对于“三民主义”的内容并不十分了解。正因为如此，直至1924年7月，孙中山先生还要在中国资产阶级民主革命策源地广州对民众反复说明“三民主义”的内涵。上引孙中山先生的这段讲话，由于是在一次农民联欢会上的即席演讲，考虑到听众的实际情况，演讲者孙中山先生运用了非常通俗的语言。对于什么是“民权”，孙中山先生将之解释为“从前是一人做皇帝，现在四万万人作主，就是四万万人做皇帝”。这样的说法，听众当然听得懂。不过，听得懂是一回事，但要说服听众相信这种理想具有可能性，则又是另一回事。为了让听众信服“民权主义”的“民权”就是“四万万人作主，就是四万万人做皇帝”是可能的，孙中山先生巧妙地运用了“引经”修辞策略，先援引了在中国历史上知名度极高且被全体中国人认同的先圣孔子的话“天下为公”②，说明这种理想早在孔子之前的尧、舜时代就已经实践过了；接着再引秦代著名政治家、思想家吕不韦的话

① 吴礼权：《口若悬河：演讲的技巧》（修订版），暨南大学出版社2014年版，第108~109页。

② 孔子“天下为公”的主张，见于《礼记·礼运》。其文曰：“大道之行也，天下为公。选贤与能，讲信修睦，故人不独亲其亲、不独子其子，使老有所终，壮有所用，幼有所长，矜寡孤独废疾者皆有所养。男有分，女有归，货恶其弃于地也不必藏于己；力恶其不出于身也不必为己。是故谋闭而不兴，盗窃乱贼而不作，故外户而不闭，是谓大同。”

"天下非一人之天下也，天下人之天下也"①，从而有力地论证了在现代的中国实行"三民主义"，兑现"四万万人作主"、"四万万人做皇帝"的"民权"是有可能性的。孙中山先生是中国民主革命的先行者，在近现代中国具有极高的威信与知名度，尤其是在他长期从事革命活动的家乡广东，他的威信与地位更是无比崇高的。因此，他上述对"民权"概念与内涵的解说完全可以让听众信服。但是，他却出人意料地接连援引了孔子与吕不韦两位古代圣贤的话，以此来佐证自己的观点。这看起来好像是多此一举，徒然费辞，其实不然，它是演讲者孙中山先生极高的一种语言智慧。因为中国是一个有着几千年封建社会历史的国家，中国人对于祖宗的尊崇心理根深蒂固，尤其是农民，这种心理尤甚。因此，演讲者孙中山这个现代伟人所说的话在农民听众心中的分量肯定不及孔子与吕不韦的论说。孙中山先生作为一个长期从事革命宣传工作的演讲家，对于听众的心理是非常了解的。所以，他在申述了自己的观点后，特意援引孔子与吕不韦的话，借祖宗的嘴巴为自己现场作证，从而借力使力，使自己的观点更具有说服力。孙中山先生的演讲之所以都非常具有鼓动性与说服力，应该说与他善于运用"引经"修辞策略，恰到好处地援引"祖宗之言"是有密切关系的。

九、胡适"大宇宙中谈博爱"

我们要谈博爱，一定要换一种观念。古时那种喂蚊割肉的博爱，等于开空头支票，毫无价值。现在的科学才能放大我们的眼光，促进我们的同情心，增加我们助人的能力。我们需要一种以科学为基础的博爱——一种实际的博爱。

孔子说："修己以敬，修己以安人，修己以安百姓。"修己就是把自己弄好。我们应当先把自己弄好，然后帮

① 见《吕氏春秋·孟春纪·贵公》。

助别人；独善其身然后能兼善天下。同学们，现在我们读书的时候，不要空谈高唱博爱；但应先努力学习，充实自己，到期我们有充分能力的时候才谈博爱，仍不算迟。

——胡适《大宇宙中谈博爱》

上引文字，是“胡适1956年9月1日在中西部留美同学夏令大会上所作演讲的结尾部分，演讲辞全文由《路灯》特约记者简新程记录，原载于1957年2月1日香港《灯塔》第8期”①。

这两段演讲辞，前一段是演讲所要阐发的主旨，即全篇演讲所要宣扬的观点，意谓：“博爱是一种值得推崇的美德，但不能流于空谈，要付诸行动，并且要符合客观实际。”后一段则是对前一段所提出的观点的论证。上引胡适的这篇演讲，第二段用以论证第一段观点的方法，属于我们前面所说的援引古人之言（包括凝聚了千百年来无数人的集体智慧与生产生活经验，并长久流传于民间的谚语、格言或俗语、俚语等）。他援引的古人之言“修己以敬，修己以安人，修己以安百姓”，出自孔子之口，原文见于《论语·宪问》篇：

子路问君子，子曰：“修己以敬。”曰：“如斯而已乎?”曰：“修己以安人。”曰：“如斯而已乎?”曰：“修己以安百姓。修己以安百姓，尧、舜其犹病诸!”

这段记载，说的是这样一个故事：一次，子路问孔子：“怎样才能成为一个君子?”孔子回答说：“加强自身修养，以敬慎的态度做人做事。”子路问道：“如此而已吗?”孔子又回答说：“加强自身修养，安定并影响你周围的人。”子路再问：“如此而已吗?”孔子

① 吴礼权：《口若悬河：演讲的技巧》（修订版），暨南大学出版社2014年版，第87页。

再答道："加强自身修养，安定并影响全体老百姓。能够安定影响全体老百姓，是尧、舜都难以达到的境界。"

胡适援引孔子之言，并非照原文直引，而是有所改变，是将孔子三次回答学生子路的话集中到一句之中。这种"引经"虽然不符合"引经"直录原文的原则，但并未改变原文的意思，只能算是"引经"中的一种"技术处理"。因此，我们认为胡适这样援引孔子之言，只是演讲中一种随机应变的表达，并不影响引言本身的权威性。相反，这样变通的引用，由于集中了孔子三次回答于一句，遂使孔子之言在表意上增加了一种步步深入、层层转进的效果，更加贴近演讲者所意欲说明的"博爱要循序渐进、尽力而为、符合实际"的主旨，有利于提升观点表达的说服力。另外，值得一提的是，胡适援引古人之言，不引其他人，而只引孔子，这也是很有技巧的。因为他这次演讲面对的是一帮在美国的中国留学生，孔子是被中国读书人奉为"万世师表"的圣人，援引孔子之言对于说服这些留美学生更有针对性，这在提升观点表达的说服力上更有一种立竿见影的效果。胡适会说话，是人所共知的；胡适会演讲，从上面这个例子中也能窥见一斑。

十、梁漱溟"匹夫不可夺志"

此外，他还谈了对"批林批孔"的认识。他说："批孔"是从"批林"引起的，这从字面上我理解。我的态度是不"批孔"，但"批林"。梁如此这般地说了许多违时的话后，更加激起与会者的气愤，于是政协的批判会越来越大，越开越激烈。当时的情况，他在其《问答录》里回忆说："从3月而4月，而5月、6月、7月，大抵均在学习'批孔'，实际无非对我的批判斗争，此不细述。先则每周4次会，后减为3次。8月份因天热，又减了一次。在此期间，本小组而外，各学习小组均对我进行批判。预先宣布9月将召开5个小组联席'批林批孔'大会。此会于9月

19日、20日、21日三天连续开会，先后发言者14人，均从‘批林批孔’入手而集中批判我。最后一次大会宣布，月内各组可就大会批判发言自行座谈两次。在本组9月23日会上，召集人还征问我对几次大会有何感想，我答云：‘三军可以夺帅，匹夫不可夺志。’”梁的这个答复，震惊了各组同人。当时主持者要他作解释，他说：“我只是相信自己的理性，而不轻易去相信别的什么。因为一定要我说话，再三问我，我才说了这句老话。这是一句受压力的人说的话，而不是得势人说的话。无权无势，他的最后一招只是坚信他自己的‘志’。什么都可以夺掉，但这个‘志’是无法夺掉，就是把他这个人消灭掉，也无法夺掉！”梁的这个答复，更加震惊了在座的政协委员。

——白吉庵《物来顺应——梁漱溟传及访谈录》

上引一段文字，是写中国现代著名哲学家梁漱溟在20世纪70年代中期的政治运动中受到打击批判的故事。从这个故事中，我们既可以看到那个时代中国知识分子的不幸，也能从中看出一位刚正不阿、风骨铮铮、特立独行的读书人的形象。

其实，这个读书人梁漱溟不仅有风骨、有学问，而且还有卓越的识见和丰富的人生经历与阅历。他原名焕鼐，字寿铭，乃元代皇室梁王一系后裔，先祖为元世祖忽必烈六子忽哥赤。1893年，是清末中国内忧外患最深重的一年。就在这一年，梁漱溟出生于北京。第二年，中日甲午战争爆发，清政府无能，战事失败，从此中国彻底沦为半封建半殖民地的社会。目睹中国被东西方列强欺凌瓜分，看着中国人民的苦难日益深重，年少的梁漱溟便思考中国的前途问题。17岁在中学读书时便与同学甄元熙讨论中国政治改造问题，并开始阅读立宪派主办的《国风报》与革命派主办的《民立报》。18岁中学毕业时，则加入了京津同盟会。1912年民国成立后，19岁的梁漱溟开始担任《民国报》编辑兼外勤记者。“1916年，袁世凯称帝失败，南北统一内阁组成，受其舅父张耀增（司法总长）之邀约，入司法部为总长机要秘书。蔡元培执掌北大后，因赏识梁所作《究元决疑论》一文，于 1917 年聘梁为北大印度哲学教席。1924 年梁辞去北大教席，专门从事乡村建设工作，曾任河南村治学院教务长、山东乡村建设研究院的研究部主任、院长，还主持过北平《村治月刊》。抗日战争期间，主张团结抗日，并参与发起‘统一建国同志会’，后改为‘中国民主政团同盟’（即后来的中国民主同盟，简称‘民盟’）。1946 年任民盟秘书长，成为政坛活跃的政治家，与中共领导人毛泽东、周恩来等关系相当密切。1949 年写信致民盟主席张澜转民盟同人和中共中央毛、周诸公，‘勉励诸先生为国家大局努力负责，而声明自己决定三年之内对国事只发言不行动’‘对民盟则许我离盟。对中共则恕我不来，响应新政府的号召。’1950 年从重庆来北京，毛泽东请他吃饭并邀请他加入政府，他表示愿在政府外效力。1951 年起开始担任全国政协委员，历任第一、二、三、四届全国政协委员，第五、六届全国政协常委。”① 除了积极投身于中国近现代社会改造与政治运动，成为一代知名的政治活动家外，梁漱溟“还是海内外十分著名的哲学家和教育家，一生致力于研究儒家学说和中国传统文化，造诣甚深，著有《东西文化及其哲学》、《乡村建设理论》、《中国文化要义》、《人心与人生》等著作。海外把他视为‘新儒家’的代表人物，对他的思想进行研究探讨。可是，1973 年 10 月开始，江青等人出于篡党夺权、打倒周恩来总理的阴谋目的，提出在全国范围内开展‘批林批孔’运动。但是这一险恶用心，当初一般人并不知道。运动开始时，全国政协组织学习，梁漱溟照常出席会议。在学习过程中，很多人都表态，发言表示‘支持’、‘拥护’并狠批‘孔老二’，其实很多是违心的敷衍。这样的会开了一个多月，梁漱溟竟然一言不发。后来，大家觉得他态度不好，一定要他表态。第二年（1974 年）2 月 22 日和 25 日，梁漱溟就在政协学习会上连续作了 5 个小时的长篇发言，题

① 吴礼权：《能说会道：说话的艺术》（修订版），暨南大学出版社 2014 年版，第 58 ~ 59 页。另参考白吉庵《物来顺应——梁漱溟传及访谈录》（山西人民出版社 1999 年版）一书及《辞海》（缩印本 1990 年版，第 1478 页）中的梁漱溟相关生平资料。

为《今天我们应当如何评价孔子》。”①由于梁漱溟“是研究儒家学说的大家，说起孔子在中国文化史思想史上的地位，自然十分内行，其发言大意是，第一，要用历史的眼光去评判孔子。他认为中国有5 000年的文化，孔子接受了古代文化，又影响着后代的文化。他生活在前2 500年和后2 500年的中间，是中国文化承前启后的关键性人物。他的影响，任何一个古人都不能与之相比。中国社会之发展，民族之扩大，历史之悠久，与中国文化是分不开的。中国文化有种种优长之处，这正是中华民族勤劳、善良、智慧，有强大的凝聚力，以至于发展到今天这么大的多民族国家所不可短缺的。中国传统文化源远流长，世界独有，致使外来的种种文化思想，都要经过消化熔炼，变成中国自己的东西，才能发挥作用，这是世界上若干国家所不及的。由此可见，孔子在中国历史上的地位及其影响是抹煞不了的。第二，要用一分为二的辩证观点去评价孔子，认为孔子思想也有一些消极的方面。这些观点用今天的眼光来看，都是实事求是的，是最权威的结论。可是，在当时这种观点无疑是违时的话。除此，他又于发言之后，谈了对‘批林批孔’的认识，认为‘批孔’是从‘批林’来的，他认为‘批林’就可以了，不必‘批孔’。当然，这话更违时了。因此，引起了政协委员的极大愤慨，自然最后‘批林批孔’会议就改成了‘批梁’会议。到了9月最后一次大会宣布，月内各组可就大会批判发言自行座谈两次。9月23日会上，梁所在的小组召集人征问梁对几次大会有何感想。梁就说了上引文字上的一句话：‘三军可以夺帅，匹夫不可夺志。’这话一出，立即震惊了各组同人。”②

从篇首所引文字与上面补述的背景材料来看，在1974年“批林批孔”政治运动的高潮期，梁漱溟在大会上发言用了五个小时，都不能触及政协同仁灵魂，从而说服大家不能“批孔”而只能“批

① 吴礼权：《能说会道：说话的艺术》（修订版），暨南大学出版社2014年版，第59页。

② 吴礼权：《能说会道：说话的艺术》（修订版），暨南大学出版社2014年版，第59～60页。

林”，却在后来的表态会上一句话就让所有政协同仁灵魂出壳，深受震惊。这是为什么呢？原来是梁漱溟运用了一个十分平常却又非常高明的修辞策略——“引经”。我们之所以说梁漱溟的“引经”策略既平常而又高明，乃是因为运用“引经”策略说理或说服他人是人人都会的，梁漱溟为了说服政协同仁而运用“引经”策略，当然也没有什么新奇。但是，他“引经”引得好。他不引其他古人的话，也不引他那个时代最时尚最权威的毛泽东语录，而是以“暗引”（即只引某人之言而不指出某人姓名）的方式引了孔子的话，既不露痕迹地重申了自己的政治态度（“拥孔”），又借孔子的嘴巴替自己发声，有力地说明了一个做人的道理：“士可杀不可辱，人死志不移。”虽然当时大家都在特定的政治气氛下有心或违心地“批孔”，但孔子“三军可以夺帅，匹夫不可夺志”这句名言却能让所有人心灵为之震慑，并在崇拜祖先与敬畏圣人的潜在心理作用下予以认同。因为数千年的民族文化心理积淀，早已让所有中国人超越了意识形态的纷争，深切认同了孔子的这句话。因此，当梁漱溟援引孔子的这句话后，一下子就震慑了所有政协同仁。正因为如此，当会议主持人要梁漱溟解释引用这句话的用意时，他就有了逻辑依托的引申拓展平台，理直气壮地申述道：“这是一句受压力的人说的话，而不是得势人说的话。无权无势，他的最后一着只是坚信他自己的‘志’。什么都可以夺掉，但这个‘志’是无法夺掉，就是把他这个人消灭掉，也无法夺掉！”从而再次震惊了全体在座的政协委员。可见，“引经”修辞策略虽然平常，但要运用得好，产生强大的说服力，还是要有智慧与学养的。

第四章　以事实为依据说理

前文我们说过，讲道理，说服人，有两个最基本而有效的方法：一是稽引古人古事，以历史的经验作证；二是援引古人之言，借祖宗的嘴巴发声，代自己立言。不过，在现实生活中，我们表达自己的观点，给别人讲道理，说服他人，并不是什么事情都能找到可以征引的古人古事，也并不是什么话题都能援引合适的古人之言。如果出现这种情况，那么我们应该如何讲道理，说服人呢？难道除了“稽古”、“引经”两种修辞策略，我们就没有别的办法讲道理、说服人了吗？

当然不是。事实上，说话或写作中，讲道理、说服人的有效修辞策略还有很多。比方说，以现实生活中的事实或眼前之事为依据，也是一种很好而有效的说理方法，也能有力地说服别人。因为这种方法，往往用以佐证的今人今事是表达者与接受者都亲眼所见或亲耳所闻的，远比稽古征引的古人古事更真切、更亲切，可信度更高，以之用作说理的依据，更有不容置疑的说服力。因此，日常生活中我们讲道理、说服人时，常常会用到这种以事实为依据的说理方法。在写作中，这种方法的运用也不少见，尤其是那些见诸媒体的轰动性事例，更是被信息化时代的写作者或写手们拿来作为说理的最佳依据。

下面我们就从现代贤哲的语言实践中举例，看看如何就近取材，以眼前之事、现实之例为依据，论证自己的观点，推阐自己的理念，有力地说服他人，以企及自己的目标。

一、孙中山以日本妓女说事

南洋爪哇有一个财产超过千万的华侨富翁。一次他外出访友，因未带夜间通行证，怕被荷兰巡捕查获，只得花钱请一个日本妓女送自己回家。

日本妓女虽然很穷，但是她的祖国很强盛，所以她的地位高，行动也自由。这个中国人虽然很富，但他的祖国不强盛，所以他的地位还不如日本的一个妓女。如果国家灭亡了，我们到处都要受气，不但自己受气，子子孙孙都要受气啊！

上引文字，是孙中山先生早年在海外进行革命宣传活动时，面向海外华侨所作的一次演讲中的部分内容①。这次演讲的目的，主要是为革命党推翻清政府腐败统治、建立资产阶级共和国而进行武装斗争募集款项。上引两段文字所要宣达的主旨，如果直道本意，就是这样一个意思："祖国是你们华侨的坚强后盾，如果祖国不强大，很疲弱，你们即使在海外他人的国度挣了钱，经济上是富人，但仍然是没有任何社会地位、政治和经济上不能与其他人有平等权的化外之民，生命和财产也不能有保障，不仅自己，甚至子子孙孙都永远摆脱不了受气还要受侮辱的悲惨命运。只有祖国强大了，我们的华侨同胞才能在海外他人的国度有地位，挺起腰板做人。因此，我们华侨同胞应该深明大义，支持我们国内的同胞和革命党人革命，有钱出钱，无钱出力，推翻清王朝的腐败统治，建设民主富强的资产阶级共和国。"② 如果孙中山先生这样说，意思虽然表达得非常直接，倾听演讲的海外华侨也易于理解，但不能说服这些九死

① 转引自黄中建：《升华演讲主题的技巧》，《演讲与口才》1999 年第 10 期，第 18 页。

② 吴礼权：《口若悬河：演讲的技巧》（修订版），暨南大学出版社 2014 年版，第 7～8 页。

一生，闯荡于异国他乡的华侨同胞，让他们心甘情愿地将自己流血流汗挣下的一点养家糊口的活命钱捐献出来。事实上，孙中山先生在海外的每次演讲都为革命党募集到了相当可观的款项，对革命党的武装斗争与革命活动助益甚大。众所周知，孙中山先生能够领导一批革命志士推翻清政府的腐败统治、建立起中华民国，除了与他不屈不挠的坚强意志有关外，还与其个人魅力有关。而在其个人魅力中，除了其光明磊落的高尚品行、天下为公的阔大胸襟等人格魅力外，还与其善于说话的魅力，特别是演讲极具说服力与鼓动性的魅力有很大关系。

上面这两段在南洋的演讲辞，之所以今天读来还深切感人，让人感慨万千，是因为它具有强大的说服力与震慑人心的鼓动性。那么，孙中山先生这番话为什么会有这样的效果呢？只要我们稍稍分析一下这两段演讲辞之间的逻辑关系，就能明白其中的道理。众所周知，大凡我们要讲明某一道理，或提出某种观点，需要说服别人听从或接受，一般说来有五种基本模式：一是先摆事实，再讲道理。即以大家都见到或都知道的现实事例为依据来说话，自然得出结论，让接受者在事实面前哑口无言，只得认同表达者的观点。日常生活中，我们常常听人辩论或说理时都说这样一句话："事实胜于雄辩"，说的就是这种境界。二是稽引古人古事，以古人做人做事成功的经验或失败的教训为例，以佐证自己所要论证的观点。这种说理方法，是拿祖宗说事，利用中国人尊崇祖先的心理，消弭接受者的疑虑，从而提升其说服力。三是援引古人之言（包括凝聚了千百年来无数人的集体智慧与生产生活经验，并长久流传于民间的谚语、格言或俗语、俚语等），或是古代经典中记录的哲理名言，让先贤与祖宗代言，利用中国人尊崇祖先、敬畏权威的普遍心理，提升观点表达的说服力。四是既援引古人之言，又稽引古人古事，借祖宗的嘴巴发声，以历史的经验作证，从而提升观点表达的说服力。五是直接从逻辑上讲清道理，即以逻辑的力量征服接受者。一般说来，前四种模式是最常见的，后一种模式较少运用，因为这种模式只能面对知识层次较高、理性较强的人群，对劳动大众或普通人就有很大的局限性。

孙中山先生在上面两段演讲辞中运用的是上述第一种说理方法。这种说理方法虽然普通寻常，却在日常语言生活中被广泛运用，而且最为普通大众所喜闻乐道。孙中山先生这次演讲面对的是在南洋谋生的最底层的华侨劳苦大众，他们大多没有什么文化，跟他们讲道理，宣传推翻清政府和建立资产阶级民主共和国的意义，若是引经据典，说先王怎么说，圣人怎么做，等等，他们肯定不知所云，听得一头雾水。如果是这样，那么演讲会有什么效果呢？孙中山先生长期在海外华侨华人中进行革命宣传活动，争取他们的支持，对于他们的处境与他们的心理非常了解。所以，他在南洋面对华侨演讲，便就近取材，举南洋当地的事情为例证。了解历史的人都知道，当时的南洋（指新加坡、印度尼西亚、马来西亚、菲律宾等当时被西方列强殖民统治的东南亚诸国），既有中国的侨胞，也有西方国家与日本的侨民。他们都寄居在他国的土地上，事实上却有着不同的社会地位。这一点，南洋的华侨最有体会，当然演讲者孙中山先生也非常了解。正因为如此，孙中山先生在演讲时就从他们都了解的社会现实中举例，讲了上面这个日本妓女与一位华侨富翁的故事。通过这个故事，巧妙自然地推演出演讲所要宣达的主旨："祖国强盛，侨民在海外才有地位与行动的自由；祖国灭亡了，子子孙孙都要受气"。由于举例是就近取材，听众便有了一种感同身受的亲切感，所以更易认同演讲者提出的观点："一国侨民在海外有没有社会地位，并不取决于他所拥有的社会财富，而是看他背后的祖国是否强大"，从而意会到演讲者的言外之意："那位华侨富翁积攒了千万财富，在南洋仍然没有地位，夜晚出行还得借日本妓女庇护。那么，像你们这样没有财富的华侨，在南洋会有什么地位呢？若你们在南洋有什么事，靠谁来庇护呢？如果你们积极捐款，赞助我们国内革命志士推翻清廷，中国也像日本那样通过改革强大起来，谁又敢欺负你们呢？日本的妓女在南洋尚能受人尊敬，那么中国强大起来后，你们这样靠自己的智慧与劳动创造财富的侨民难道不会更加受到南洋各国人民的尊敬吗？只有在南洋受到他人尊敬，取得一定的社会地位，你们所创造的财富才会有保障。”这层言外之意，听讲的华侨从演讲者所讲的故事中自己就能推演出来，不必演讲者特别指点出来。事实上，演讲者孙中山先生没有将这层想说的言外之意指点出来，而是借故事暗示出来，让广大听讲的南洋华侨思而得之，在权衡利益得失之后，认识到捐助国内革命运动的意义，从而心甘情愿地掏出血汗钱。如果演讲者孙中山先生直道本意要求南洋华侨捐款，虽然也能让他们明白其中的道理，但是不能从内心征服他们，那么募捐效果肯定不好。可见，孙中山先生就近取材，“援事说理”，说服力是非常明显的。

二、张治中请夫人作证

张治中在南京任国民党中央陆军军官学校教育长时，看到学校的校风很坏，有些学生甚至常去南京秦淮河一带逛妓院，他很是生气。一天，张治中对他夫人洪希厚说：“明天军校开会，请你去参加。”夫人说：“军校开会，与我井水不犯河水，我去干啥?”张治中风趣地说：“夫人去坐镇嘛！请你支持我开好这个会。”到了开会那天，学生们见讲台上坐着个相貌平平，衣着朴素，态度又忸怩不安的家庭妇女，都感到很诧异，便相互小声议论起来。这时张治中走到台前摆摆手，开始了他的讲话：

“今天开会，我与同学们只谈一个问题，就是我们不能因为当了官，有钱有势了，就胡搞乱来。我知道你们当中有人花天酒地、灯红酒绿，这不好，无视军校的纪律，不爱护个人的名誉。讲起来，论军衔，我比你们高，论薪饷，我比你们多，可是我没有这样的行为。你们看——”他用手一指台上坐着的洪希厚，“这位就是我夫人……”

听到这里，学生们有点乱了，有的窃窃私语，有的交头接耳，有人意外地张大嘴巴，都急于想听下面的内容。

张治中接着说：“我夫人其貌不扬，又没文化，可我爱她，我俩结婚二十多年了，感情一直很好，从未口角。她操劳家务，教育子女，为我分担重任，成了我事业上的助手，我心中感激她，从未嫌弃她。我的一生未逛过妓院，没有娶小老婆的想法，也未搞过女人。这，她可以作证。”

台下寂静无声。张治中停了一会儿又说：“有人劝我说，当了大官，可以改组内阁（指另娶一房夫人）。我就告诉他，我改组，封我老婆什么官？几个孩子又怎么安排呢？他们没有妈妈行吗？我没有左右手行吗？我决定不但不改组，反而加强我的内阁——这，我的夫人更可以作证。”听到这里，人们都屏住呼吸，想继续听下去，连一根针掉到地上也可以听到。可是张治中却戛然煞住：“我的话完了。”

自这以后，军校的纪律果然大为好转了，而张治中的“请我夫人作证”也就成了佳话流传开来。

——徐永森《张治中的一次演讲》①

上引文字，说的是张治中将军在抗战爆发前任南京政府中央陆军军官学校教育长期间的一则故事。张治中，原名本尧，字文白，安徽巢县（即今安徽巢湖）人。“毕业于河北保定军校第三期，是国民党的重要将领。国民革命时期，曾任黄埔军校学生总队长、军官团团长。1926 年参加北伐战争。1928 年起，历任国民党第五军军长、第四路军总指挥、中央陆军军官学校教育长、第九集团军总司令。1937 年 7 月日寇侵占平津后，又于同年 8 月 13 日大举进攻上海，张治中率领驻守上海的第九集团军奋起抵抗，给日寇以沉重的打击，并由此拉开了近四个月的惨烈的淞沪抗战序幕。抗日战争期间，曾任湖南省政府主席、国民党政府军事委员会政治部部长、三民主义青年团书记长、国民党西北行辕主任兼新疆省政府主席等

① 载《演讲与口才》1993 年第 10 期，第 37 页。

职。抗日战争胜利后，主张国共谈判、和平建国，并于1946年代表国民党参加军事调处三人小组。1949年1月，蒋介石在发动内战失败后被迫下野，李宗仁为国民党政府代总统。张治中作为国民党政府和平谈判代表团首席代表，前往北平与中国共产党谈判。谈判结束后，与中国共产党达成了国内和平协定。蒋介石获悉协定内容后，大骂‘文白无能，丧权辱国’。结果因为国民党政府拒绝在协定上签字，国内和平宣告无望。中共中央领导人周恩来出于对张治中人身安全的考虑，挽他留在北平，没让他再回南京，以免‘再对不起一位张将军’（前一位张将军张学良因为‘西安事变’后送蒋介石回南京就一去不回，一生遭囚禁）。同年，张治中应邀出席全国政协第一届全体会议。新中国成立后，历任西北军政委员会副主席、全国人大常委会副委员长、国防委员会副主席、民革中央副主席等职。”①

从上述张治中的生平经历中，我们可以清楚地看出，张治中确实不是一般只会冲锋陷阵、逞匹夫之勇的将军，而是一位有政治头脑的军事家与政治家，同时还是一位懂得办学的教育家。不然，他当南京政府中央陆军军官学校的教育长时就不可能整肃当时那样败坏的校纪校风，赢得军校全体学员的尊敬。那么，张治中是如何整肃军校校纪校风的呢？从上面的故事中，我们知道，中央陆军军官学校是培养国家高层军事将领的摇篮。面对这个摇篮中滋生的各种腐败风气，甚至有学员到秦淮河逛妓院这样令人忍无可忍的事情，张治中作为教育长，既没有将犯错的学员简单粗暴地训斥一顿了事，也没有大动干戈，祭出军法军纪，对违纪学员予以关禁闭或开除学籍等惩罚，而是召开会议，以和风细雨式的谈心方式开导学员。为了增强说服力，他的谈心也别出心裁，既不稽引先贤古哲的事迹谈修身养性的理想，也不援引古训金言讲处世为人的道理，而是平心静气地向学员们叙说自己的亲身经历与洁身自好的作风，拿

---

① 吴礼权：《口若悬河：演讲的技巧》（修订版），暨南大学出版社2014年版，第14页。

自己为例，说明应该如何为官做人的道理。为了增强说服力，让学员对自己的亲身经历与为人处世的作风不产生怀疑，他还特意请出自己没有文化、其貌不扬的妻子出席会议，让妻子坐在主席台上替他作证。在会议整个过程中，虽然演讲者张治中说的都是平常的大白话，也没有运用什么特别的修辞技巧，但说服力奇强，最终彻底征服了全体学员，使他们认识到了遵守军纪、洁身自好对于一个军官品德修养的重要意义，使那些犯错违纪的学员幡然醒悟，由此彻底扭转了军校的校纪校风。

那么，张治中拿自己说事，请夫人作证，为什么会有如此强大的说服力呢？这是因为张治中说服军校学员的方法非常巧妙，不同于一般的举例说理。前文我们说过，一般常见的举例说理，所举之例都是大家耳闻目睹的人与事，属于"集体认同"的"已然事实"。因此，这种举例说理，一般都是具有相当的说服力的。而张治中说服学员时所举之例，则是他个人的成长经历与私生活，不是"集体认同"的"已然事实"，而是一种"私家新闻"。这种"私家新闻"虽然对于学员们有吸引力，易于引发他们的兴趣，也有闲话家常的亲切感，但是作为例证则缺乏说服力。张治中的聪明之处在于，他既意识到了这种"私家新闻"在说服学员时的独特价值，又意识到它在真实性方面需要补强的必要性，所以他请出夫人坐上主席台为其"私家新闻"作证。由于他叙述"私家新闻"的语言平白如话，质朴自然，充满人情味，而为他这"私家新闻"作证的夫人长得也质朴自然。于是，两相配合，自然放大了他的"私家新闻"的真实性，从而彻底突破了学员们的心防，为其"私家新闻"所述说的内容而深切感动，心悦诚服地听从其劝说，改邪归正。

三、梅汝璈在远东军事法庭上的陈词

1946年2月15日，盟军最高统帅部根据各盟国政府的提名，任命了远东国际军事法庭的11名法官，梅汝璈为其中之一。1946年5月3日，正式开庭的前一天，各国法官、检察官、顾问、律师以及有关人员召开一次预备会议。11 个对日参战国的法官都庄严地坐在审判席上，中国法官梅汝璈身穿崭新的法官服，威严地坐在审判席的中间，审判席后面插着参战国的国旗，美国插在第一位，中国插在第二位。吴学义顾问一看中国国旗插在第二位，立刻向梅法官打手势，伸出了右手食指，意思是中国国旗应插在第一位，梅见吴的手势后，心领神会，立即向庭长韦伯提出："中国国旗应插在第一位。"美方法官漫不经心地回答说："为什么？"梅法官当即用流利的英语慷慨激昂地阐述了中国军民自 1931 年"九·一八"事变，直到 1945 年 8 月 15 日为打败日本军国主义的侵略所付出的巨大牺牲和代价。他说："14 年间，为抗击日本侵略者，我国军民伤亡逾 2 000 万，财产损失逾 2 000 亿美元，击毙击伤日军达 130 多万，占日军在第二次世界大战中伤亡总数的 70%。事实充分证明，中国正是打败日本军国主义的主力。"随后，中美双方进行激烈的争论，唇枪舌战，美方辞穷理屈，最终作出让步，中国国旗就此插在了第一位，美国国旗则移至第二位。这是自 1840 年鸦片战争之后，中国代表团出席国际会议有史以来国旗插在首位的第一次！国内新闻媒介立即插发了这一重大新闻，有的报纸还及时刊出"号外"。

——严玲霞《梅汝璈——远东国际军事法庭法官》

上引文字，记述的是中国现代著名法学家梅汝璈在远东国际军事法庭上为中国人民八年抗战所付出的巨大牺牲大声呐喊，从而让世界各国人民对中国在世界反法西斯战争中所作出的巨大贡献有清楚的了解，最终为中国赢得了在远东国际军事法庭上应有地位的故事。

梅汝璈（1904—1973），江西南昌人。1924 年毕业于清华学校（清华大学前身），同年通过考试获得公费留美资格，入斯坦福大学学习。1926 年毕业，获斯坦福大学文学学士学位。后入芝加哥大学法学院攻读法学，1928 年获法学博士学位。1929 年回国，历任山西大学、南开大学、武汉大学、复旦大学教授。除了在学术上很有造诣外，梅汝璈还曾担任国民政府行政院院长宋子文、外交部部长王世杰的助手，在当时的政治与外交舞台上发挥了重要作用。尤其是作为著名的国际法专家，在中国现代外交史上更是贡献卓著。“其中影响最大的是作为远东国际军事法庭的大法官，参与了对东条英机等日本战犯的审理，使这些血债累累的战争狂人得到了应有的惩罚”①。1945 年 8 月 15 日，日本宣布无条件投降。同年 12 月，中、美、苏、英等 11 个对日宣战国，为了清算日本军国主义的罪行，决定成立远东国际军事法庭，对日本军国主义分子发动侵略战争的罪行进行审判。“中国国民政府接到驻日盟军统帅总部的通知，便指示我外交部和司法部遴选派往东京的外交、司法人员。两部官员立即从全国范围内挑选精英，组成了具有强大实力的参审班子。派往东京参审的法官、检察官和顾问是 3 个最重要的人选。由行政院提交选拔名单，最后由蒋介石选定了 42 岁的复旦大学教授梅汝璈博士为中国法官，东吴大学法律系教授向哲浚为检察官，44 岁的武汉大学法律系教授吴学义担任顾问。梅、吴俩人曾经担任行政院院长宋子文、外交部部长王世杰的助手，参与和英、美、苏分别在 1943—1945 年签订《中美平等新约》、《中英平等新约》、《中苏友好条约》的谈判，有丰富的国际外交经验，通晓英美诸国法律。”在审判中，梅汝璈作为远东国际军事法庭的 11 名大法官之一，与出席审判的中国全体成员一起时刻牢记祖国和人民的重托，在十分困难的情况下，凭着对正义事业的高度责任感，为了替中国千千万万的受害者报仇申冤，以自己渊博的国际法知识和高度的智慧，与东条英机、土肥原贤二等狡猾的日本战争祸首在法庭上进行了艰苦的斗争。最后，梅汝璈和他的同伴们“没有辜负祖国人民的期望，28 名甲级战

① 吴礼权：《能说会道：说话的艺术》（修订版），暨南大学出版社 2014 年版，第 156 页。

犯得到了应有的惩罚，东条英机等7名主要甲级战犯被判死刑。梅汝璈作为中国代表团的主要成员，凭着他丰富的经验和渊博的法律知识，全程参加了这次审判，发挥了至关重要的作用。”①

上面的故事，是梅汝璈出席远东国际军事法庭审判会议时发生的一个小插曲。但是，“这个小插曲因为有关国家尊严问题，所以也格外引人注目。美国因为于战争末期在日本广岛和长崎投下了两颗原子弹，直接促成了日本天皇宣布无条件投降，所以美国人就居功自傲，把自己看成是战败日本的首功之臣。其实，众所周知，美国本来并无同日本作战的打算，只是因为在1941年12月7日日本偷袭珍珠港，击毁击伤美国主要舰只十余艘、飞机一百八十八架，使美国太平洋舰队遭到惨重损失的情况下，才于1941年12月8日宣布对日作战，引发了太平洋战争，与中国一起走到了抗日的同盟战线中来的。而中国在此之前已经同日本侵略者浴血奋战了近五年，军民生命财产损失无以计数。可是，美国人并不这样看，他们只知道自己的功劳，没有公正地看待别国特别是中国对抗日战争特殊的贡献。正因为如此，美国人才在远东国际军事法庭审判席上把自己的国旗插在了第一位，把中国的国旗插在第二位。这明显是不公正的，对于一个国家来说，这是外交侮辱。因此，中国代表团顾问就指示梅汝璈把这插旗顺序正过来。于是就有了梅汝璈审判开始前唇枪舌剑为中国立下的一功。”②

那么，梅汝璈何以能让一向傲慢自大的美国人屈服，心甘情愿地将自己的国旗从第一位移插到第二位呢？这主要是因为梅汝璈与美国法官辩论时的措辞说理具有强大的说服力，使美国法官理屈词穷，这才使中国在外交上赢得了应有的尊严。前文我们已经说过，讲道理、说服人，有五种基本方法，其中最常用的一种方法就是列举大家都公认的现实事例。上面故事中梅汝璈舌战美国法官并使其

① 严玲霞：《梅汝璈——远东国际军事法庭法官》，见齐全胜编：《复旦逸事》，辽海出版社1998年版，第116～118页。

② 吴礼权：《能说会道：说话的艺术》（修订版），暨南大学出版社2014年版，第157页。

屈服的说理方法，就是列举现实事例。我们都知道，法官因为职业习惯，特别看重事实证据。西方人尤其讲证据，服膺于事实。梅汝璈留学美国，学习法律，当然对美国人特别是美国法官的心理了如指掌。因此，面对美国法官，要想在神圣的国际法庭上使其屈服，只能举出强有力的事证。当然，中国人民八年浴血抗击日本侵略者，有无数可歌可泣的英勇事迹可以作为说服美国法官的事证。但是，对日本甲级战犯的神圣审判即将开始，时间有限，不允许梅汝璈从容列举中国人民抗战的一个个事实，他必须在短时间内“一击毙命”，将美国法官说服，从而令其心悦诚服地将美国国旗移回到第二位，让中国国旗插到应有的第一位。虽然这是非常艰难的事，但梅汝璈对美国法官的心理与美国法庭举证的惯例非常了解，所以他能在短时间内找到一个有效的举证策略，即通过统计法，将中国人民抗击日本侵略前后十四年间的贡献作了全景式的勾勒：“14 年间，为抗击日本侵略者，我国军民伤亡逾 2 000 万，财产损失逾 2 000 亿美元，击毙击伤日军达 130 多万，占日军在第二次世界大战中伤亡总数的 70%。事实充分证明，中国正是打败日本军国主义的主力。”由于梅汝璈列举的数字明明白白，中国人民抗击日本侵略者的贡献一清二楚，这就让以服膺事实为职业本能的美国法官心悦诚服了，不得不将美国国旗移插到第二位，让中国国旗升格插到了第一位。可见，摆事实，讲道理，以事实为依据，是非常有力的一种说服方式，然而怎样摆事实是有学问的，需要表达者适应说话时的具体情境，分析被说服对象的心理，选择合适的事实作为论据，才能发挥“一击毙命”的效果。

四、文强充当和事佬

1984 年，我们这些原国民党将领在广州开会，大家就议论，这个说家里死了九个，那个说家里死了八个，还有的说我是起义的，家里也搞得很惨。我说，我家里亲戚朋友死了十几个，回去也没面子。过了几天，湖南省政协主席（我给程潜当办公厅主任的时候，他是程潜身边的一个秘书）到了广州。他找到我，说："你们这些高级将领都不回湖南，是我们湖南的耻辱。这次我到广州，就是让你们跟我回湖南。我带着省政府交际处处长来了，还带着请柬，请你们这些高级将领回湖南。"

我对他说："我们是朋友，你又是程颂公的侄子，我在办公厅当主任时，我们两个走得很近，有感情嘛。按道理我们应该回湖南，但是为我死了那么多人，我太不光明了，回去怎么交待呀？我不回去！没有办法回去！其他的人不回去也都有原因。"他表示这次一定要把我们接回去，而且要我做其他将领的工作。

我一想，我的子孙还不少，有五个儿子，我也得给子孙留个后路，将来他们不回湖南也不像话啊。朝代变化，谁跟谁也没有私仇嘛。湖南省政协主席的到来，使我觉得应该回湖南老家看看了。

湖南省政协主席说："我带了请柬来，你帮我发一发吧。"

我说："你慢一点，不是那样简单的，我回去一个一个地搞通。"

当天晚上，我就向那些将领做工作，原湖南绥靖总署第一副主任李文安说："我不回湖南，我回湖南干什么？我家很苦，是个农民，饭都没有得吃，后来我官做大了，连累了父亲。"他反问："你也不打算回湖南，怎么还来劝我啊？"

我说："你死了父亲，我的伯父、叔父、弟弟、弟媳妇死了不少于十个人。"

他说："我回去交待不了，我不回去。哎，你现在怎么个想法呢？"

"我现在想留个后路，我有子孙，你也有子孙哪，应该回去看看。"

他气鼓鼓地：“你要回去你去吧，我不去！我没有面子！”

我们谈得很僵。这个工作做不通啊。我想，这个冤仇保留下去，对子孙也不好，明天我再去找李文安，一定要说服他。

第二天，我找到李文安，他没有好气地问：“你又有什么事要跟我讲啊？”

我说：“你不回湖南是有道理的，可是我想来想去，你还是要回去。”

“你呢？”他反过来问我。

“我决定回去！”

他很固执：“你去我不去。”

“哎”，我说，“老大哥啦，我把昨天晚上想的问题跟你讲讲。刘少奇是怎么死的？彭德怀是怎么死的？陈毅又是怎么死的？他们都是开国元勋，都是冤死的，你的父亲是穷苦人，如果你父亲和我说的这些人相比，谁更重要啊？共产党里那么重要的人都冤死了，这是历史的不幸，我们和刘少奇、彭德怀、陈毅相比，那还不是地上的蚂蚁一样啊？”

他想了想，说：“你讲的有道理，这个冤仇不能再结了，我不能为死了父亲就不回湖南，我听你的，你回去我也回去！”

——《文强口述自传》

上引文字，说的是文强受湖南省政协主席委托，劝说黄埔军校老同学李文安尽释前嫌，不要再计国共内战期间死了父亲的旧账，一同回湖南老家看望亲人的故事。

文强（1907—2001），是一个富有传奇色彩的人物。“生于湖南长沙西麓（即现在的望城县金良乡）的一个四世同堂、子孙繁盛、富甲一方的世代书香之家、官宦之家。他的祖上是南宋的丞相、抗元民族英雄、文信国公文天祥（他名垂千古的‘人生自古谁无死？留取丹心照汗青’的诗句相信很多中国人都是能记诵的）。这是600多年前的荣耀，是个远话。说近话，他的祖辈在清朝也是很了不得的，一门就出了两个‘上大夫’，清帝亲赐的匾额挂在门上，文官经过他家门前必须下轿，武官经过必须下马，甭管你是什么老爷什么级别。而文强的父亲，则是留学日本帝国大学的法律专家，是同盟会的早期盟员，是孙中山、黄兴、蔡锷的朋友，曾做过蔡锷的司法官和秘书长。他的姑母文七妹就是毛泽东的母亲。除了身世的不同寻常，文强个人的经历也可以说是不同凡响。作为文天祥的第二十三代后裔，作为中共最高领袖毛泽东的表弟，他最终却是国民党的得力干将。他早年入黄埔军校，以出众的才华被中共领袖周恩来看中，并由周恩来介绍加入了中国共产党；后来又由国民党元老邵力子介绍加入国民党。他曾参加过北伐战争、南昌起义，历任连营团旅师长。国共第一次合作分裂后，他毅然放弃国民党党员身份，坚定地站到共产党的行列中，成为中共早期的重要干部，做到了中共四川省常委兼军委代理书记的高位。他当中共川东特委书记时，领导23个县，比当时他的表哥毛泽东的苏区12个县，大了近一倍，成为当时最大的一块革命根据地。后来，因为共产党内的王明、李立三等人坚持错误的路线，他成了被整肃的对象，性命难保。无奈间，他去上海找周恩来，没有找着，就这样脱了党。因为是共产党的高干，脱党后的他成了国民党通缉追杀的对象。后来在杭州偶遇他父亲的老朋友程潜，当时程潜是国民政府的参谋总长。由于程潜的帮助和引荐，不但得张治中之力取消了国民党对他的通缉令，还加入了国民党军统，成为戴笠手下的一员干将。抗日战争期间，在上海跟戴笠组织别动队清除日本间谍和汉奸，做了不少有益于国家民族的工作，40岁成为国民党中将。但解放战争期间，成了与共产党斗争的干将。在著名的淮海战役中，他被蒋介石任命为徐州‘剿总’前线指挥部中将副参谋长和代理参谋长。最后被解放军俘虏，作为战犯在狱中度过了25年时光。1975年3月19日他作为最后一批战犯被特赦。特赦后，先做中央文史馆馆员，1983年担任第六届全国政协委员，又活跃于政治舞台，并为台湾的和平统一而奔波努力。”①

从文强的人生经历看，他也算是一代风云人物了。他既是中共早年的高干，又是后来国民党的中将，最终却成了中共的战俘，在狱中度过了25年漫长时光，晚年特赦出狱后，却能豁达地看待人世的纷扰，不计前嫌地为国家的统一而奔走，并为消弭许多国民党高级将领与中共的恩怨而努力。上引故事中，他接受湖南省政协主席的委托，劝说黄埔军校同学李文安回湖南的行为，正是他心胸豁达的表现。其实，文强不仅心胸豁达，而且善于说服他人，堪称文武全才。我们都知道，在中国人的观念中，杀父之仇乃是不共戴天的。因此，要解开杀父之仇的怨结，一般是很难的。文强黄埔军校时期的同学李文安，在国民党执政时代也算是一代风云人物，官至湖南绥靖总署第一副主任。但正因为他是国民党的高官，所以在国共内战期间，其父受牵连而被中共处决。李文安觉得其父不过是个农民，没有什么罪恶，中共不应该迁怒于其父而加以杀害。所以，当李文安晚年与文强等国民党高级将领被特赦出狱后，对此事仍耿耿于怀，以致连故乡也不愿意回去。应该说，李文安的这种心情是可以理解的。加上人到老年，性情趋于固执也是自然规律。在这种情况下，文强受湖南省政协主席委托劝他回湖南老家看看，其难度之大也就可以想见了。但是，最终文强却成功地说服了他，让他愉快地回了湖南老家。那么，文强何以有这么大的能耐呢？他是以什么样的妙招让李文安打开心结，化解了积郁在胸中一辈子的怨恨之情呢？看了上面的故事，我们发现文强说服李文安的方法很简单，就是从他们彼此共知的现实中举例。不过，他的例子举得巧妙。他不举国民党高干的例子，而是举中共高干的例子，而且所举的中共高干是与毛泽东同为湖南同乡的亲密战友刘少奇、彭德怀，他们一个是国家主席，一个是国防部长和元帅，另外还有一个文武全才的

---

① 吴礼权：《能说会道：说话的艺术》（修订版），暨南大学出版社2014年版，第125～126页。

四川人陈毅元帅。以这三位中共高干的冤死为例，来与李文安之父冤死相比较，自然让李文安在对比之后，能够推己及人，进行换位思考，从而彻底解开心结，不再计较父亲冤死的恩怨了。可见，文强说服人是很有一套的，颇懂心理战术。

五、段之大三十年的折腾

> 马主任紧紧握住段之大的手，久久不能放下，这是一双绘图的手呵！可是，就是这样一双手，被锁了将近30年！30年——美国换了6届总统，日本成了经济大国。倘若没有两次主要对准知识分子的大折腾，我们的经济是不是早该翻两番？
>
> ——《30年沉冤平反记》①

上引这段文字，是通过一个经历了“反右”与“文革”两场政治斗争磨难的知识分子段之大30年的人生经历，感叹中国经济发展受政治运动影响而落后西方与日本三十年的现实，从而深刻地说明了一个道理：对准知识分子的政治折腾是中国经济发展走向崩溃的根本原因，中国要想发展经济，追赶西方发达国家，国民生产总值实现翻两番的目标，再也不能搞政治运动了。知识分子经不起折腾，中国经济更是经不起折腾。

这段文字虽然篇幅不长，但所讲的道理却非常深刻，促人警醒，令人深思，而且说服力也特别强。那么，为什么会有这种效果呢？这主要是因为作者运用了一种“换算”修辞策略，将三十年换算成具体可感的现实，从而化抽象为具象，让人由此及彼，通过联想与想象，清楚地意识到三十年对于一个人与一个国家是多么重要。值得提起的是，作者在运用“换算”修辞策略时，对换算的对象是有选择的。他没将中国经济发展停滞的三十年与中国古代或其

① 转引自谭永祥：《汉语修辞美学》，北京语言学院出版社1992年版，第254页。

他时期的情况进行对比，而是将之与美国政坛的变化与日本经济的发展相换算，让接受者经由美国政府换届与国家经济发展的进步成果、日本经济从二战废墟上迅速崛起的事实，自然而然地产生联想，从而由此及彼，想到这样一个问题：假如中国也像美国一样，每届政府都有一定的经济发展目标，并扎实予以推进，那么三十年时间内各届政府又能做多少事情呢？中国经济发展会到达什么样的一个水平呢？假如新中国建立后就专注于经济民生问题，那么与日本几乎同步从战后废墟上起跑的中国经济又会怎么样呢？读者自然会在心中盘算得一清二楚。由此可见，同样是举例说理，若是结合“换算”修辞策略，放眼世界，从更大范围内举例，说理会更有力量。

六、天津与上海的垃圾

> 废旧物资的排泄不断积累，成了人类的沉重负担。就拿天津来说，全市一年工业垃圾 322 万吨，生活垃圾 160 万吨。有人测算了一下，如果不加清理，不出 50 年，就会把 153 平方公里的市区埋没在两米深的垃圾之下。上海市的工业垃圾和生活垃圾一年有 730 万吨，每十天的垃圾就可以堆成国际饭店那么大的体积。
>
> ——杨继绳《令人担忧的城市垃圾》

上引这段文字，是中国公共知识分子与资深记者杨继绳 20 世纪 80 年代就城市垃圾问题所生发的忧思。对照今日中国城市的垃圾问题，更是让人感慨万千。

随着中国经济的发展与城市化步伐的加快，垃圾问题已经是摆在国人面前不可回避的难题。因为它不仅与环境问题有关，更与人类生存问题有关。今天中国的环境污染问题已经严重到了人人自危的地步，PM2.5 指数成为像天气预报一样每日播报的内容，所以对于城市垃圾的无害化处理问题，大家当然有了清醒的认识。但是，在二三十年前，中国改革开放刚启动不久，经济发展也刚刚起步，绝大多数人几乎都还没有环境问题的意识。而作者杨继绳作为一名记者就已经敏锐地意识到了城市垃圾问题如果不能实现有效处理，将会成为人类的沉重负担，这是具有超前意识的。但是，超前意识往往不为大多数人所认同，因此作者提醒国人注意的环境问题也就不可能引起重视。为了向国人宣传环境保护的理念，说明城市垃圾有效处理的必要性，作者运用了“换算”策略，拿天津与上海这两座一北一南两大都市每年的工业垃圾量与生活垃圾量举例。天津市五十年的垃圾产出量虽然可以量化，并用数字表达，但是人们从抽象的数字中仍然不能有直观清醒的印象，因此，要让天津市民意识到五十年后天津市的环境问题有多严重，他们是没有感觉的。但是，将天津市五十年产出的垃圾数量换算成“153 平方公里的市区埋没在两米深的垃圾之下”，则任何人都会有感觉的，都会意识到问题的严重性了。同样，对于上海市的垃圾产出量可能造成的严重后果，作者也采用了化抽象为具象的表达，将上海市每十天的垃圾量与上海市标志性建筑国际饭店的体积进行换算，让上海市民对于上海垃圾问题不予以处理可能造成的严重后果有了更直观的印象，从而可以极大地唤醒上海市民的环保意识，增强作者意欲宣传的环保理念的说服力。我们今天重读作者这篇文章，仍有振聋发聩的感觉，正是与作者举眼前事为依据，以“换算”策略说理有关。

七、中国水资源的现状与忧患

我国水资源总量为 2.8 万亿立方米，居世界第六位，但人均占有量只有 2 300 立方米，约为世界人均水平的四分之一，排在世界第 121 位，是世界上 13 个贫水国家之一。我国水资源南多北少，东多西少，与人口、耕地、矿产等资源分布极不匹配。长江以北水系的流域面积占全国国土总面积的 63.5%，其水资源量却只占全国的 19%；西北内陆河地区面积占 35.3%，水资源仅占 4.6%。干旱缺水成为我国尤其是北方地区的主要自然灾害。我国受季风气候的影响，降雨量年内分配极不均匀，大部分地区汛期连续4个月降水量占全年总量的70%左右，往往造成汛期供水成灾。总之，由于自然条件和地理因素，使得我国成为一个洪涝灾害频繁、水资源短缺、生态环境脆弱的国家。

……

近几年，我国水体水质总体上呈恶化趋势。1980年全国污水排放量为310多亿吨，1997年为584亿吨。受污染的河长也逐年增加，在全国水资源质量评价的约10万公里河长中，受污染的河长占46.5%。全国90%以上的城市水域受到不同程度的污染。目前，全国水土流失面积367万平方公里，占国土面积的38%；北方河流干枯断流情况愈来愈严重，黄河进入90年代年年断流，平均达107天。此外，河湖萎缩，森林、草原退化，土地沙化，部分地区地下水超量开采等问题，严重影响了水环境。

上引两段文字，是时任国家水利部部长汪恕诚1999年发表的署名文章《节约和保护水资源是我国的一项重大国策》中的一部分。[①]

这篇文章的主旨是论述节约和保护水资源对于中国国家安全与民生的重要性。为了引起国人对这个问题的重视，增强节约用水与保护水资源的意识，认识水资源对我国经济社会持续发展的战略意义，作者采用了以事实为依据来说理的方法，通过列举一系列的统计数据，让严酷而不可回避的现实一一呈现在国人的面前："我国水资源总量为2.8万亿立方米，居世界第六位"，表面看起来令人乐观，但是"人均占有量只有2 300立方米，约为世界人均水平的四分之一，排在世界第121位，是世界上13个贫水国家之一"；我国水资源分布不平衡，"长江以北水系的流域面积占全国国土总面

① 参见 http://www.mwr.gov.cn/zwzc/ldxx/jnc/zyls/199903/t19990313_124839.html，文章刊于国家水利部网站，发布时间为1999年3月13日。

积的63.5%，其水资源量却只占全国的19%；西北内陆河地区面积占35.3%，水资源仅占4.6%”，因而使“干旱缺水成为我国尤其是北方地区的主要自然灾害”；由于经济发展过程不重视环保问题，导致了本来就不足的水资源受到了严重污染，全国水体水质日益恶化，“1980年全国污水排放量为310多亿吨，1997年为584亿吨。受污染的河长也逐年增加，在全国水资源质量评价的约10万公里河长中，受污染的河长占46.5%。全国90%以上的城市水域受到不同程度的污染”，城市居民的生活用水也变得非常困难；由于长期以来过度开发，“全国水土流失面积367万平方公里，占国土面积的38%；北方河流干枯断流情况愈来愈严重，黄河进入90年代年年断流，平均达107天”。这些统计数据被一一列举出来，就像一颗颗引爆的炸弹，使国人的心灵受到了强烈震撼，情不自禁地反思起我们以前的所作所为，从而真正意识到节约用水、保护水资源的迫切性与重要性，“灵魂深处闹革命”，加强环保意识，转变思想观念，彻底改变粗放的经济发展模式，以期实现中国经济社会的可持续发展。作为国家水利部部长，作者如果不是以事实说话，以数据说理，而是从理论到理论，空谈节约用水、保护水资源的重要性，那肯定是不具有说服力的，只会被国人认为是在打官腔，是苍白无力的说教。十多年过去了，作者这篇文章的观点之所以还被国人不断提起，关键的因素就是它具有极大的说服力。而这说服力的源泉，则是文章所依据的事实，即一系列不容置疑的统计数据。事实固然有胜于雄辩的效果，但数据则更有令人不容置疑的说服力量。

八、李德伦爬楼说足球

几年前，北京体育界、文艺界开联谊会，讨论到中国的足球运动。著名交响乐指挥家李德伦兴冲冲赶来，即兴“侃”起来：“我今年71岁，刚才我上五楼啊，基本上是一口气跑上来的。到了最后一层，我怕进来喘，不好说话，就稍等了一下。我体重116斤，您试试看，您能背一

个一百来斤的口袋上来，爬五层楼，您怎么着，有我这么快吗？不见得会比我快。（众笑）我靠的是什么呢？是踢足球。”（众大笑）

上引这段文字，是李德伦在一次体育活动联谊会上演讲的开场白①。其中心意思是说，要想身体好，就须踢足球。虽不免带有说教的意味，但表达幽默，且极具说服力。

李德伦（1917—2001），是中国音乐界非常知名的交响乐指挥家，中国音乐家协会副主席、中央乐团（中国交响乐团前身）艺术指导和常任指挥。他少年时期是学钢琴和小提琴的，就读辅仁大学时还曾参加过学生管弦乐团的演奏。1940 年，考入国立上海音乐专科学校（上海音乐学院前身），学习小提琴。1943 年从国立上海音乐专科学校毕业后，奔赴延安，在延安中央管弦乐团当指挥。1949 年后，先后在北京人民艺术剧院、中国歌剧舞剧院任音乐指挥。1953 年起，公派留学苏联，在莫斯科柴可夫斯基音乐学院指挥系学习，师从著名指挥家阿诺索夫（Nlkolai Anosov）教授攻读研究生学位。1956 年参加“布拉格之春”音乐节的演出。1957 年学成归国，担任中央交响乐团指挥。曾作为客席指挥，“先后指挥过苏联列宁格勒、莫斯科等城市的 20 多个乐团，并去芬兰、捷克、古巴等国指挥”，“1980 年获中国文化部授予的指挥荣誉奖，1985 年任巴黎梅纽因国际小提琴比赛评委，1986 年任莫斯科第八届柴可夫斯基国际大提琴比赛评委，同年获匈牙利政府文化部授予的李斯特纪念奖章，1997 年获俄罗斯总统叶利钦颁发的友谊勋章”②。

李德伦既非足球运动员，也非体育界的名人，而是一个专业的音乐人，怎么谈足球问题那么有说服力呢？这主要是因为他知道自己的身份，谈踢足球运动对身体的好处，谈中国需要发展运动的意

---

① 转引自孙玉茹：《让即兴演讲“兴”更浓》，《演讲与口才》1997 年第 2 期，第 23 页。

② http://baike.baidu.com/link?url = 9ku1P2GByjl8MrEODMzphmTsUEZTz9jyDqTWZHF6MBfrIyJ1I - rNejhMz6cDlktx，百度百科“李德伦”条。

义，不是以专家的口气来说话，而是以自己是一个71岁老人能够一口气上五楼的身体状态为例，用事实说话，说明足球运动对身体健康的好处。这种摆事实讲道理的方法，既显得有极强的说服力，又显得亲切感人。同时，演讲者还将自己体重116斤比作是一百来斤的口袋，然后以“设问”修辞策略，自问自答：“您试试看，您能背一个一百来斤的口袋上来，爬五层楼，您怎么着，有我这么快吗？不见得会比我快”，“我靠的是什么呢？是踢足球”，自然而然地将所要宣达的理念表达出来，既生动形象，又幽默诙谐，从而不露痕迹地消解了此次演讲为宣传足球运动的嫌疑，可谓寓庄于谐，宣传效果极佳。可见，讲道理并不总是令人头大，关键是看怎么讲。讲得巧妙，不仅不令人讨厌，反而让人乐于接受，并觉得愉快。如果讲道理能达到李德伦这样的水平，那可谓达到了说服力的最高层次。

九、村委会主任的“竞选纲领”

湘南某村正在进行村民委员会换届选举。五位候选人依次在台上进行竞选村委主任的演讲，老郭最后一位上场。大家原以为他也会和其他四位候选人一样发表“施政纲领”，但出乎意料，他的演讲全文如下：

“我只讲两句话。第一句，如果大家选我干，我一定玩命干，好好干，干好这三年。第二句，如果大家不选我，我屋里还有两万斤谷，四百只鸭，每年也有两万块钱的收入。我讲的完了。”

质朴的语言，赢来在场村民一片会心的笑声。在此后的投票选举中，老郭以得票最多顺利当选。

——邹红华《简短质朴的大实话》①

① 参见《演讲与口才》1999年第2期，第28页。

上引这段文字，讲的是中国 20 世纪 90 年代农村基层选举的故事，在同台竞争的五人中，说话最少的老郭最终赢得了选举，顺利当选为村委会主任。那么，这是为什么呢？

村委会主任的选举，是中国农村的基层选举。虽然选举竞争的职务只不过是一个管理方圆几里或十几里地、人口几百人的小小村官，但与西方社会的各层次选举模式却完全一样，同样要面对选民发表竞选演说，提出自己的“施政纲领”，端出任期内要兑现给选民的承诺，以此让选民有所比较与选择，最终投下他们神圣的一票，决出胜利者。故事中的老郭，是湖南南部乡下一个地道的农民老伯，因为有志于改变家乡的落后面貌，为村民造福，所以就报名参加了村委会主任的竞选。与同台竞争的另四位候选人一样，在投票选举前，老郭也照例发表了一通竞选演说。不过，与其他四位候选人不同的是，老郭的竞选演说没有长篇大论地描绘未来的美好蓝图，也没有具体承诺就职后要给乡亲们带来多少具体的实惠，而是用短短两句话，向乡亲们明确表态。第一句话：“如果大家选我干，我一定玩命干，好好干，干好这三年”，是从正面表态，希望大家给他投票，语气恳切，但不卑不亢，绝对没有急吼吼想做官的样子。第二句话：“如果大家不选我，我屋里还有两万斤谷，四百只鸭，每年也有两万块钱的收入”，是从反面表态。表面上好像是说，大家如果不选他，他也不怪大家。实际上，则是柔中有刚、弦外有音地告诉大家：不投票给他，不是他的损失，而是乡亲们的损失。因为他这句话中提到的数据“我屋里还有两万斤谷，四百只鸭，每年也有两万块钱的收入”，已经不露痕迹地暗示了所有选民：只有他才是最有能力的。既然他自己能发财致富，自然也有能力带领大家发财致富。选民都是穷怕了的乡亲，急切盼望发财致富，听到老郭自露家底的财富数据，自然会相信他的创富能力。既然他有创富能力，为何不选择他呢？事实上，老郭竞选演说的两句话之所以会赢得选举，关键是他的修辞策略奏了效。这个修辞策略，便是我们上文反复强调的以事实为依据，用数据说话的举例说理方法。

十、美国人的感冒治理工程

> 在美国每年有5亿人次得过此病。为此，我们浪费了3 200万个工作日，因病卧床1亿零500万天。为了缓和其病症——咽喉痛、打喷嚏、咳嗽、高烧和头痛，我们花费了100万美元。那么，这是种什么病呢？这就是一直以来人尽皆知且很平常的病——感冒。

上引这段文字，是一位美国演讲者谈到感冒病症对于人们工作、生活乃至国家经济发展的严重影响时所说的一番话①，令人印象非常深刻。

说到感冒，我们每个人都不陌生，它是一种最平常却又极其令人烦忧的疾病。稍有些医学常识的人都会知道，感冒实际上分为两种。一是普通感冒，中医称之为“伤风”，是一种上呼吸道感染疾病，一般都是由多种病毒引起的。其中，“30%～50%是由某种血清型的鼻病毒引起。普通感冒虽多发于初冬，但任何季节，如春天、夏天也可发生，不同季节的感冒的致病病毒并非完全一样”②。二是流行性感冒，“是由流感病毒引起的急性呼吸道传染病。病毒存在于病人的呼吸道中，在病人咳嗽、打喷嚏时经飞沫传染给别人”③。今日我们畏之如虎的各种类型的禽流感，也属于这一类。它“是由禽流感病毒引起的人类疾病。禽流感病毒，属于甲型流感病毒，根据禽流感病毒对鸡和火鸡的致病性的不同，分为高、中、低/非致病性三级。由于禽流感病毒的血凝素结构等特点，一般感染禽类，当病毒在复制过程中发生基因重配，致使结构发生改变，获得感染人的能力，才可能造成人感染禽流感疾病的发生。至今发现能直接感染人的禽

---

① 转引自陈新良编译：《演讲入题的几种方法》，《演讲与口才》2001年第11期，第22页。

② http://baike.baidu.com/view/26611.htm，百度百科“感冒”条。

③ http://baike.baidu.com/view/26611.htm，百度百科“感冒”条。

流感病毒亚型有：H5N1、H7N1、H7N2、H7N3、H7N7、H9N2 和 H7N9。其中，高致病性 H5N1 亚型和 2013 年 3 月在人体上首次发现的新禽流感 H7N9 亚型尤为引人关注，不仅造成了人类的伤亡，同时重创了家禽养殖业。”① 可见，传统观念上我们视如家常便饭的感冒，发展到今天已经是危及人类健康乃至生命的最大杀手了。因此，解决感冒问题确实是到了刻不容缓的程度。

上面引用的那位美国演讲者的演讲，全篇所要宣达的主旨是要向世人说明这样一个理念：感冒不是可以等闲视之的平常病，而是需要人类共同面对的最危险而又最易轻忽的健康杀手。为了引起听众的注意，加强说服力，使大家认识到感冒问题对于人类健康与社会发展的严重危害性，演讲者既没有从医学上理性地分析感冒对人体健康的危害性，也不举个案予以论证，而是以集约化的统计数据来呈现：美国只有 3 亿多人口，却“每年有 5 亿人次得过此病”。由此数据，接受者就能了解感冒在美国是多么普遍的疾病。感冒虽然不是什么大病，但却为此浪费了美国人“3 200 万个工作日，因病卧床 1 亿零 500 万天”。由此数据，接受者又能从中了解感冒对美国人的生产生活与社会经济发展产生的影响有多严重。得了感冒就得医治，“为了缓和其病症——咽喉痛、打喷嚏、咳嗽、高烧和头痛”，美国人每年“花费了 100 万美元”。由此数据，接受者又清楚地了解到感冒是怎样加重美国人的经济负担的。由于以数据为证，演讲者所要宣达的演讲主旨也就具有了不可辩驳的说服力，听讲者对于习以为常的感冒的危害性就不可能不引起重视了。如果演讲者不以集约化的统计数据为论据，而是举一个个家庭或个人患感冒的情况为例，虽然听来显得比较真切，容易感动听众，但却不能从宏观上说明问题，说服大家要注意感冒问题的力量就显得不足。可见，以事实为依据，举例说理，到底是用具体事例还是用统计数据，需要视情况而定，不能一概而论。

---

① http://baike.baidu.com/view/10594565.htm?fromId=8863，百度百科“禽流感”条。

第五章　以逻辑的力量征服人心

在日常生活中，我们会发现有时我们跟别人讲道理，或是为了推阐自己的某一观点或主张而去说服他人，一时并不容易找到可以作为论据的现实事例，或是可以据以弹压他人的古人古事，或是可以借以慑服他人之心的祖宗之言。为此，我们只能跟他人纯粹讲理。所谓纯粹讲理，就是以逻辑的力量征服他人之心。具体说来，就是以大家都认同的公理为前提，按照逻辑规则进行推理，以此得出自己所要宣达的结论。

不过，应该说明的是，运用这种方法说理，需要注意对象。比方说，对于心智还不够健全的孩子，我们就不能跟他讲抽象的大道理。我们可以跟他说“一根筷子能够折断，一把筷子就难以折断”，但不能跟他说“形成合力，才能增强自身的力量”，或是直言“团结就是力量。”又比方说，跟没有文化或没有经过较好的逻辑训练的人打交道，如果我们要说服他，最好以生动形象的语言，千万不要以“如果……就”、“只有……才”之类的逻辑推理句式。我们可以说“留得青山在，不怕没柴烧”，但不要说“保存实力，才能徐图未来”；我们可以说“水滴石穿”，但不要说“持之以恒，就能最终达成目标”。因为不同的人在心智发育、文化水平与思维定式等方面都有差别，只有适应特定的交际对象，准确把握其心理，有的放矢地选择说理方法，才能使自己所讲之理具有说服力。

一般说来，以逻辑的力量征服人心，即以逻辑推理的方式说理，大多发生在社会的上层人物或是知识分子等理性较强的人之间。因为这些人大多受过较好的文化教育，或是受过西方逻辑思维的训练，他们习惯了按逻辑规则推理，甚至津津乐道于由前提到结论的推导过程。

下面我们就从古今中外贤哲的言语实践中举例，看看他们是如何以逻辑的力量征服人心，说服他人的。

一、阳货劝孔子做官

阳货欲见孔子，孔子不见，归孔子豚。孔子时其亡也，而往拜之，遇诸途。

谓孔子曰："来！予与尔言。"

曰："怀其宝而迷其邦，可谓仁乎？"

曰："不可。"

"好从事而亟失时，可谓知乎？"

曰："不可。"

"日月逝矣，岁不我与。"

孔子曰："诺，吾将仕矣。"

——《论语·阳货十七》

上引文字，说的是这样一个故事：春秋时代，鲁国的朝政由权臣季孙氏把持。而季孙氏又受制于其家臣阳货。虽然阳货在鲁国气焰张天，但他毕竟是一个奴才，所以讲究出身、讲究名分的孔子虽然穷愁潦倒，却是打心眼里看不起阳货。阳货心里也明白这一点，但是他毕竟是政治人物，知道笼络人心，整合各种政治力量为己所用的道理。当时，孔子虽然没权没势，但兴办私学，招揽天下英才到自己门下，声势颇是浩大，渐渐就有了名气与影响。他所收的弟子中也确有不少是人才，有的已经走上了仕途，在鲁国及周边各国任职。于是，阳货就想从拉拢孔子入手，然后将他的弟子们都延揽到自己手下，为其所用，最终取鲁国国君而代之。阳货是个行动力很强的人，想到就立即付诸行动，他找了一个时间登门去拜访孔子，还带了一只名贵的烤乳猪作为见面礼。孔子知道阳货的用意，就避而不见。阳货无奈，只得留下那只烤乳猪。阳货走后，孔子看到那只烤得香喷喷的乳猪，心有所动。他是个美食家，曾公开声称：肉不新鲜不吃，切得不正不吃，没有好作料也不吃。对于送上门来的烤乳猪，他岂肯轻易再送回去？于是，他灵机一动，想出了一个妙计，先收下烤乳猪，再找一个时间趁阳货不在家时回访。这样，就既坚持了避见阳货的原则，又不失礼尚往来的礼数。打定主意后，孔子找了一个时间，确定阳货出门不在家时，赶着马车就去拜访阳货了。没想到，在回家的路上，却意外地遇到了阳货。

阳货一见孔子，立即趾高气扬地叫住孔子道："过来，我跟你说句话。"

孔子见阳货这副架势与口气，打心眼里厌恶，于是就没搭理他。

可是，阳货却不管这一套，径直说道："胸藏锦绣，有治国安邦之策，却坐视国家政治混乱而不闻不问，这能算是仁吗？"

孔子虽然觉得阳货说得有理，但不满意他居高临下的口气，所以还是不搭理他。

阳货见此，遂自己回答道："不能算是仁。"

顿了顿，见孔子还是不说话，阳货又接着说道："有参与国家政事的愿望，却又屡屡错失了机会，这能叫智吗？"

孔子仍然不接话。

阳货再次替他回答道："不能算是智。"

见孔子仍然不肯接话，阳货只得叹口气说道："日子一天天过去了，时间不等人呀！"

听到这里，孔子终于被说动了，遂感叹地说道："好，我准备出来做官了。"

从上面的故事，我们可以清楚地看出，孔子虽然打心眼里瞧不起阳货，但最终还是被阳货说服，答应出来做官了。那么，阳货为什么能够成功劝说孔子？他的话为什么具有很强的说服力？这与阳货采用的说理方法有关。阳货不像孔子，他没有多少文化，因此他说服孔子出来做官，不可能稽引三皇五帝的历史典故，也无法援引先王前贤的至理名言，因此他说服孔子只有一个办法，直接跟他讲理，以逻辑的力量征服他，从心理上彻底击败他，让他不得不面对现实，重新选择人生的路径。事实上，阳货以逻辑推理的方法说服孔子是非常成功的。他深知孔子为人，了解他喜欢讲“仁”讲“知”（智），所以他就抓住这两点，并以此为突破口，跟他讲道理。阳货问孔子的第一句话：“怀其宝而迷其邦，可谓仁乎”，是个反问句。若要还原成陈述句，则是“怀其宝而迷其邦，不可谓仁”，意谓：孔子不出来做官，置国家混乱于不顾，就是不仁。阳货问孔子的第二句话：“好从事而亟失时，可谓知乎”，也是个反问句。还原成陈述句，便是“好从事而亟失时，不可谓知”，意谓：孔子心里想参与国家政事，但却总是错失良机，就是不智。阳货的这两句话，孔子都没有反驳，等于是默认了其正确性。正因为如此，阳货便有理由将这两句话当作彼此认同的公理，并以此作为接下来推理的前提条件，从而自然而然地推导出一个结论：“如果认为自己是仁者、智者，就应该出来做官，在职任内践行自己的政治主张。”孔子是个理性的人，阳货的逻辑推理毫无纰漏，无懈可击，因此他就不能不服膺其劝说的逻辑力量，心悦诚服地接受阳货的意见出来做官了。可见，以逻辑推理的方法说理，说服力既直接又强大，也是值得重视的一种说理方法。

二、邹忌与齐王拉家常

邹忌修八尺有余，而形貌昳丽。朝服衣冠，窥镜，谓其妻曰：“我孰与城北徐公美？”其妻曰：“君美甚，徐公何能及君也！”城北徐公，齐国之美丽者也。忌不自信，而复问其妾曰：“吾孰与徐公美？”妾曰：“徐公何能及君也？”旦日，客从外来，与坐谈，问之：“吾与徐公孰美？”客曰：“徐公不若君之美也！”明日，徐公来，孰视之，自以为不如；窥镜而自视，又弗如远甚。暮寝而思之，曰：“吾妻之美我者，私我也；妾之美我者，畏我也；客之美我者，欲有求于我也。”

于是入朝见威王，曰：“臣诚知不如徐公美。臣之妻私臣，臣之妾畏臣，臣之客欲有求于臣，皆以美于徐公。今齐地方千里，百二十城，宫妇左右莫不私王，朝廷之臣莫不畏王，四境之内莫不有求于王：由此观之，王之蔽甚矣。”

王曰：“善。”乃下令：“群臣吏民能面刺寡人之过者，受上赏；上书谏寡人者，受中赏；能谤讥于市朝，闻寡人之耳者，受下赏。”令初下，群臣进谏，门庭若市；数月之后，时时而间进；期年之后，虽欲言，无可进者。燕、赵、韩、魏闻之，皆朝于齐。此所谓战胜于朝廷。

——《战国策·齐策一》

上引文字，说的是这样一个故事：邹忌是战国时代齐国的一介书生，因为鼓琴游说齐威王，而被任为齐国之相，后被封侯。齐威王在邹忌的辅佐下，取得了不少成绩，齐国的国力也大幅提升了。慢慢地，齐威王就开始骄傲与懈怠了。邹忌作为齐国之相，看在眼里，急在心里，遂寻思怎样有效地说服齐威王，让他察纳雅言，虚心听取臣民的谏议，锐意革新，选贤任能，以图齐国的长治久安。但是，寻思了很久，邹忌也没想到什么好的进谏理由。

有一天，邹忌与往常一样，早晨起来，穿好朝服，戴上朝冠，对着镜子端详了一番，发现自己身高八尺有余，仪表堂堂，确实称得上是个美男子。正好当时他对镜端详时妻子也在身边，于是，邹忌就顺口问道：“我跟城北徐公，到底谁更英俊？”

妻子不假思索地回答道：“您太英俊了！徐公怎么能比得上您呢？”

城北徐公，是齐国公认的美男子。邹忌虽然也算长得不错，别人也常恭维他是美男子，但他觉得还差了一点。所以，听了妻子的话，他并不完全相信，而是半信半疑。于是，邹忌又去问他的小妾道：“我跟城北徐公，到底谁长得更英俊？”

小妾见问，也是不假思索地回答道：“徐公怎么比得上您英俊呢？”

邹忌听小妾也这样说，于是就高兴地上朝理政去了。

第二天一大早，邹忌还没来得及去上朝，就有远客来访。邹忌招待他坐下，跟他谈话。谈了一会儿，邹忌又记起前一天窥镜自照的事，遂顺口问客人道："我跟城北徐公，到底谁更英俊一些?"

客人听邹忌突然问到这个问题，虽然觉得有些奇怪，但还是不假思索地回答道："徐公不如您长得英俊!"

于是，邹忌又高兴地上朝去了。

说来也是凑巧，就当邹忌自信满满地以为自己真是齐国第一美男子时，第二天城北徐公就来拜访他了。邹忌见徐公来访，立即热情接待。待到徐公坐定，邹忌对他仔细打量了一番后，还是觉得自己不如他英俊。徐公走后，邹忌又去揽镜自照，觉得比徐公差得远了。这天夜里，他为此失眠了。经过一夜的辗转反侧，邹忌终于想通了其中的原因："妻子赞美我，是因为偏爱我；小妾赞美我，是因为害怕我；客人赞美我，是因为有求于我。"

带着一夜无眠的思想成果，邹忌立即穿衣戴帽，入朝面见齐威王去了。一见齐威王，邹忌就跟他说起了自己的故事，然后总结说："臣知道自己确实比不上城北徐公英俊。但是，因为臣妻偏爱臣，臣妾害怕臣，臣的客人有求于臣，所以他们明知臣比不上城北徐公英俊，却都异口同声地硬说臣比城北徐公英俊。现在，齐国土地方圆千里，城池一百二十座，宫中妇人没有一个不敬爱大王，朝廷之臣没有一个不怕大王，齐国境内没有人不有求于大王。由此看来，大王所受的蒙蔽远比臣厉害多了。"

齐威王听完邹忌的故事与这番类比，终于明白了他的意思，于是脱口而出道："说得好!"

于是，齐威王立即下令，诏告齐国全境："朝廷群臣、各级官吏以及普通百姓，能够当面批评寡人过错的，受上等奖赏；上书给寡人提意见的，受中等奖赏；能够在集市街巷大庭广众之中批评寡人，而让寡人听到的，受下等奖赏。"

齐威王这道命令刚颁布时，群臣上朝进谏的络绎不绝，齐威王的朝堂门庭若市。但是，几个月后前来进谏的人就没那么多了，只是断断续续的。满一年之后，即使有想给齐威王提意见的，也觉得无意见可提了。由此，齐国大治。燕、赵、韩、魏等诸侯国听到这个消息后，都纷纷前往齐国朝见齐威王。这就是邹忌所谓的“战胜于朝廷”。

读了上面的故事，相信所有人都会由衷地佩服邹忌的说服能力。那么，他谏说齐威王的说服力是怎样产生的呢？仔细分析一下上述故事的情节，我们便能明白其中的原因。表面看起来，邹忌说服齐威王，用的是举例说理的方法，与我们平常说服他人的方法没有什么两样。但是，实际上并非如此。邹忌给齐威王进谏所说的故事，确实是他自身的经历，是现实的事例。但是，这个事例本身并没有直接充当说服齐威王开门纳谏的论据，而只是用来建构一个假言推理的充分条件。也就是说，邹忌跟齐威王所说的故事，只要齐威王相信是真的，不能提出质疑，那么，这个故事本身就可以论证邹忌接下来所说的话是成立的，即齐威王确实是受到了群臣、宫妃与所有有求于他的人的蒙蔽。因为邹忌不如城北徐公美，这是邹忌与齐威王乃至所有齐国人都能看见的客观事实；邹忌的妻、妾、客人都异口同声地说邹忌美于城北徐公，这是发生在邹忌身上的客观事实。这两个客观事实的对比，得出了一个结论：邹忌受到了妻、妾与客人的蒙蔽。既然邹忌作为齐国之相，尚且受到如此蒙蔽，那么齐威王权势更大，岂能不受到更多人的蒙蔽？同时，邹忌为证明这一点所举的三个事实都是真实的：齐国方圆千里是事实，齐威王宫妃都爱齐威王是事实，齐国有很多人都有求于齐威王是事实。这三种客观事实，正好对应了邹忌自己所讲故事中相应的三个客观事实。于是，邹忌前面所讲的故事便在逻辑上充当了他后一段对齐威王处境陈述的充分条件。只要“邹忌受到了蒙蔽”这个充分条件成立，那么自然就能推导出“齐威王受到了更大的蒙蔽”这一结论。这种逻辑推理过程，由于本身带有类比的性质，加上充当假言推理充分条件的故事有引人入胜的效果，所以说服力就格外大。齐威王能被邹忌说服，一点也不奇怪。这里，我们可以再次看出逻辑推理强大的说服力。

三、孟子觉得义比生命更重要

> 鱼，我所欲也；熊掌，亦我所欲也。二者不可得兼，舍鱼而取熊掌者也。生，亦我所欲也；义，亦我所欲也。二者不可得兼，舍生而取义者也。生亦我所欲，所欲有甚于生者，故不为苟得也；死亦我所恶，所恶有甚于死者，故患有所不辟也。如使人之所欲莫甚于生，则凡可以得生者何不用也？使人之所恶莫甚于死者，则凡可以辟患者，何不为也？由是则生而有不用也，由是则可以辟患而有不为也。是故所欲有甚于生者，所恶有甚于死者。非独贤者有是心也，人皆有之，贤者能勿丧耳。
>
> 一箪食，一豆羹，得之则生，弗得则死。呼尔而与之，行道之人弗受；蹴尔而与之，乞人不屑也。万钟则不辨礼义而受之，万钟于我何加焉！为宫室之美，妻妾之奉，所识穷乏者得我与？乡为身死而不受，今为宫室之美为之；乡为身死而不受，今为妻妾之奉为之；乡为身死而不受，今为所识穷乏者得我而为之：是亦不可以已乎？此之谓失其本心。
>
> ——《孟子·告子上》

上引文字，是孟子对儒家生死义利观的论述。宋人朱熹《孟子集注》阐释其微言大义说："此章言羞恶之心，人所固有。或能决死生于危迫之际，而不免计丰约于宴安之时。是以君子不可顷刻而不省察于斯焉。"全文意思，大致如下：

鱼是我想吃的，熊掌也是我想吃的。两样不能同时获得，我就会舍鱼而取熊掌。活着，是我执着希望的；道义，也是我希望坚持的。如果两样不能同时坚持，那么我就舍弃生命而坚守道义。

活着，是我执着的追求。但执着追求的，其实还有比活着更为重要的。正因为如此，我不愿意做那些苟且偷生之事。死，是我所讨厌的。但令人讨厌的，还有比死更厉害的。所以，有些祸患我并不因为畏死而逃避。

人们所想要的，如果没有比活着更重要的，那么凡是能够让人们设法存活下来的方法，就没有什么不能用的了。人们所厌恶的，如果没有比死亡更严重的，那么凡是能够求生而避患的手段，就没有什么不可用的。然而，事实上人们往往有求生存活的办法却不用，有避祸免死的方法却不想。可见人们所想要的，有比活着更重要的；人们所厌恶的，有比死亡更严重的。这种观念，不仅仅是贤德者有，普通人也都有，只是贤德者能够坚守这种观念不放弃而已。

一筐饭，一杯汤，得到就能存活，得不到就会饿死。但是，如果饭食是吆喝着施舍给人，就是过路的饿汉也不愿领受；如果饭食被踩踏过而踢着施舍给人，就是乞丐也不屑一顾。最高的官位、最丰厚的俸禄，如果不问是否符合道义就接受了，那么这种高官厚禄得之何益呢？难道仅仅是为了宫室的华美、妻妾的侍奉，或者是为了让所认识的穷人都得到好处而感激自己吗？从前为了坚守道义宁死也不愿接受的，现在为了宫室的华美而接受了；从前为了坚守道义宁死也不愿接受的，现在为了妻妾的侍奉而接受了；从前为了坚守道义宁死也不愿接受的，现在为了所认识的穷人感激自己而接受了，这样的行为难道不应该停止吗？如果不停止这样的行为，那就是丧失了人性固有的羞恶之心。

我们可以清楚地知道，孟子上面的这番话，其所要阐述的主要观点是“义比生命更重要”。这一观点，在第一段文字中已经说得非常清楚。因为这段话前后两句，从表达上看是个“比喻”（属于“引喻”），前句“鱼，我所欲也；熊掌，亦我所欲也。二者不可得兼，舍鱼而取熊掌者也”，是“喻体”，居前用以引出“本体”，从而说明后句的语义。后句“生，亦我所欲也；义，亦我所欲也。二者不可得兼，舍生而取义者也”，则是比喻的“本体”，是前句所要突显的本意所在。从逻辑上看，这两句又是一个隐含的类比推理。前句的逻辑推理思路是：鱼和熊掌都是大家喜欢吃的食物（前件），但是熊掌要比鱼珍贵（后件），所以在二者不可得兼时，人们必然会舍弃鱼而选择熊掌（结论）。后句的逻辑推理思路乃是对前句的复制，其推理过程是：求生与守义都是做人最看重的（前件），但是守义比求生更重要（后件），所以求生与守义不能同时兼顾时，舍生取义乃是做人的必然选择（结论）。不过，应该指出的是，前后两句逻辑推理的思路虽然完全相同，但在结论成立基础的坚固度上却大相径庭。前句的结论几乎无人会提出质疑，因为它据以推理的两个条件，即“鱼和熊掌大家都喜欢吃”（前件）与“熊掌比鱼珍贵”（后件），都是客观事实，属于不证自明的公理。所以，结论“二者不可得兼，舍鱼而取熊掌”就显得充分而理所当然。之所以是理所当然，这是由人的本性决定的，而人的本性乃是一种先天的本能，具有不可置疑的合理性。但是，后句的情况则完全不同。从条件与结论之间的关系上看，后句的两个前提条件都缺乏不容置疑的权威性，难以支撑结论。因为在第一个前提条件（即“求生与守义都是做人最看重的”）中，两个并列项“求生”、“守义”在人们的心目中的价值是不同的。“求生”是人性的本能，但“守义”则不是人性的本能，而是要靠后天非常艰难地修养才能达成。正因为如此，这个前提条件本身就难以成立。至于后一个前提条件（即“守义比求生更重要”），则更是一个不符合客观现实的伪命题，完全不能成立。既然用以支撑结论的两个前提都不能成立，那么其结论“求生与守义不能兼顾，舍生取义乃是做人的必然选择”，就没有成立的基础。既然如此，那么，孟子所要推阐的主要观点“义比生命更重要”就势必不能成立了，因而要说服别人坚守道义的目的就难以达成了。但是，事实上则不然。只要读过孟子上述这番话，大家都会认同他的观点。因为他开篇的这个比喻文本在推阐其主旨观点方面具有强大的逻辑力量。

前面我们说过，孟子用以表述其主旨观点的句子是个比喻，非直陈本意的陈述句。众所周知，比喻在表达上有生动形象的效果，但在说理上未必会比直陈本意的陈述句增加出多少说服力。孟子用比喻说理的高明之处在于，他用“喻体”说明“本体”不是追求生动形象的效果，而是将“喻体”暗中打造成他类比推理的逻辑理据，通过“本体”与“喻体”在性质上的相似关系，使其内部的组成因子形成一一对应的关系，即“生”对“鱼”，“义”对“熊掌”，“弃鱼而取熊掌”对“舍生而取义”，进而让“本体”句隐含的原本不能成立的因果关系在可以成立的“喻体”句的掩护下，巧妙地绕过了接受者的视线，成功地“暗度陈仓”。如果没有“喻体”句的陪衬与掩护，而直接以“本体”来表达，“生，亦我所欲也；义，亦我所欲也。二者不可得兼，舍生而取义者也”一句所隐含的逻辑漏洞就暴露无遗了。既然有逻辑漏洞，那么句子所表达的观点就不能成立，当然也就不会有说服力了。可见，孟子之所以要用“引喻”手法来提出主旨观点，是有其深刻用意的，他是想通过比喻句中“本体”与“喻体”在性质上的相似性与对应性，制造一种打包捆绑的连带效应，让“喻体”先行，以其隐含的不容置疑的逻辑力量给接受者一种先发制人的心理震慑力。只要接受者承认了“喻体”句的合理性，就必然在心理上认同“本体”句的合理性。至于后面三段文字，孟子也是运用逻辑推理的方法来说理的，是从不同侧面对主旨观点“义比生命更重要”予以补强论证。

四、晁错认为“民贫则奸邪生”

圣王在上，而民不冻饥者，非能耕而食之，织而衣之也，为开其资财之道也。故尧、禹有九年之水，汤有七年之旱，而国无捐瘠者，以畜积多而备先具也。今海内为一，土地人民之众不避汤、禹，加以亡天灾数年之水旱，而畜积未及者，何也？地有遗利，民有余力，生谷之土未尽垦，山泽之利未尽出也，游食之民未尽归农也。

民贫，则奸邪生。贫生于不足，不足生于不农，不农则不地著，不地著则离乡轻家，民如鸟兽。虽有高城深池，严法重刑，犹不能禁也。夫寒之于衣，不待轻暖；饥之于食，不待甘旨；饥寒至身，不顾廉耻。人情一日不再食则饥，终岁不制衣则寒。夫腹饥不得食，肤寒不得衣，虽慈母不能保其子，君安能以有其民哉？明主知其然也，故务民于农桑，薄赋敛，广畜积，以实仓廪，备水旱，故民可得而有也。

——晁错《论贵粟疏》

上引文字，是西汉著名政治家晁错写给汉文帝的奏章，其主要意图是提醒汉文帝需要树立长远的战略眼光，思考两个有关国家长治久安的问题：一是重农贵粟，二是备战边患。上引两段文字主要涉及第一个问题。这两段文字的意思大致如下：

圣明的君主执政，老百姓没有温饱之忧，并不是因为执政的君主自己亲自耕地种田而供给了老百姓粮食，亲自纺纱织布而供给了老百姓衣物，而是制定了切实的政策，为老百姓开辟了生财之道。尧、禹当政时有九年水灾，商汤在位时有七年旱灾，国家都没有饿死之民，就是因为国家积贮充足，事先有所准备。现在天下一统，国土之广、人民之众都不输商汤、夏禹之时，加上没有水旱天灾，可是国家积贮反而比不了商汤、夏禹之时，这是为什么呢？因为还有许多土地资源没有得到利用，老百姓耕种的积极性还没有完全发挥出来，可以种粮之地没有开垦，山林河川之利没有充分产出，游手好闲之民没有全部回归农耕本业。

老百姓贫穷，温饱不能保证，就会作奸犯科，不能安分守己。贫穷的产生，在于财富不足；财富不足，则是源于不重视农业生产；不重视农业生产，则农民不愿意依附土地；农民不依附土地，就很容易离开家乡。老百姓背井离乡，就像鸟兽一样游荡在外面，即使有再高的城墙，再深的护城河，再严苛的刑法，也很难禁止他们流入城市。对于一个寒冷的人来说，他穿衣是不考虑既轻便又保暖的；对于一个饥饿的人来说，是不会讲究饭菜是不是美味可口的；面临饥寒，生存遇到危机，任何人都会不顾廉耻的。对于一个正常人来说，一天不能吃上两顿饭，就会觉得饥饿；一年不添置新衣服，就会受寒受冻。肚子饿了没东西吃，身上冷了没衣服穿，即使是仁慈的母亲也保护不了她的儿子，作为国君又岂能指望拥有老百姓呢？英明的君主懂得这个道理，所以他们重视让老百姓专注于农桑耕织，减轻赋税，加强积贮，以充实国库，防备水旱灾害的发生。这样，当然能够深得百姓之心，而拥有亿万之民了。

从文意上看，晁错的上面两段文字，前段只是铺垫，第二段才是正意所在。因为奏章是写给汉文帝的，目的是要他采纳其治国方略。因此，上奏者必须让阅读奏章的皇帝在开卷之始便内心一震，感受到上奏者上奏的理由非常充分。这大概就是作者不在第一段开宗明义、开门见山地直接亮出全文主旨的原因所在。事实上，由于作者在奏章开头一段抬出了老祖宗，以尧帝、夏禹、商汤等上古圣主的事迹说事，然后对比现实，在“不著一字”的情况下，含蓄而自然地提出一个问题：“现在我们的条件比上古尧、禹、商汤时代好多了，为什么老百姓的生活还不如那个时候呢?”由于这个问题的提出，是从今昔事实对比中自然产生的，本身就有一种不容置疑的逻辑力量，所以对于接受者汉文帝来说就有一种先声夺人的心理震慑效果，但又不至于显得突兀与刺激。正因为如此，接下来作者给出的答案“地有遗利，民有余力，生谷之土未尽垦，山泽之利未尽出也，游食之民未尽归农也”，就显得水到渠成了。由于有了这个答案作铺垫，接下来作者所要重点论述的主旨观点“务民于农桑，薄赋敛，广畜积，以实仓廪，备水旱”，就可以展开了。

那么，晁错是怎么展开这个观点的论述的呢？从上引文字看，晁错没有运用第一段那样将古人古事与现实人事进行比照的对比手法，即不采用常规的摆事实、讲道理的方法，而是纯粹从逻辑事理上予以论述。因为上一段文字已经婉转地指出了西汉王朝“民贫”的现实，所以晁错就紧扣住“民贫”这一点，并将之作为逻辑推论的起点，铺开了一系列如同连环扣式的因果关系推理。第一个因果推理是“民贫，则奸邪生”。“民贫”是“因”，“奸邪生”是“果”。“因”是上段论述已经论证过的客观事实，没有被质疑的余地。“果”则是未经证实的未然之事，需要时间的检验。也就是说，这个“果”是否真能成立，还有待商榷。但是，因果关系推理是最简单的推理，是人人都认同的普遍推理方式，因此“奸邪生”这个

“果”虽然是未然之事，但人们的日常生活与历史的经验都能为“民贫”与“奸邪生”之间的联系提供佐证。因此，在人们的潜意识与思维惯性的作用下，“民贫，则奸邪生”这一推论就非常容易被人认同。从第二段各句之间的关系看，这一推论的成立是至关重要的。因为它是以下诸多因果推理的起点，也是以下诸多推理所要论证的终点。第二个因果推理是“贫生于不足”，“因”是“不足”，“果”是“贫”。这个推理中的因果关系是人们在日常生活中都能看到的，是不证自明的公理。因此，这个推论的可靠性是毫无疑问的。同样，第三个因果推理：“不足生于不农”，第四个因果推理：“不农则不地著”，第五个因果推理：“不地著则离乡轻家”，这些“因”与“果”之间的关系都能从人们的日常生活经验中得到检验，同样都是无须论证的公理。第六个因果推理：“民如鸟兽，虽有高城深池，严法重刑，犹不能禁也”，“因”是“民如鸟兽”，是个比喻的说法，理性的表达是“民无家可归”，“果”是“高城深池，严法重刑，皆不能禁”。这个推论无论是从历史的经验，还是人性的本能的必然性看，都是为人们普遍认同的，同样是不证自明的公理。第七个因果推理是：“夫寒之于衣，不待轻暖；饥之于食，不待甘旨；饥寒至身，不顾廉耻”，“因”是“人寒则不待衣之轻暖，人饥则不待食之甘旨”，“果”是“饥寒至身，不顾廉耻”。“因”所陈述的是人性的本能，是不需要论证的公理；“果”所作的推论在现实生活中也能找到例证，也易于为人认同。因此，这个因果关系的推理也是能够成立的。第八个因果推理是：“人情一日不再食则饥，终岁不制衣则寒。夫腹饥不得食，肤寒不得衣，虽慈母不能保其子，君安能以有其民哉”，“因”是“人一日不再食则饥，终岁不制衣则寒”，“果”是“腹饥不得食，肤寒不得衣，慈母不能保其子，圣君不能安其民”。“因”是无须论证的生活常识，是人的本能反应，属于公理。“果”则是一个条件关系的复句，本身就是一个条件关系的推理。条件是“腹饥不得食，肤寒不得衣”，结论是“慈母不能保其子，圣君不能安其民”。条件与结论之间的关系，历史的经验与现实生活的经验都能提供佐证。因此，这个条件推理是能够成立的。既然“因”是不需论证的公理，“果”也是被认同的事实，那么这第八个因果推理自然也是成立的。有了上述八个可以成立的因果推理的结论作依据，那么接下来作者所推导出的主旨观点：“明主知其然也，故务民于农桑，薄赋敛，广畜积，以实仓廪，备水旱”，自然就有可靠的逻辑理据，有了不可辩驳的说服力。其实，作者的这个观点不仅具有强大的说服力，而且还极其巧妙，它隐含了这样一层言外之意：“要做明主，建千古不朽之业，就应该实行‘务民于农桑，薄赋敛，广畜积，以实仓廪，备水旱’（即重农贵粟）的国策”。汉文帝能够开创“文景之治”的盛世，岂能听不出晁错的这一弦外之音。不为别的，就为了要做明主，而不被人骂为昏君，汉文帝也只能听从晁错的意见，实行“重农贵粟”的国策。可见，晁错的这篇奏章之所以千古流传，广为传诵，不仅与其强大的说服力有关，还与其语言表达的智慧与高超技巧有关。

五、长孙皇后恭贺唐太宗

上尝罢朝，怒曰：“会须杀此田舍翁！”后问为谁。上曰：“魏征每廷辱我！”后退，具朝服立于庭，上惊问其故。后曰：“妾闻主明臣直，今魏征直，由陛下之明故也。妾敢不贺！”上乃悦。

——司马光《资治通鉴》卷一百九十四

上引文字，说的是这样一个故事：唐太宗李世民有一次上朝问政后，回到后宫时，怒气冲冲地说道：“找个机会一定要把这个乡巴佬给杀了！”长孙皇后一听唐太宗说出这等狠话，立即意识到了问题的严重性。于是，连忙问是要杀谁。唐太宗见问，没好气地说道：“魏征每次都要在朝廷上当众侮辱我！”长孙皇后听了，一句话也没说，连忙退回宫内。过了一会儿，穿了一套举行国家大典时才穿的礼服出来了，就站在庭中。唐太宗一见皇后如此穿戴，不禁大惊道：“皇后何故如此？”长孙皇后连忙回答道：“妾听说主上英明，大臣就刚直不阿。今魏征刚直不阿，这都是皇上您英明的缘故啊！主上英明，臣下刚直，妾岂敢不祝贺呢？”唐太宗听了这话，非常高兴，心里的疙瘩终于解开。从此以后，对魏征更加信任，对他的谏言都能采纳。

唐太宗能够开创“贞观之治”的盛世，这其中少不了魏征的一份功劳。史载，魏征性格耿介，刚直不阿，在唐太宗时期以才识超卓，犯颜直谏而著称。曾先后向唐太宗陈谏二百余事，对唐太宗汲取隋亡历史教训，稳固李唐政权根基，发挥了不可低估的作用。他的《谏太宗十思疏》、《十渐不克终疏》等奏疏，劝谏唐太宗以天下苍生为念，居安思危，励精图治，举贤任能，纳谏从善，对于唐太宗成为一代明君，更是发挥了不可低估的作用。不过，应该指出的是，魏征之所以能在历史上有崇高的地位，在唐太宗时期能发挥重要作用，还应该感谢一个人的成全。这个人不是别人，就是上面所述故事中的长孙皇后。对于中国历史有所了解者大都知道皇后有三种：一是不贤惠的，喜欢在皇帝面前进谗言，吹枕边风，以致坏了朝廷很多大事，甚至干政乃至把持朝政；二是贤良淑德，但是没有什么智慧，只是一个安分守己的平庸女人；三是既贤良淑德，又很有智慧，堪称皇帝贤内助的。上述故事中的长孙皇后，应该属于第三种。唐太宗能够成为一代明君，事实上是与她贤良淑德而又睿智有关。就上述故事而言，刚正不阿的魏征犯颜直谏，在朝廷当众批评唐太宗，让他颜面尽失，自尊心受到极大的损伤。唐太宗虽是皇帝，但也是人，回到后宫生气发火，说要杀了魏征，这也是人之常情。遇到这种情况，如果是一般的皇后，她肯定是向着自己的丈夫，顺着皇帝的心意，跟着批评犯颜直谏的大臣。如果是不贤德的或是愚蠢的皇后，还会趁机向皇帝进谗言，让皇帝快点杀了犯颜直谏的大臣。但是，长孙皇后则不是。当她听到唐太宗怒气冲天地说要杀人时，只是问了句他要杀之人是谁。得知是魏征后，她就什么话也没说，悄悄地退回后宫去了，然后穿好礼服，站到唐太宗面前，等他来问她话。这一举动本身，就充满了大智慧，不是一般皇后能够想得到、做得出的。我们都知道，在中国封建时代，历朝历代都有女人不能干政的禁令。对于皇帝与大臣之间的事，皇后是不能随意插嘴发表见解的。否则，便是涉嫌干政了。而涉嫌干政，不但于朝廷大事无补，还对皇后本人的地位与身家性命都有威胁。长孙皇后听到丈夫李世民说要杀魏征，知道这是不妥的，她应该出来制止。但是，她清楚地知道，如果她开口向李世民说情，或是据理力争，都会触犯后宫干政的禁忌。李世民与她虽是夫妻，但也是君臣，这种特殊的关系就有可能让身为皇帝的李世民翻脸不认人，祭出祖宗之法废了她的后位。如果这样，既不能救魏征，也不能日后有所作为了。所以，她选择沉默。然而她的沉默不是消极的沉默，而是一种睿智的沉默。虽然她不开口，却让行动说话，穿一身礼服，引诱丈夫来问她。只要丈夫一问，她就可以开口。因为这样，她进言不是主动，而是被动，责任就不归她了。而且当李世民问她为什么穿成这样时，她也没有直言进谏，而是以表示祝贺来回答。这样，就与她穿礼服的行动配合起来，消除了李世民可能认为她怀有心机的嫌疑。可见，长孙皇后在选择进谏方法时就表现出了不同寻常的智慧。除了进谏方法充满智慧外，长孙皇后进谏的语言表达也充满了智慧。她不直说："魏征犯颜直谏都是为了国家好，为了皇帝好，是一种忠心的表现。对于忠心为国为君的大臣，皇帝是不能杀的。如果杀了这样的大臣，不仅伤了众臣之心，阻塞了言路，也会让皇帝本人留下骂名"，而是以逻辑推理的方式将这层意思婉转地表达出来："妾闻主明臣直，今魏征直，由陛下之明故也。妾敢不贺"。"主明臣直"，是一个预设的前提，它是后面推论得以成立的基础。根据逻辑推理的原则，据以推导结论的前提应该是大家公认的公理或客观事实。但是，长孙皇后据以推导结论的前提"主明臣直"则不是。这一点，长孙皇后非常清楚。正因为清楚，她巧妙地加了一个"闻"字，表明这话是听来的，不是自己说的，让李世民觉得这是祖宗之言或是众人之言。既然是祖宗之言或是众人之言，那么就是天下人认同的公理，自然可以作为推论的依据了。可见，长孙皇后这第一句话就说得巧妙，具有高度的智慧。我们之所以说长孙皇后的这句话充满高度的智慧，是因为这句话本身是个因果推理。“主明”是“因”，“臣直”是“果”。只要唐太宗认同这句话的逻辑，就得认同她下一句话的逻辑：“今魏征直，由陛下之明故也”。这句话如果说与前句作为推论依据的“主明臣直”有什么区别的话，那只是语序上的差别。“陛下之明”是“因”，但语序在后；“魏征直”是“果”，语序居前。两句语序虽有差异，但语义没有差异，都是因果关系的推理，而且前句是为后句“度身定制”的。承认了前句，就必然要承认后句。这样，就等于将了唐太宗一军。意思是说：如果要怪魏征犯颜直谏，不给您面子，那都是您的开明所导致的。既然“果”是“因”种下的，那么唐太宗就只得服膺逻辑的力量了。可见，长孙皇后的祝贺实质上不是祝贺，而是类同于下棋中的“将军”。

六、欧阳修以为“小人无朋”

臣闻朋党之说，自古有之，惟幸人君辨其君子小人而已。大凡君子与君子以同道为朋，小人与小人以同利为朋，此自然之理也。

然臣谓小人无朋，惟君子则有之。其故何哉？小人所好者，利禄也；所贪者，财货也。当其同利之时，暂相党引以为朋者，伪也；及其见利而争先，或利尽而交疏，则反相贼害，虽其兄弟亲戚，不能自保。故臣谓小人无朋，其暂为朋者，伪也。君子则不然，所守者道义，所行者忠信，所惜者名节。以之修身，则同道而相益；以之事国，则同心而共济，终始如一。此君子之朋也。故为人君者，但当退小人之伪朋，用君子之真朋，则天下治矣。

——欧阳修《朋党论》

上引文字，是北宋著名政治家与文学家欧阳修写给宋仁宗的奏疏的开头部分。其所论说的意思大致如下：

臣听闻朋党之说，自古以来就有，只是所幸人君能辨别谁是君子，谁是小人而已。一般说来，君子与君子之间，是因有共同的志向而结为朋友的；小人与小人之间，则是因为有共同的利益而结为朋友的。这是人人都明白的必然之理。

不过，臣认为，小人与小人之间，实际上是没有什么朋友关系可言；只有君子与君子之间，才有朋友之谊。为什么这么说呢？其实道理很简单。小人所喜欢的，无非是利禄；所贪图的，无非是货财。当他们发现有共同利益可以追逐时，会暂时纠合在一起，彼此引以为朋友，但这其实是假的。等到有利益冲突时，他们就会争先恐后，各不相让；等到利益消失时，他们彼此的交情就日趋疏远，甚至会相互陷害，即使是兄弟亲戚，也不能相互保护。所以臣认为小人没有朋友，他们暂时结成的朋友关系，其实都是假的。君子则不是这样，他们所坚守的是道义，所践行的是忠信，所爱惜的是名节。以这样的标准来要求自己，加强自身修养，就会因共同的志向而相互砥砺受益；以这样的道德标准来为国家服务，就会同心同德，和衷共济，而且始终如一，不改变初衷。这就是君子与君子之间的朋友关系。所以，作为一国之君，应当屏退小人们结成的个人利益集团，支持君子们结成的国家利益集团。这样，天下就会大治了。

从上面的文意来看，欧阳修的这番话明显是为“君子之朋”辩护，极力贬斥“小人之朋”，其中的爱憎情感一清二楚。可见，欧阳修给宋仁宗上这封奏章，是有其特定的政治背景与政治目的的。事实上，也确实如此。“宋仁宗庆历三年（公元1043年），范仲淹、富弼、韩琦等同时执政，推行政治改革，史称‘庆历新政’。朝廷内部的保守派强烈反对新政，以‘朋党’之名倾陷范仲淹、富弼等人。庆历四年（公元1044年），范仲淹、富弼等先后离朝外放，新政失败。欧阳修是新政的积极支持者，在朋党之说纷然的情势下，他写了这篇有名的奏章。”① 从这个历史背景来看，欧阳修是将范仲淹、富弼、韩琦等主张政治改革的“庆历新政”派人士引为同调，

① 陈振鹏、章培恒主编：《古文鉴赏辞典》，上海辞书出版社2005年版，第1172页。

并自认为他们是“君子党”，指认反对“庆历新政”的是“小人党”。君子与小人，在中国历史上从来都是人格高下的标志性指谓。如果被人指认为“君子”，那就有不容置疑的人格力量，定当受人崇敬；如果被人指认为“小人”，那在人格上就好比被判了死刑，必然遭人唾弃。既然欧阳修认为主张政治改革的“庆历新政”派都是君子，那么他们何以被宋仁宗罢黜而外放呢？反对新政的保守派既被欧阳修指为小人，那么宋仁宗为什么还要听信他们的话呢？可见，在宋仁宗的眼里，谁是君子，谁是小人，并不像欧阳修所认为的那样。相反，事实上宋仁宗是将范仲淹、富弼、韩琦等改革派人士视为了结党营私的“小人”。不然，就不至于新政实行一年就将他们统统罢免，而且还外放出京。正因为如此，欧阳修觉得首先需要承认一个事实，这就是改革派与保守派都是“朋党”。只有这样说，才能让宋仁宗觉得自己持论客观。这样，接下来所要论证的“君子之朋”与“小人之朋”的利弊，才会具有可信度，赞成“君子之朋”存在的论点才会具有说服力。这是欧阳修论证问题的高明之处。下面我们就来看看欧阳修是如何论证自己的论点的。

前文我们说过，论证某一观点，或是阐明某一道理，最有效也是最常用的方法就是摆事实，以具体事例来佐证。但是，欧阳修在论证自己所提出的“小人无朋，惟君子则有之”的观点时，并没有举出具体事例，而只是以逻辑推理的形式来表现。那么，他的逻辑推理的结论可靠吗？能够说服宋仁宗吗？从上引文字看，欧阳修为了说服宋仁宗，用了两个因果关系的推理。第一个因果推理是：“小人所好者，利禄也；所贪者，财货也。当其同利之时，暂相党引以为朋者，伪也；及其见利而争先，或利尽而交疏，则反相贼害，虽其兄弟亲戚，不能相保。故臣谓小人无朋，其暂为朋者，伪也”。其中，小人“好利禄、贪货财”、“同利之时引以为朋”、“见利则争先”、“利尽则交疏”、“交疏则反相贼害”、“兄弟亲戚不能相保”六项都是“因”，“小人无朋”、“暂为朋，伪也”，是“果”。由于上述作为“因”的六项内容都不是交朋结友应有的表现，而只是大家对小人本质属性的基本认同，所以“小人无朋”、“即使暂为朋亦伪”的推论（即“果”）便自然成立。逻辑学上的“归纳法”原理告诉我们，如果据以推导结论的诸事实具有某一共同的属性，那么这个共同属性就可以成为“定性”某一事物的依据。就好比说，根据张三所结交的朋友全部都品德不好的事实，就能归纳得出“张三喜欢结交坏人”或“张三不是好人”的结论。因果推理与归纳法是人类无师自通的逻辑思维方法，欧阳修运用这种方法来论证“小人无朋”的观点，自然是具有说服力的，也是易于被宋仁宗接受的。第二个因果推理是：“君子则不然，所守者道义，所行者忠信，所惜者名节。以之修身，则同道而相益；以之事国，则同心而共济，终始如一。此君子之朋”。其中，君子“守道义”、“行忠信”、“惜名节”、“同道相益”、“事国同心而共济”、“（友谊）始终如一”六项都是“因”，“此君子之朋也”（意谓“君子有朋”）是“果”。由于作为“因”的六项内容都是具有正面意义，而且是历来大家对于君子品行的共同认知，所以运用归纳法得出“君子有朋”的结论（即“果”）就有令人信服的力量。正因为两个推理都能成立，且有令人信服的逻辑力量，加上前后对比后说服力的放大，就更能让接受者宋仁宗相信：“君子有朋，小人无朋。君子之朋于国有益，小人之朋于国有害。”由此，欧阳修向宋仁宗提出“退小人之伪朋，用君子之真朋”的要求就显得合情合理了，因为这个要求符合国家利益。

七、章太炎自认是神经病

大概为人在世，被他人说个疯癫，断然不肯承认。独有兄弟却承认我是疯癫，我是有神经病，而且听见说我疯癫，说我有神经病的话，倒反格外高兴，为什么缘故呢？大凡非常的议论，不是神经病的人断不能想。就能想亦不敢说。遇着艰难困苦的时候，不是神经病的人，断不能百折不回，孤行己意。所以古来有大学问或大事业的，必得有神经病，才能做到。……为这缘故，兄弟承认自己有神经病，也愿诸位同志人人都有一两分的神经病。近来传说某某是有神经病，某某也是有神经病，兄弟看来不怕有神经病，只怕富贵利禄当面现前的时候，那神经病立刻好了，这才是要不得的呢！

上引这段文字，是中国现代著名学者与革命家章太炎（即章炳麟）于清光绪三十二年丙午（1906 年）东渡日本时，在日本东京留学界及民党欢迎会席上的演讲辞①。

章太炎的这段演讲，其所要宣达的主旨是："要想成就大事业，就要有不同于常人的思维方式，认准一个目标就要勇敢无畏地放手去做，而不能患得患失，瞻前顾后。"其意是在鼓励在日留学生积极投身到推翻清政府的革命运动中，为了革命不屈不挠地奋斗。那么，怎样将这番道理说得能让大家听进去呢？演讲者章太炎别出心裁地用了两个逻辑判断，前后比照，从而引出问题，然后运用逻辑推理的方法一层一层予以解答。"大概为人在世，被他人说个疯癫，断然不肯承认"，是一个真实判断。因为现实生活中人们都认为疯癫是不正常的，所以没有人愿意被人指为疯癫。可见这个判断是个被大家普遍认同的公理。正因为这个判断是公理，听讲者都会认同，所以演讲者接下来的一个判断："独有兄弟却承认我是疯癫，我是有神经病，而且听见说我疯癫，说我有神经病的话，倒反格外高兴"，就让人大惑不解了。因为这个判断不合常理，让听讲者真的以为他是疯癫。其实，这个不合常理的判断只是演讲者所设的一个"局"，目的是让听讲者集中注意力，倾听他接下来要进行的一系列逻辑推理，为宣传革命而布道。果然，当听讲者的好奇心被调动起来，抱着要听疯癫者胡言乱语的心态看他笑话时，演讲者却突然不"疯癫"了，用了一个设问句："为什么缘故呢"，一下子就巧

① 章太炎的这段演讲辞，在不少引文中都存在着文字上的差异。这里是根据徐一士著《一士类稿》（山西古籍出版社 1996 年版）中的《谈章炳麟》一文中的记载文字，同时结合了台湾学者沈谦《林语堂与萧伯纳》（中国友谊出版公司 1999 年版）一书中的《章太炎是"神经病"》一文中的引文比勘而辑出的。

妙地引渡到了宣传革命的正题上。当听讲者突然醒悟过来后，自然就会正襟危坐地听他宣传革命的大道理了。与不疯癫的人不同，章太炎这位“疯癫”演讲者宣讲革命的大道理也与众不同。他不仅不稽引商汤、周武革命的古人古事，也不援引圣人之言说明推翻清朝、改朝换代而建立资产阶级民主共和国的合理性，而是纯用逻辑推理的方法来说明这番大道理。他的逻辑推理共有四句话：第一句“大凡非常的议论，不是神经病的人断不能想”，表面是个判断句，实则是一个隐含的因果推理，即：“神经病人思维不正常，所以他有非常的议论”。这个因果推理的“因”（“神经病人思维不正常”）是大家公认的事实，所以由这个“因”推出的“果”（“神经病人有非常的议论”）是能够成立的。第二句“就能想亦不敢说”，是个省略句，说完整是“如果不是神经病人，即使有与众不同的想法，也不敢发非常之议论”。这是以第一句隐含的因果推理为依据而进行的条件推理。因为第一句能够成立，所以第二句作为第一句衍生的推论，自然也有能够成立的逻辑理据。第三句“遇着艰难困苦的时候，不是神经病的人，断不能百折不回，孤行己意”，与第一句一样，表面是个判断句，实则是个隐含的因果推理，即：“神经病人与正常人的思维不同，所以遇到艰难困苦时，不像正常人那样明智地知难而退，而是一条道走到黑，百折不回，孤行己意，不计后果”。由于这个因果推理的“因”（“神经病人与正常人的思维不同”）是大家都认同的事实，形同于公理，所以由这个“因”推导出来的“果”（即推论）自然能够成立。这样，听众就不得不认同：神经病人“有不怕艰难困苦、不怕挫折的坚忍毅力”。值得注意的是，演讲者章太炎通过上述三个推理所得出的这个推论并不是他真正想要的最终结论，而是以此为新的前提，将逻辑推理继续进行下来。因为“不怕艰难困苦、不怕挫折的坚忍毅力”是大家都公认的优良品德，是成就大事业、大学问的必要条件。对于这一点，听讲者自己从人类历史和现实中都能找到事证，是不必予以论证的。正因为如此，演讲者章太炎能够话锋一转，自然转入到自己想要真正表达的观点上：“古来有大学问或大事业的，必得有神经病，才能做到。”至此，听众这才真正明白演讲者章太炎所说的“神经病”，原来是“成就大学问或大事业”的必要条件。既然如此，演讲者“承认自己有神经病，也愿诸位同志人人都有一两分的神经病”的话，就显得自然又合理了。由此可见，演讲者章太炎事实上并不是疯癫，更不是什么神经病，而是智商超常且善于运用严密的逻辑推理进行革命宣传的演讲家。他能将所有听众都绕进了他的逻辑圈套中，谁能说他的宣传没有说服力呢？

八、结业典礼“三不祝”

同志们：

你们是新进机关的年轻一代干部，今天我理应向你们表示祝贺，但是好话太多会使人忘乎所以。为了国家大业，也为了你们自己，我今天想“反其道而行之”，还望各位谅解。

一不祝你们万事如意。世上如意的事很少，你们事事如意，必定有人不如意。你们作为未来的掌权者，首先应该尝尝不如意的滋味，才能体谅千千万万民众的不如意，才不会在以后的工作中使别人本来如意的事情变成不如意。为官的当为民着想，唯其如此，我们的社会上才会有更多的人如意。

二不祝你们官运亨通。世上官少民多，这有限的官位应该让给有能力、有作为的人。你们应该靠自己的真本事去争取，那种拍马屁、靠关系而官运亨通的人是社会所不齿的。我衷心地希望这些不正之风不要在你们身上再蔓延下去了。

三不祝你们一切顺利。我们都知道，现在办一件事很难，扯皮现象屡见不鲜，官僚主义早已成为社会公害。因此我建议你们在掌权之前首先去尝尝这些艰苦，才会在以后的工作中提高自己的责任感和办事效率。未来的中国靠你们，希望在你们身上不要再出现新的官僚主义，不要再人为地给别人增添麻烦。

——这就是我今天对你们最深切的祝福！①

这是一位老师在一个省干部培训班开学典礼上的致辞，虽是讲做官的大道理，但讲得非常睿智，而且非常有说服力，让人不得不佩服！

这位老师的大道理为什么如此有说服力，而且还让人心生敬佩之情呢？因为他说理时，既不同于有些领导那样善于举例说明，动之以情，也不像另一些领导那样从理论到理论地空谈，玩一些复杂的逻辑推理游戏，而是避开具体事例不说，抛弃复杂的逻辑推理方法，纯粹以最简单的因果逻辑推理来阐明他所要讲明的为人为官的道理。

按照中国的传统，开学、开业、毕业、结业、结婚、生子等重要活动，中国人都喜欢举行一个典礼或仪式。在这种典礼或仪式上，一般都会邀请一位有社会地位或有威望的人讲话。之所以在这种仪式或典礼上邀请有社会地位或有威望的人讲话，目的就是借他们之口说一些祝福或勉励的话，给听众以心理上的抚慰或暗示，从而让他们激起美好的向往，沿着正确的道路朝正面意义的方向努力。在省干部培训班开学典礼上邀请老师来讲话，这是最合适的，也是最有针对性的。既然是来学习的，就要听老师的教诲，听他讲做人与学习的道理。不过，与一般的开学典礼不同，此次开学典礼的听众都是在职的各级领导干部，也是未来将要走向更高领导岗位的领导干部，因此对这些听众讲话，除了要讲做人的道理，还要讲做官的道理。那么，怎么讲呢？讲话的人只是一个老师，自己没有做官的经历，自然不能现身说法。为此，他只有一种说理的方法：以逻辑推理来说理。不过，以逻辑推理来说理，有一个最大的弊端，就是容易流于空谈，缺乏说服力。然而，这位在省干部培训班

①《最深切的祝福——一位老师在省干部培训班开学典礼上的致辞》，《演讲与口才》1992年第6期，第42页。

开学典礼上讲话的老师，却能以逻辑推理的方法将其所要推阐的为官之道说得非常透彻，具有不容置疑的说服力。

仔细听听他的演讲，话说得非常平易，逻辑推理的方法也非常简单，三段话都是以大家平常最常用的因果关系的推理来进行。第一段的语意主干，是其开头的两句话："不祝你们万事如意。世上如意的事很少，你们事事如意，必定有人不如意"。从语法上看，这是一个主从倒装的复句。从逻辑上看，则是一个因果关系的逻辑推理。其中，"不祝你们万事如意"是"果"，"世上如意的事很少，你们事事如意，必定有人不如意"是"因"。那么，这个因果关系的推理能够成立吗？这关键要看这个因果关系推理中的"因"是否具有公理的性质。如果我们仔细分析一下，上面这个因果关系的逻辑推理中的"因"，其实本身也是一个因果关系的推理。"因"是"世上如意的事很少"，属于一个直言判断，但却具有为社会大众普遍认同的公理性质；"果"是"你们事事如意，必定有人不如意"，属于一个假言判断，也是一个条件关系的推理。因为是条件关系的推理，所以这个判断是否能够成立，就需要证明。不过，这个假言判断在上述整个逻辑推理中是作为因果关系推理中的"果"。因此，只要它的"因"能够成立，根据逻辑推理的原理，据"因"推出的结论（即"果"）就能成立。因为"因"（"世上如意的事很少"）是大家认同的公理，所以由此为前提推出的结论（"果"）："你们事事如意，必定有人不如意"，自然也能成立。应该说，第一段这两句话构成的因果逻辑推理是具有说服力的。但是，演讲者觉得还不够，必然继续巩固其逻辑基础。于是，演讲者又连续推出了两个条件关系的推理作为补强论证的依据。作为补强论证的第一个依据："你们作为未来的掌权者，首先应该尝尝不如意的滋味，才能体谅千千万万民众的不如意，才不会在以后的工作中使别人本来如意的事情变成不如意"。在这两个条件关系的推理中，作为必要条件的都是"未来的掌权者应该先尝尝不如意的滋味"。这个必要条件虽然是个主观的直言判断，不具有客观真实性，但却具有社会价值认同的真实性，最起码在座的听众首先在口头上要认同这一点，不然就没资格进这个干部培训班了，当然也不能做未来的领导干部了。正因为如此，由这个必要条件推导出来的两个结论（“才能体谅千千万万民众的不如意”、“才不会在以后的工作中使别人本来如意的事情变成不如意”）就自然能够成立（至少从理论上来说），成为补强全段主干语意的逻辑理据，从而增加主旨观点的说服力。第二段、第三段的逻辑推理思路，与第一段完全一样。因此，同样具有强大的逻辑力量与不容置疑的说服力。另外值得一提的是，由于三段话逻辑推理的思路一样，语句表达的形式相似，客观上构成了一个“排比”修辞文本，因此在接受上就有一种“广文意”、“壮文势”的效果，对增加演讲主旨观点的说服力起到了放大效应。可见，这篇简短的演讲之所以广为传诵，是有其道理的。

九、罗斯福也能保密

据说，罗斯福在当总统之前，曾在海军里担任要职。一天，一位朋友向他问起海军在加勒比海的一个岛建立潜艇基地的计划。

罗斯福向四周看了看，压低声音问：

“你能保密吗？”

“当然能。”

“那么，”罗斯福微笑着说：“我也能。”

——李春生、戚致功编《世界名人幽默精品》

上引文字中所说的罗斯福总统，就是率领美国赢得第二次世界大战胜利的伟大人物，也是美国历史上与华盛顿、林肯齐名的总统富兰克林·德拉诺·罗斯福（Franklin D. Roosevelt，1882—1945）。他1921年因意外患上脊髓灰质炎症，终身坐在轮椅上，却在1932年成功竞选美国第31任总统，并且之后又连续赢得三次选举，成为美国历史上唯一蝉联四届的总统，其影响与知名度媲美华盛顿和林肯。上述故事，说的是他1913年担任美国海军副部长期间的事情。

军队中的很多事情都是秘密，是不能对外泄露的。如果军事机密被泄露，其后果是不可想象的。所以，作为军人特别是军官，保守国家军事秘密乃是神圣职责。罗斯福担任美国海军副部长，属于军方高级将领，掌握的军事机密自然又比一般军官多。至于美国海军在加勒比海的一个岛上建立潜艇基地的计划，也只有他这个部长级的人物才能知道。既然军事秘密是部长级人物才能掌握的，那么它的密级当然是非常高的，是万万不能泄露的。否则，对于美国的国家利益将会造成重大损失。应该说，这个道理是人人都懂的，知趣的人也不会打听这个秘密的。可是，罗斯福这位好奇心特甚的朋友就不管这些，执意要向罗斯福打听这件事。每个人都有朋友，罗斯福也不例外。虽然当了副部长，但朋友还是要的，朋友的面子还是要给的。然而，有个现实的难题他必须面对，这就是要在顾及朋友情面与保守国家军事秘密、维护国家利益两者之间作一个选择。如果选择顾及朋友情面，那不仅会因违反了军人的职责而丢掉副部长职务，而且还会因泄露国家机密而触犯法律，面临严肃的军法审判，难免牢狱之灾。如果坚守纪律，严词拒绝朋友的探问，虽会赢得坚守国家军事机密的良好声誉，但却失去了朋友。对于一般人来说，肯定理智地选择后者而放弃前者。可是，罗斯福则不是这样，他的过人之处是鱼与熊掌兼能得之。对于朋友的过分要求，他并不像一般人那样一口回绝，而是表面不回绝，心里早就断然回绝了。为了给朋友面子，他巧妙地设了一个局（即语言圈套），先故作神秘地向四周看了看，让朋友以为他要说出军事机密了。等到朋友满怀希望时，他便压低声音问朋友：“你能保密吗？”更使朋友信以为真，以为他真要说出秘密了。于是，朋友便斩钉截铁地回答道：“当然能。”从上下文语境来看，罗斯福的朋友之所以那么爽快地承诺“当然能”，目的是让罗斯福放心，快点将秘密说出来。但罗斯福则有自己的算盘，他引诱朋友说出“当然能”，意在借他的话顺势进行一个“三段论”式的演绎推理：“军人都应该坚守国家军事秘密，你是军人，所以你当然能。我也是军人，当然我也能”。其中，“军人都能坚守国家军事秘密”是大前提，“你是军人”则是小前提，“所以你当然能”是结论。这个逻辑推理过程是非常严密的，罗斯福的朋友无可置疑。既然如此，那么同样的“三段论”式演绎推理：“军人都应该坚守国家军事秘密，我是军人，所以我也当然能坚守国家秘密”，也就可以成立了。只是这个逻辑推理过程，罗斯福没有以这样明显而完整的形式表现，而是利用两人的一问一答，通过语境的帮助，以隐含的形式呈现，让朋友在毫无察觉的情况下自己得出了“三段论”式演绎推理的结论，然后借势将朋友的结论拿过来，以类比的方式再复制一个相同的“三段论”式演绎推理，从而让朋友自己说服了自己，在不失面子的情况下愉快地接受了他的观点，不再打听美国海军在加勒比海建立潜艇基地的机密了。可见，后来罗斯福能连任美国四任总统，创下美国历史上的奇迹，是有道理的。仅以上面这则故事来看，也能管中窥豹，侦知其智慧之一斑。

十、美国人为什么不怕当兵

来当兵吧！当兵其实并不可怕。应征入伍后你无非有两种可能：有战争或者没有战争，没有战争有啥可怕的？有战争后又有两种可能：上前线或者不上前线，不上前线有啥可怕的？上前线后又有两种可能：受伤或者不受伤，不受伤又有啥可怕的？受伤后又有两种可能：轻伤和重伤，轻伤有啥可怕的？重伤后又有两种可能：可以治好和治不好，可治好有啥可怕的？治不好更不可怕，因为你已经死了。

上引这段文字，是美国的一则征兵广告。[①] 众所周知，美国人好像觉得命特别值钱，因此也是世界上最怕死的。大家常常在媒体上都能看到相关报道，如果他们在战场上死了一个士兵，那就是一

① 参见 http://wenku.baidu.com/view/8ca2fa5a804d2b160b4ec095.html.

件不得了的事。而别国无辜的平民成百上千地被他们的士兵杀害，却是无动于衷。上引这则广告，就鲜明地表现了美国人怕死的一种心理。但是，平心而论，这则征兵广告写得很好，非常具有说服力，最能忽悠人，使人最终抱着侥幸的心理走上战场。

那么，为什么这则征兵广告能打消许多美国人怕死的心理，说服他们踊跃当兵呢？这主要是它玩的逻辑推理既非常严密，又非常巧妙，特别能唤起人们的兴趣，引发人们的注意，并最终说服人。仔细分析一下，这则征兵广告的逻辑推理并不复杂，只是一种“二难推理”（dilemma）的巧妙运用。为了论证“当兵并不可怕”的观点，吁请人们报名当兵，广告撰写者连续运用了五个“二难推理”来作为论据。第一个“二难推理”是：“应征入伍后你无非有两种可能：有战争或者没有战争，没有战争有啥可怕的?”属于“A 或 B，若 A，则 C；若 B，则 D。所以，C 或 D”格式。如果依格式还原为完形“二难推理”结构，就是：“应征入伍后有战争（A）或者没战争（B），如果有战争（A），则可怕（C）；如果没战争（B），则不可怕（D）”。但是，为了打消应征者怕死而不愿当兵的心理，撰文者有意玩了一个花招，将两个“选言支”中可能导致负面心理暗示的一个“选言支”（即“如果有战争，则可怕”）省略了，只将具有正面意义的一个“选言支”写出，且以反问句的形式呈现。这样，既奸里撒混，让应征者忽略了应征当兵后存在的危险，又加强了正面意义的一个“选言支”（即“如果没战争，则不可怕”）的说服力。第二个“二难推理”是：“有战争后又有两种可能：上前线或者不上前线，不上前线有啥可怕的?”也是属于“A 或者 B，如果 A 则 C；如果 B 则 D。所以，C 或者 D”格式。依格式还原为完形“二难推理”结构，就是：“战争有上前线的（A）或者不上前线的（B），如果上前线（A），则可怕（C）；如果不上前线（B），则不可怕（D）”，同样是以省略负面意义的“选言支”（即“如果上前线，则可怕”），强调正面意义的“选言支”（即“如果不上前线，则不可怕”）的方式，给应征者以心理安慰，鼓励他们勇敢应征当兵。第三个“二难推理”是：“上前线后又有两种可能：受伤或者不受伤，不受伤又有啥可怕的?”还原为完形“二难推理”结构，就是：“上前线有受伤的（A）或者不受伤的（B），如果受伤（A），则可怕（C）；如果不受伤（B），则不可怕（D）”。为了打消应征者怕受伤的心理，推理中将具有负面意义的“选言支”（即“如果受伤，则可怕”）省略了，只写出具有正面意义的“选言支”（即“如果不受伤，则不可怕”）。第四个“二难推理”是：“受伤后又有两种可能：轻伤和重伤，轻伤有啥可怕的?”还原为完形“二难推理”结构，就是：“有受重伤的（A）或者受轻伤的（B），如果受重伤（A），则可怕（C）；如果受轻伤（B），则不可怕（D）”。但撰文者在实际写作中省略了其中的一个“选言支”：“如果受重伤（A），则可怕（C）”。由于这个具有负面意义的“选言支”被有意隐去，应征者只能看到正面意义的“选言支”（即“如果受轻伤，则不可怕”），心理的恐惧就减轻了，应征当兵的勇气自然就会提升。第五个也是最后一个“二难推理”是：“重伤后又有两种可能：可以治好和治不好，可治好有啥可怕的？治不好更不可怕，因为你已经死了”。这个推理若还原为完形“二难推理”结构，便是：“受重伤有可以治好的（A）或者治不好的（B），如果受重伤可以治好（A），则不可怕（C）；如果治不好（B），则更不可怕（D），因为人已经死了”。这个“二难推理”与前四个都不一样，两个“选言支”都完备。但是，对于具有负面意义的“选言支”（即“如果治不好，则就死了）进行“技术处理”，说成是“如果治不好（B），则更不可怕（D），因为人已经死了”，以出人意料的幽默，让应征者的恐惧感化为乌有。这样，五个作为论证观点的“二难推理”便都具有正面意义了，从逻辑上看就严密地论证了“当兵并不可怕”的观点。

第六章　以铺排夸张壮势

在汉语表达中，有很多行之有效的修辞手法可以提升表达与接受的效果。有些不仅用以叙事抒情时效果明显，用以说理也很有效果。如“排比”与“夸张”手法，就属于这种情况。

所谓“排比”，是一种“将‘同范围同性质的事象用了组织相似的句法逐一表出’以获求形式整齐、表意充足酣畅的修辞文本模式”[①]。由“排比”手法建构起来的修辞文本，“从表达上看，排比修辞文本除了表意上有充足酣畅的气势外，还有视听觉形象上的齐整、平衡、和谐（两项的排比在美学上属于‘简单的平衡’，三项的排比则属于‘代替的平衡’）的显著效果；从接受上看，由于修辞文本中多个相同相似结构形式的句子的并置，不仅易于引发接受者文本接受中的‘不随意注意’和‘随意注意’，而且还会因整齐的文本形式格局引发接受者生理上左右平衡的身心律动，产生一种快感，从而提升了文本接受解读的兴味，加深对表达者所建构的修辞文本用意内涵的理解把握”[②]。由于“排比”修辞手法建构的文本既有形式上的美感，易于引发人们的注意，又有强化语意、加深人们印象的独特效果，所以自古及今都是人们最爱运用的一种修辞策略，无论是叙事还是说理，都有很好的效果。尤其在说理时，既能充分酣畅地表意，又能以相同相似的结构句法的铺排造就出一种浩荡澎湃的气势，足以从心理上影响接受者，从而增加说理的力量。这一点，我们看一看中国古今许多著名的政论文，便能了然于胸。

所谓“夸张”，则是一种“说写表达时重在主观情意的畅发而

---

① 吴礼权：《现代汉语修辞学》（修订版），复旦大学出版社 2012 年版，第 136 页。

② 吴礼权：《现代汉语修辞学》（修订版），复旦大学出版社 2012 年版，第 137 ~ 138 页。

故意违背客观事实和逻辑，对所叙说的内容进行张皇夸大的修辞文本模式”[①]。以张皇夸大的“夸张”手法来叙事说理，自古及今都是司空见惯的语言现象。之所以会有“夸张”手法的运用，“一方面是出于要满足修辞者在激情状态下的某种影响心理平衡的能量的释放以获得心理平衡和情感纾解的需要，另一方面则是要接受者产生思想或情感的共鸣”[②]。以“夸张”手法建构修辞文本，“可以用以满足修辞者释放心理能量而求得心理平衡或情感纾解的需要，这有生理学和心理学上的根据”[③]。那么，以“夸张”手法建构的修辞文本为什么会产生深切感动接受者的效果呢？这也可以从心理学上找到依据。因为“夸张修辞文本都是一种有违客观事理或逻辑的言语作品。修辞接受者（听者或读者）在解读、接受修辞文本时，必然因文本的不合客观事理或正常逻辑而生发困惑，从而唤起好奇心，产生一种探究根由底蕴的情感冲动”[④]。根据心理学的原理，我们知道，“刺激物的新异性是引起‘不随意注意’的重要原因。有违客观事理或正常逻辑的夸张修辞文本，对于注意主体（修辞文本接受者）来说是一个较之符合客观事理或正常逻辑的普通言语文本有着较大新异性的刺激物，因而也就易于引起注意主体（修辞接受者）的‘不随意注意’，从而在好奇心的驱使下唤起对当前的新异刺激物进行深入探究的情感冲动。这样，就自然而然地强化了注意主体（接受者）对当前新异刺激物——夸张修辞文本——的注意，加深了对表达者所建构的夸张修辞文本的理解，从而达成与表达者思想或情感的共鸣和沟通”[⑤]。正因为如此，“夸张”表达虽有违客观真实，作为论证观点的论据缺乏说服力，但却能加深接受者对表达者的观点的印象，同时从心理上对接受者产生潜在影响。所以，有时在说理时恰当地运用“夸张”手法，对于增强说服力也有意想不到

① 吴礼权：《现代汉语修辞学》（修订版），复旦大学出版社 2012 年版，第 162 页。
② 吴礼权：《修辞心理学》（修订版），暨南大学出版社 2013 年版，第 79 页。
③ 吴礼权：《修辞心理学》（修订版），暨南大学出版社 2013 年版，第 79 页。
④ 吴礼权：《修辞心理学》（修订版），暨南大学出版社 2013 年版，第 79 页。
⑤ 吴礼权：《修辞心理学》（修订版），暨南大学出版社 2013 年版，第 79 页。

的效果。

下面我们就从古今贤哲的语言实践中予以举例，看看他们是如何运用“排比”与“夸张”修辞策略，通过铺排夸张壮势，从而加强观点阐发的说服力的。

一、丑女“四殆”成王后

齐有妇人极丑，号曰无盐女。臼头深目，长壮大节，卬鼻结喉，肥项少发，折腰出胸，皮肤若漆。行年三十，无所容入。

于是乃自诣宣王，曰：“妾，齐之不售女也。闻君王之圣德，愿备后宫之扫除。”

谒者以闻。宣王方置酒于渐台。左右闻之，莫不掩口而笑。曰：“此天下强颜女子也。”

于是，宣王乃召而见之。但扬目衔齿、举手拊肘，曰：“殆哉！殆哉！”

如此者四。

宣王曰：“愿遂闻命。”

对曰：“今大王之君国也，西有衡秦之患，南有强楚之雠。外有二国之难，内聚奸臣，众人不附。春秋四十，壮男不立。故不务众子而务众妇，尊所好而忽所恃。一旦山陵崩阤，社稷不定，此一殆也。渐台五重，黄金白玉，翡翠珠玑，莫落连饰，万民疲极，此二殆也。贤者伏匿于山林，谄谀强进于左右，邪伪立于本朝，谏者不得通入，此三殆也。酒浆流湎，以夜续朝。女乐俳优，从横大笑。外不修诸侯之礼，内不秉国家之治，此四殆也。故曰殆哉殆哉。”

于是，宣王掩然无声，喟然而叹曰：“痛乎，无盐君之言！今乃一闻寡人之殆，几不全也。”

于是，立毁渐台，罢女乐，退谄谀，去雕琢，选兵马，实府库，招进直言，延及侧陋。择吉日立太子，拜无盐以为王后。而齐国大安。丑女之功也。

——《群书治要》卷四十二

上引文字，说的是这样一个故事：齐国有一个女子，长得极其丑陋，时人称之为“无盐”。无盐的头长得就像一个石臼，眼睛是凹进去的，长得人高马大，大手大脚，高鼻子，大喉结，粗脖子，稀头发，既驼背又鸡胸，皮肤黑得就像漆。年近三十，也没一个男人愿意娶她。可是，无盐并不自卑。有一天，她突发奇想，想要嫁给齐宣王。于是，便去了国都，顿首于司马门外，请求晋见齐宣王。宫中侍卫不肯禀报齐宣王，无盐就跟他们说：“我是齐国嫁不掉的女人，听说大王圣明贤德，所以想在大王后宫充个数，替大王后宫打扫打扫。”

齐宣王的侍卫虽然觉得这女子真是少见的厚颜无耻，但还是替她通报了。当时，齐宣王正在渐台摆酒行乐。侍卫通报无盐求见的消息，齐宣王还没反应过来，他左右的人就掩口大笑起来，说：“这是天下脸皮最厚的女人。”

齐宣王听左右这样说，反而来了兴趣，立即召见。可是无盐见了齐宣王后，却一句话也没有，只是睁大眼睛，咬着牙齿，抬手抚着胳膊肘，连声说道：“危险啊！危险啊！”如此一连说了四次。齐宣王不解其意，遂诚恳地说道：“此话怎讲？寡人希望听听您的高见。”

无盐听齐宣王这样说，这才开口说道：“现在大王统治的齐国，西边有强秦之患，南边有大楚之仇。外有秦楚两国虎视眈眈之患，内有奸臣当道之忧，人心不附，离心离德。大王年已四十，至今仍未立太子。大王现在不把心思放在教育诸位王子身上，而只是一味与众妃淫乐。如此这般，一旦大王哪天有什么不测，国家根基就会不稳，这是第一个危险。大王今日游乐的渐台有五重，都是用黄金白玉，还有翡翠珠玑装饰打造出来的，劳民伤财，让齐国万民都疲惫不堪，这是第二个危险。今日齐国贤能者避匿于山林之中，谄媚阿谀的小人围绕大王左右，奸邪伪诈之辈当政，逆耳忠言不能闻于大王之耳，这是第三个危险。大王不理朝政，饮酒作乐，夜以继日；耽于女色，沉湎游戏。外不与诸侯各国发展外交关系，内不修明政治以充实国力，这是第四个危险。所以，臣妾连说了四次‘危险啊！危险啊！’”

齐宣王听到这里，真是惭愧得无地自容，一句话也说不出来，半天寂然无声。沉默良久，才喟然长叹道：“真是痛心呀！无盐君的话。寡人到今天才知道自己的危险，而且几乎到了无可挽回的地步！”

于是，齐宣王决定立即拆毁渐台，中止声色之乐，屏退谄谀小人，尽除奢侈之风，招选兵马，充实国库，招贤纳士。又择日册立太子，封无盐为王后。后来齐国大治，百姓安定，都是托无盐这个丑女之功。

从上面的故事中，我们可以清楚地知道，无盐是一个奇丑无比的女子，齐宣王是泱泱大国之君。那么，无盐怎么四句话就将齐宣王说服，并让他痛改前非，重新振奋呢？无盐的劝谏究竟高明在哪里呢？她的话何以有那么强大的说服力呢？其实，我们仔细分析一下无盐所说的这四句话，就能明白其奥妙就在于将“排比”与“夸张”两种修辞策略同时运用。

从句法结构上看，无盐的四句话是个“排比”修辞文本。第一句话“今大王之君国也，西有衡秦之患，南有强楚之雠。外有二国之难，内聚奸臣，众人不附。春秋四十，壮男不立。故不务众子而务众妇，尊所好而忽所恃。一旦山陵崩阤，社稷不定，此一殆也”，“此一殆也”之前有五个分句，每个分句的结构都不一样，长短字数也不统一。第二句话“渐台五重，黄金白玉，翡翠珠玑，莫落连饰，万民疲极，此二殆也”，“此二殆也”之前也有五个分句，但结构也都不同，且都是短句。第三句话“贤者伏匿于山林，谄谀强进于左右，邪伪立于本朝，谏者不得通入，此三殆也”，“此三殆也”之前则有四个分句，前三个分句结构统一，后一个分句则有异，整体上也不统一。第四句话“酒浆流湎，以夜续朝。女乐俳优，从横大笑。外不修诸侯之礼，内不秉国家之治，此四殆也”，“此四殆也”之前也是四个分句，但结构长短都不同。表面看起来，这四句话中的各分句数量不同，结构也不像一般的“排比”文本那样整齐，似乎算不上是“排比”修辞文本。但是，如果我们仔细分析一下，将“此一殆也”、“此二殆也”、“此三殆也”、“此四殆也”之前与“此”呼应的部分作为一个单位来看待，则这四句话在句法结构上还是比较整齐的，完全算得上是一个“排比”修辞文本。事实上，这四句话在听觉上给人的整体感觉是整齐一致的，有“排比”文本的特质。正因为如此，这四个含“殆”之句鱼贯而下，一气呵成，不仅表意充足酣畅，而且在听觉上还自然造就出一种浩荡澎湃的气势，犹如大江之水一泻千里，对听者齐宣王的心理产生了极大的冲击，情不自禁地被无盐的“四殆”论所感染，不知不觉间模糊了自己所作所为的现实与无盐夸张预想的结果之间的界限，潜意识中早已服膺了无盐所说的道理，从而痛下决心，彻底改邪归正。

从内容意义上看，无盐的这四句话是个“夸张”修辞文本。因为无盐所说的“四殆”内容，“都是由目前的状况为前提推导的后果，是未然发生的夸张说辞，并不是目前就已发生的已然事实”①。按理来说，说服别人应该以客观存在的事实作为证据，实事求是地叙述事实，不能张皇其辞，夸大事实。但是，“无盐劝谏的对象是一位头脑昏然的齐宣王，若基于已有的事实而平淡、客观地陈述，齐宣王觉得情况不怎么严重，也许会一笑了之，认为她的讽谏之言是‘杞人忧天’。若如此，无盐的讽谏无疑会以失败而告终，齐国的结局说不定真的很危险。正是基于这种思路，讽谏者无盐故意在讽谏语言中危言耸听，夸大其词，痛陈齐宣王不改过自新的严重后果，以使齐宣王在强烈的震惊中醒来，整理已混乱的思绪，重新振作起来，以国事民生为重，使齐国能在激烈的诸侯争战中立于不败

① 吴礼权：《唇枪舌剑：言辩的智慧》（修订版），暨南大学出版社 2014 年版，第 102 页。

之地”①。可见，无盐劝谏齐宣王，以“夸张”修辞手法来说理，是一种睿智的选择。如果真的以事实为依据，实话实说，陈述平淡，那肯定是不能说服齐宣王，让他幡然醒悟，痛改前非的，当然她自己也不会有被封为王后的机会。

二、荀子认为“天道有常”

> 天行有常，不为尧存，不为桀亡。应之以治则吉，应之以乱则凶。强本而节用，则天不能贫；养备而动时，则天不能病；修道而不贰，则天不能祸。故水旱不能使之饥渴，寒暑不能使之疾，祆怪不能使之凶。本荒而用侈，则天不能使之富；养略而动罕，则天不能使之全；倍道而妄行，则天不能使之吉。故水旱未至而饥，寒暑未薄而疾，祆怪未至而凶。受时与治世同，而殃祸与治世异，不可以怨天，其道然也。故明于天人之分，则可谓至人矣。
>
> ——《荀子 · 天论》

上引文字，是《荀子 · 天论》中开头的一段。意思是说：自然界的运行变化是有一定规律的，不因为尧帝贤德而存在，也不因为夏桀昏庸而灭亡。对于自然规律，人类应对的措施正确得当，便会天下太平；应对的措施错误失当，便会天下大乱。努力从事农耕生产，节省不必要的开支，那么上天就不能让人贫困；养生措施周备，动静应合时令，那么上天就不能让人生病；遵循自然规律而采取行动，没有过错与失误，那么上天就不会降祸于人。所以说，水旱灾害并非造成饥渴的根本原因，寒暑冷热并非使人得病的真正症结，自然灾害并非使人遭祸的元凶。农业生产荒废而开支奢侈，那么上天也没办法让人富裕；养生措施不周而动静违时，那么上天也

① 吴礼权：《唇枪舌剑：言辩的智慧》（修订版），暨南大学出版社 2014 年版，第 102 页。

没办法让人健康；违背自然规律而胡作非为，那么上天也不能保佑人吉祥如意。正因为如此，所以水旱灾害还没发生就有了饥荒，寒暑冷热还没逼近就生了病，自然灾害还没发生就有了凶险。乱世遭遇的自然灾害与治世相同，但受殃遭祸的程度却大不相同，这是怪不得上天的，自然规律就是如此。所以，明白自然与人的职分，那就可以称得上是完美的人了。

《天论》是荀子有关自然哲学观的最重要的论文之一，其对人与自然关系的认识极具科学性与进步性。虽然春秋战国时代有不少思想家，如老子、孔子、墨子、庄子、孟子等，都早于荀子提出过自己的自然哲学观，但是相比于荀子的自然哲学观都逊色了不少。"如孔子虽亦主张自然之天，但同时又相信天命，他提出'君子有三畏'，第一畏就是'畏天命'；老子、庄子虽然承认天就是自然，它没有意志，不能赏善罚恶，但是又认为人们应该听命于自然，主张无为而治，不知道、甚至不承认人能够掌握、征服自然，使之为人所用；墨子虽反对命定论的观点，但还是相信有命，相信有鬼神，认为天是人格的主宰者；孟子也是认为天是有意志、有思想的，只不过要通过老百姓的好恶来体现罢了（'天视自我民视，天听自我民听'）。而荀子在《天论》中所表现出来的自然哲学观，无疑要比以上先哲进步得多，正确得多。"① 所以，现代学者范文澜评价说："从孔子的畏天命到老庄的任自然，各学派中只有荀子能正确地说明人对自然界的关系，《天论》应是诸子书中最有积极意义也是唯物论思想最显著的一篇重要著作。"② 上引这段文字，是《天论》的开头部分，其所要阐明的道理就是："自然界的运动有其自身的规律。人类顺应自然规律，就能趋吉避凶；懂得天人之分，就是完人。"

为了论证这个观点，使之有夺人心魄的说服力，荀子运用了

① 陈振鹏、章培恒主编：《古文鉴赏辞典》，上海辞书出版社 2005 年版，第 133～134 页。

② 范文澜、蔡美彪等：《中国通史》（第一册），人民出版社 2008 年版，第 252～253 页。

"排比"修辞策略，接二连三地建构"排比"文本，层层深入地予以论证。为了论证"天行有常"（即"自然界的运动有其自身的规律"）这一总论点，荀子建构了两个"排比"文本：一是"不为尧存，不为桀亡"，二是"应之以治则吉，应之以乱则凶"。这两个文本都属于双句铺排形式的"排比"①。按照古人行文省文约字的习惯，第一句应该写成："不为尧存而桀亡"，第二句可以写成"吉凶以应对而异"。但是，事实上，荀子没有这样写，而是不嫌辞费地建构了上述两个"排比"文本。虽然"不为尧存，不为桀亡"比"不为尧存而桀亡"多了一个字，但在表达效果上则完全不同。因为以双句排比的形式呈现，不仅有一种铺排壮势的效果，而且还有一种语义前后对比，从而加强了说服力的效果。第二句的情况亦如此，可见，这里荀子不嫌辞费，建构两个"排比"文本以论证"天行有常"，是着眼于论证的说服力的。正是因为是以加强说服力为目标，接下来荀子又一连建构了四个"排比"修辞文本：一是"强本而节用，则天不能贫；养备而动时，则天不能病；修道而不贰，则天不能祸"；二是"水旱不能使之饥渴，寒暑不能使之疾，袄怪不能使之凶"；三是"本荒而用侈，则天不能使之富；养略而动罕，则天不能使之全；倍道而妄行，则天不能使之吉"；四是"水旱未至而饥，寒暑未薄而疾，袄怪未至而凶"。与前述两个"排比"文本不同的是，这四个"排比"文本都是以三个分句并列铺排而成，因此在"广文意"、"壮文势"的效果上更为明显。第一个"排比"文本，说的是顺应自然规律，天人配合的重要意义；第二个文本，说的是掌握自然规律并有效利用之，自然灾害就并不可怕；第三个文本，说的是违背自然规律的严重后果；第四个文本，说的是不能掌握并利用自然规律的被动局面。前两个"排比"文本从正面论证顺应自然规律的重要性，后两个"排比"文本从反面说明违背自然规律的严重后果。这样，四个"排比"文本连贯而下，不仅增加了

① 陈望道认为两句也能构成"排比"，参见《修辞学发凡》，上海教育出版社 1997 年版，第 205 页。

说理的气势，而且事实上形成了前后对比的效应，从而大大加强了观点论述的说服力。可见，《天论》读来气势磅礴，说服力强，事实上是与作者荀子运用“排比”修辞策略、大规模集结“排比”文本分不开的。

三、东方朔割肉遗细君

伏日，诏赐从官肉。大官丞日晏不来，朔独拔剑割肉，谓其同官曰：“伏日当蚤归，请受赐。”即怀肉去。

大官奏之。朔入，上曰：“昨赐肉，不待诏，以剑割肉而去之，何也？”

朔免冠谢。

上曰：“先生起，自责也。”

朔再拜曰：“朔来！朔来！受赐不待诏，何无礼也！拔剑割肉，一何壮也！割之不多，又何廉也！归遗细君，又何仁也！”

上笑曰：“使先生自责，乃反自誉！”

复赐酒一石，肉百斤，归遗细君。

——《汉书》卷六十五《东方朔传》

上引文字，说的是这样一个故事：汉武帝时，有一年的伏日祭祀，汉武帝诏令赐给参加祭祀的官员祭肉。可是，主持分配祭肉的大官丞迟迟未到。东方朔等得心急不耐烦，就擅自拔剑割了一块祭肉扬长而去。临走时还振振有词地跟其他同僚说：“伏日应当早点回家，大家也接受了皇上赐的肉回去吧。”

说完，东方朔就怀揣着祭肉离开了。不久，大官丞来了，获知情况后，立即向汉武帝奏报。汉武帝闻之大怒，立即诏东方朔入宫问话。东方朔一进宫，汉武帝就怒气冲冲地质问道：“昨天伏祭赐肉，你怎么不等大官丞奉我的诏令前往分肉，就擅自以剑割肉而去呢？你有什么说法？”

东方朔知道大事不妙，连忙自己脱了朝冠，向汉武帝叩头谢罪。

汉武帝见他知罪认错，遂心一软，说道：“先生起来自己反省过错吧。”

东方朔连忙又叩头再拜，说道：“东方朔过来！东方朔过来！受赐不等诏令，何等的无礼！拔剑割祭肉，何等的壮观！割肉而不多，何等的廉洁！带回送妻子，何等的仁义！”

汉武帝一听，不禁笑了起来，说道：“寡人让先生自我检讨，却反而自我表扬起来了！”

于是，汉武帝一笑了之，还另赐了他一石酒，一百斤肉，让他带回去送给他的妻子。

对历史有所了解的人，都知道东方朔乃汉武帝时有名的弄臣，因此在《史记》中他名列《滑稽列传》。虽说是个弄臣，但东方朔的聪明睿智则是常人所不及的。由上述故事，我们便可窥一斑而知全豹。在中国封建时代，不待皇帝诏令就擅自行动，那必是杀头的下场。可是，东方朔参加国家的伏日祭祀大典，不待汉武帝赐肉的诏令，就擅自拔剑割肉扬长而去，结果不但没被杀头，反获赐酒一石、肉百斤。这又是为什么呢？从上述故事中我们能看出，就是因为东方朔为自己辩护得好，不仅将有罪辩得没罪，而且还让汉武帝觉得他有情有义，深受感动。其实，东方朔为自己擅自割肉辩护的话，如果直说了，就是这样一个意思：“臣不待诏割肉而去，实在是无礼，罪该万死！但臣并不贪心，只是象征性地割了一点送给妻子，让她也能分享到皇上的恩赐仁慈。”如果东方朔果真这样实话实说，虽然意思表达得非常清楚，但肯定难以打动汉武帝的心，让他为之感动而法外施恩。东方朔的聪明之处，在于他了解汉武帝的心理，知道他喜欢自己的滑稽。所以，他在为自己辩护时，先将自己定位为一个弄臣，回答汉武帝的质问时不以一般大臣侍对皇帝的严肃态度与语气，也不用谦恭拘谨的句法表意，而是以表面庄严而内里滑稽的口气将所要表达的意思说出来，从而巧妙地将汉武帝的怒气化解掉，让他在一笑之下大事化小，小事化了。那么，怎样才能寓庄于谐，化庄严为滑稽呢？东方朔独具匠心地选择了“排比”

修辞策略，将谢罪之情、自誉之意与插科打诨有机地结合起来，从而突破汉武帝的心防，令其始料不及，情不自禁地为其不伦不类的辩解而哑然失笑。因为“受赐不待诏，何无礼也”，是表示致歉谢罪；“拔剑割肉，一何壮也”、“割之不多，又何廉也”、“归遗细君，又何仁也”则都是自誉。但是，前一句与后三句以连续铺排的形式连贯而下，在客观上就形成了前后对比的效应，令人突然醒悟，原来谢罪是真，自誉是假。自誉的真正目的是想让汉武帝觉得荒唐可笑，化解郁积于胸的怒气，从而真正感受到其真心实意的谢罪之情。汉武帝是何等聪明之人，东方朔的这种心理他岂能洞悉不透？正因为如此，汉武帝不仅一笑恕其死罪，而且还赐酒赐肉于其细君，由此在中国历史上留下一段佳话。可见，“排比”修辞策略的巧妙运用，还有意想不到的幽默效果，能在辩解说理中发挥大作用。

四、柳宗元教韦中立写作技巧

始吾幼且少，为文章，以辞为工。及长，乃知文者以明道，是固不苟为炳炳烺烺，务采色、夸声音而以为能也。凡吾所陈，皆自谓近道，而不知道之果近乎远乎？吾子好道而可吾文，或者其于道不远矣。

故吾每为文章，未尝敢以轻心掉之，惧其剽而不留也；未尝敢以怠心易之，惧其弛而不严也；未尝敢以昏气出之，惧其昧没而杂也；未尝敢以矜气作之，惧其偃蹇而骄也。抑之欲其奥，扬之欲其明，疏之欲其通，廉之欲其节；激而发之欲其清，固而存之欲其重，此吾所以羽翼夫道也。本之《书》以求其质，本之《诗》以求其恒，本之《礼》以求其宜，本之《春秋》以求其断，本之《易》以求其动：此吾所以取道之原也。参之谷梁氏以厉其气，参之《孟》、《荀》以畅其支，参之《庄》、《老》以肆其端，参之《国语》以博其趣，参之《离骚》以致其幽，参之太史公以著其洁：此吾所以旁推交通，而以为之文也。

——柳宗元《答韦中立论师道书》

上引这两段文字，是唐代著名文学家柳宗元于唐宁宗元和八年（公元813年）写给韦中立一封回信中的最后一部分。书信的前一部分，柳宗元首先感谢了韦中立不顾世风日下，人不事师、不闻师道的现实，远从京师而往其贬谪的永州拜其为师的诚意，然后跟韦中立开诚布公地说明了自己为什么不肯接受他拜师学文的缘由，态度诚恳，语重心长，可谓感人至深。后一部分（即上引这两段），则向韦中立详尽地传授了写作的技巧。这两段文字，文字古奥，若转译成现代汉语，大致意思如下：

我年少之时开始写文章，是以文辞工妙为追求目标的。等到长大明白事理后，才知道写文章是用以阐明圣人之道的，本来就不应该轻率地追求文章表现形式上的华美、讲究辞藻的艳丽与音律的动听，并以此为能而夸示于世人。所以，凡是我奉呈给您看的文章，都是自认为是近于圣人之道的，只是不知道距离圣人之道是近是远罢了。您崇尚圣人之道又认可我的文章，也许是认为我的文章已经比较接近圣人之道了吧。

正因为我写文章是以阐明圣人之道为目标，所以每当我提起笔来写文章，从来都不敢轻忽随意，就怕文章流于肤浅而不深刻；从来都不敢偷懒取巧，就怕文章意绪松散，论述不够严谨；从来都不敢以模糊不清的态度表达观点，就怕文章主旨不清而思想混乱；从来都不敢以得意自傲的心态写作，就怕文章给人留下盛气凌人的轻狂印象。写文章收敛文辞，不事张扬，是为了使文章显得含蓄深刻；写文章发挥文理，铺排挥洒，是为了使文章显得明快；写文章疏通文气，是为了使文章显得流畅；写文章省文约字，是为了使文章显得精炼；写文章激浊扬清，剔除浮词臃言，是为了使文章显得清雅清新；写文章紧扣主旨而不放松，是为了使文章显得风格庄重。这就是我以文章卫护圣人之道的方法。写文章以《尚书》为本原，是为了使文章显得质朴无华；写文章以《诗经》为本原，是为了使文章魅力永恒；写文章以《三礼》为本原，是为了使文章内容合情合理；写文章以《春秋》为本原，是为了使文章论断明晰；写文章以《周易》为本原，是为了使文章能够反映事物的发展变化。这就是我写文章汲取圣人之道的源泉。写文章参酌《谷梁传》，是为了强化文章的气势；写文章参酌《孟子》、《荀子》，是为了使文章显得条理清晰；写文章参酌《庄子》、《老子》，是为了使文章行文显得汪洋恣肆；写文章参酌《国语》，是为了使文章更具情趣；写文章参酌《离骚》，是为了使文章显得含蓄深沉；写文章参酌《史记》，是为了使文章显得语言简洁。这就是我广泛吸取经验，多方推求，融会贯通后用以写文章的方法。

从上面这两段话的文意来看，柳宗元的主要观点是："文者以明道"，即写文章的目的是为了阐发圣人之道（即先哲圣贤的思想主张），因此，作者"固不苟为炳炳烺烺，务采色、夸声音而以为能也"，即不应该在文字技巧上做功夫。为了论证这个观点，同时也确确实实地给求学者韦中立以写作上的指导，让他掌握其"文以明道"的具体写作方法，作者柳宗元运用"排比"修辞策略，一连建构了四个"排比"文本。其中，第一、二个"排比"文本是论述"羽翼夫道"的方法，也就是"如何运用写作技巧来表现内容的问题"①。其论述分正反两个方面，第一个"排比"文本"吾每为文章，未尝敢以轻心掉之，惧其剽而不留也；未尝敢以怠心易之，惧其弛而不严也；未尝敢以昏气出之，惧其昧没而杂也；未尝敢以矜气作之，惧其偃蹇而骄也"，是从反面着笔，从"心"、"气"方面谈如何防范下笔前思虑不周的消极后果。由于是以四个结构相同的句子连续铺排而下，文意充足，气势酣畅，明显具有一种先声夺人的感觉，让接受者韦中立对于写作中"轻心"、"怠心"、"昏气"、"矜气"对"羽翼夫道"的消极影响有了一个深刻鲜明的印象。第二个"排比"文本"抑之欲其奥，扬之欲其明，疏之欲其通，廉之欲其节；激而发之欲其清，固而存之欲其重"，是从正面着眼，具

① 陈振鹏、章培恒主编：《古文鉴赏辞典》，上海辞书出版社 2005 年版，第 1087 页。

体说明了如何“羽翼夫道”的技术，以六个语法结构相同、相似的句子一字铺排，鱼贯而下，将“抑”、“扬”、“疏”、“廉”、“激”、“固”六法的效果充分展示出来，让接受者韦中立清楚明白地了解到贯彻落实“羽翼夫道”的方法。接下来，作者又以两个“排比”文本连贯而下。第一个“排比”文本“本之《书》以求其质，本之《诗》以求其恒，本之《礼》以求其宜，本之《春秋》以求其断，本之《易》以求其动”，以五个结构相同的句子连续铺排，全面而有力地说明了以六经为“取道之原”的意义。第二个“排比”文本“参之《谷梁氏》以厉其气，参之《孟》、《荀》以畅其支，参之《庄》、《老》以肆其端，参之《国语》以博其趣，参之《离骚》以致其幽，参之太史公以著其洁”，以六个结构相同的句子连贯而下，充分展示了取法经典、“旁推交通以为文”的修辞目标，从而让接受者韦中立有了一个明确的“行动纲领”，得以活学活用。

韦中立乃唐代潭州刺史韦彪之孙，与柳宗元通讯，欲拜之为师学习写作时，还只是一个普通的士子，但在唐宁宗元和十四年（公元819年）时就荣登进士榜。这大概与柳宗元这篇书信教导他的写作技巧也有关系吧，因为唐代是以诗文考试取仕的。可见，“排比”修辞策略运用得好，还能成为传授写作技巧的有力工具。

五、济公活佛的圣训

一生都是命安排，求什么？
今日不知明日事，愁什么？
不礼爹娘礼世尊，敬什么？
兄弟姐妹皆同气，争什么？
儿孙自有儿孙福，忧什么？
人世难逢开口笑，苦什么？
补破遮寒暖即休，摆什么？
死后一文带不去，悭什么？
前人田地后人收，占什么？

得便宜处失便宜，贪什么？
举头三尺有神明，欺什么？
荣华富贵眼前花，傲什么？
他家富贵前生定，妒什么？
前世不修今受苦，怨什么？
赌博之人无下梢，耍什么？
治家勤俭胜求人，奢什么？
冤冤相报几时休，结什么？
世事如局同一棋，算什么？
聪明反被聪明误，巧什么？
虚言折尽平生福，谎什么？
是非到底见分明，辩什么？
谁能保得常无事，诮什么？
穴在人心不在山，谋什么？
欺人是祸饶人福，卜什么？
一旦无常万事休，忙什么？

上引文字，是济公劝世的圣训[①]。其实，济公只是一个传说中的人物[②]。因此，这则所谓的济公圣训，也只不过是古人托名济公而编造的一则劝世格言而已。

不过，这则劝世格言虽然并非出自传说中的活佛济公之口，但它所阐明的人生道理却是非常有说服力的。那么，这则劝世格言为什么具有非常强的说服力，并千古流传，广为传诵呢？这与这则格言所运用的修辞策略有关。仔细分析一下这则格言，我们便不难发现，这则格言的每一句都运用了“设问”修辞策略。因此，全篇二

① 这里所谓的“济公圣训”，不过是古人托佛劝世之言，因此它在传播中历来存在着文字上的差异，这里引录的文字，请参考：http://www.kaixin001.com/repaste/22872246_3368123614.html.

② 济公作为一个惩恶扬善、除暴安良、扶危济困的活佛形象，早在南宋时代便在民间流传。清代郭小亭所著二百四十回长篇神话小说《济公传》，将南宋以来有关济公的民间传说进行了系统梳理，从而使其行侠仗义、扶危济困的活佛形象更加鲜明。

十五句，就是二十五个“设问”修辞文本。但是，将这二十五个“设问”文本合起来看，也就是将这则济公圣训全篇看作一个整体时，它则是一个“排比”修辞文本。也就是说，从局部看，这则格言每一句都是一个“设问”修辞文本；从整体看，则又是一个“排比”修辞文本。看清了这一点，那么，这则格言的说服力何来，也就再清楚不过了。

学过修辞学者皆知，所谓“设问”，乃是一种“胸中早有定见，话中故意设问”[①] 的修辞文本模式。这种修辞文本又可区分为“提问”与“激问”两种[②]。“提问”是“为提醒下文而问的”，它的答案就“在它的下文”[③]；而“激问”是“为激发本意而问的”，其答案则“在它的反面”[④]。上引济公圣训，每一个“设问”文本都属于“激问”。如第一句“一生都是命安排，求什么?”意谓“一生都是命安排，所以什么都不必求”。第二句“今日不知明日事，愁什么?”意谓“今日不知明日事，所以什么都不必愁”。其余各句，依此类推。虽然“设问”分为“提问”与“激问”两种，但是不管是“为提醒下文”，还是“为激发本意”，作为一种修辞文本模式，“它们的建构都是表达者在某种激情状态下意欲凸显自己的某种情意并进而希望接受者与自己达成情感上的共鸣，是表达者有意识地强化接受者注意的产物。正因为如此，设问修辞文本在表达上多有突出强调的表达效果，易于淋漓尽致地显现表达者文本建构的情感或意图；在接受上多因表达者所设定的‘明知故问’文本模式而易于引发接受者的‘不随意注意’，进而能深刻理解表达者的文本建构的意图，达成与表达者之间的情感思想的共鸣。”[⑤] 仍以上引济公圣训的第一、二句为例，如果不以“设问”修辞策略建构“激问”式“设问”修辞文本，而是以平常的陈述句表达，说成“一生都是

① 陈望道：《修辞学发凡》，上海教育出版社 1979 年版，第 40 页。
② 陈望道：《修辞学发凡》，上海教育出版社 1979 年版，第 40 页。
③ 陈望道：《修辞学发凡》，上海教育出版社 1979 年版，第 40 页。
④ 陈望道：《修辞学发凡》，上海教育出版社 1979 年版，第 40 页。
⑤ 吴礼权：《修辞心理学》（修订版），暨南大学出版社 2013 年版，第 83 页。

命安排，所以什么都不必求”、“今日不知明日事，所以什么都不必愁”，虽然道理也说清楚了，但没有先声夺人的气势，不能给人以理直气壮的感觉。很明显，这在加强说服力方面就逊色一筹。可见，这则劝世格言假托传说中的活佛济公之口，以二十五个“激问”修辞文本来劝世说理，晓谕世人看淡身外之物，消除无尽欲念，抛开无谓烦恼，快乐地生活，说服力非常强，效果也非常明显。

上面我们说过，这二十五个“设问”修辞文本，合起来看，则是一个由二十五个句法结构相同的句子构成的“排比”文本。前文我们说过，“排比”文本由于是以两个或两个以上相同相似句法结构的句子连续铺排而成，因此在表意上有一种充足酣畅的效果，在语气与文势上则会给人一种激昂澎湃、一泻千里的感觉，能够对接受者产生强大的心理冲击，让接受者不知不觉间深受感染，并迅速达成与表达者相同的情感或思想共鸣。因此，“排比”修辞文本的建构用以说理，对于提升说服力也是效果非常明显的。上引济公圣训作为一个“排比”修辞文本看，与一般的“排比”文本又有所不同。一来是因为它的每个组成因子本身是一个“设问”修辞文本，说服力本身已经很强。二来它是以二十五个而非两三个相同相似的句子连续铺排，这在加强文势与语气上就更是非同寻常，给接受者的心理冲击十分强烈，对提升劝世明理的说服力自然也有非常明显的效果。应该说，这则劝世格言之所以广泛传诵，与其强大的劝世说服力有关。而这强大的说服力，又是源自于“设问”与“排比”修辞策略的巧妙结合与运用。

六、梁实秋对男人的看法

男人令人首先感到的印象是脏！当然，男人当中亦不乏刷洗干净洁身自好的，甚至还有油头粉面衣裳楚楚的，但大体讲来，男人消耗肥皂和水的数量要比较少些。某一男校，对于学生洗澡是强迫的，入浴签名，每周计核，对于不曾入浴的初步惩罚是宣布姓名，最后的断然处置是定期强迫入浴，并派员监视，然而日久玩生，签名簿中尚不无浮冒情事。有些男人，西装裤尽管挺直，他的耳后脖根，土壤肥沃，常常宜于种麦！袜子手绢不知随时洗涤，常常日积月累，到处塞藏，等到无可使用时，再从那一堆污垢存货当中挑选比较干净的去应急。有些男人的手绢，拿出来硬像是土灰面制的百果糕，黑乎乎黏成一团，而且内容丰富。男人的一双脚，多半好像是天然的具有泡菜梅干菜再加糖蒜的味道，所谓“濯足万里流”是有道理的，小小的一盆水确是无济于事，然而多少男人却连这一盆水都吝而不用，怕伤元气。两脚既然如此之脏，偏偏有些“逐臭之夫”喜于脚上藏污纳垢之处往复挖掘，然后嗅其手指，引以为乐！多少男人洗脸都是专洗本部，边疆一概不理，洗脸完毕，手背可以不湿，有的男人是在结婚后才开始刷牙。“扪虱而谈”的是男人。还有更甚于此者，曾有人当众搔背，结果是从袖口里面摔出一只老鼠！除了不可挽救的脏相之外，男人的脏大概是由于懒。

——梁实秋《雅舍小品·男人》

上引这段文字，是梁实秋的小品文《男人》中的开头一节。全文写了男人五德：“脏”、“懒”、“馋”、“自私”、“好色”，可谓字字如鞭，鞭鞭打在了男人们的痛处。虽然如此，但男人很少有能恨他的，因为他对男人的观察实在是太细致入微了，说出了事实真相。又因为他自己也是男人，男人揭男人的短处，那是有自知之明的表现，大家只会觉得他崇高，有鞭挞自己灵魂的勇气。正因为如此，女人们读这篇小品文会拍手称快，男人们读这篇小品文既会摇头叹气，又会拍案叫绝。

这篇小品文写男人“第一德”——脏，凌空起势，别有一种先声夺人的效果，一下子就击中了男人的劣根性，生动幽默的表达不仅让人印象非常深刻，而且说服力也很强，让男人们无可辩驳，并在其显微镜式的笔触观照下无可遁形。那么，这段文字何以有如此的效果呢？仔细分析一下，主要是缘于作者“夸张”修辞策略的巧妙运用，建构了许多“夸张”修辞文本。前文我们说过，“夸张”作为一种修辞策略，因为表情达意时有张皇夸大的成分，所以往往有耸动人心的效果，易于对接受者的心理形成强大的冲击，让接受者不知不觉间受到其强烈的情绪感染，从而达成与表达者相同的情感或思想共鸣。学过修辞学的人都知道，“夸张”作为一种修辞策略，可以分为两大类：一是“直接夸张”，二是“间接夸张”。[①] 所谓“直接夸张”，是一种将所要强调突显的语意呈现于辞面上的夸张形式，接受者经由表达者给定的文本一览便知，无需思而得之。它可分为“扩大式”和“缩小式”两种情况。[②]“扩大式”，是“将所说写的事象往大的、高的等等方面夸说”。[③] 如唐人李白诗：“白发三千丈，缘愁似个长”（《秋浦歌》之十五），即“扩大式”的“直接夸张”。“缩小式”，是“将所要说写的事象往小的、低的、弱的等等方面描写”。[④] 如《诗经》：“谁谓河广？曾为容刀”（《卫风·河广》），即是“缩小式”的“直接夸张”。所谓“间接夸张”，是一种将所要强调突显的语意不直接呈现于辞面上的夸张形式，接受者要了解表达者强调突显的重点，需透过辞面寻思一番。它可以细分为“折绕式”、“比喻式”、“排比式”、“用典式”、“超前式”等五种情况。[⑤]“折绕式”，是“通过迂回曲折的方式将所要表达的语意夸张地表达出来”。[⑥] 如唐人韩愈诗：“一封朝奏九重天，夕贬潮州路八千”（《左迁至蓝关示侄孙湘》），“以‘朝奏’、‘夕贬’对应，暗写出遭贬之快；以‘九重天’对‘路八千’，以夸张修辞法写忠心上达唐宪宗之不易与自己被贬边地之远。”[⑦]“比喻式”，是“通过比喻的形式来实现语意表达的强化目标，不是为了表达的生

---

① 吴礼权：《现代汉语修辞学》，复旦大学出版社 2012 年版，第 162 页。
② 吴礼权：《现代汉语修辞学》，复旦大学出版社 2012 年版，第 162 页。
③ 吴礼权：《现代汉语修辞学》，复旦大学出版社 2012 年版，第 162 页。
④ 吴礼权：《现代汉语修辞学》，复旦大学出版社 2012 年版，第 163 页。
⑤ 吴礼权：《现代汉语修辞学》，复旦大学出版社 2012 年版，第 164 页。
⑥ 吴礼权：《现代汉语修辞学》，复旦大学出版社 2012 年版，第 164 页。
⑦ 吴礼权：《中国名言引语词典》，香港商务印书馆 2013 年版，第 79 页。

动形象”。[①] 如南唐后主李煜词：“问君能有几多愁，恰似一江春水向东流”（《虞美人》），以江水喻愁，不是为比喻而比喻，而是意在强化“亡国之恨和思乡之愁的沉重”[②]。“排比式”，是“通过排比的形式来夸说某种语意或事象”。[③] 如《战国策·秦策一》：“苏秦相于赵而关不通。当此之时，天下之大，万民之众，王侯之威，谋臣之权，皆欲决苏秦之策。不费斗粮，未烦一兵，未战一士，未绝一弦，未折一矢，诸侯相亲，贤于兄弟。夫贤人在，而天下服；一人用，而天下从。”是写苏秦“合纵”之计成功后天下安宁的景象。其中，“天下之大，万民之众，王侯之威，谋臣之权”四句，从语意上看，可用“天下之人”四字概括；“不费斗粮，未烦一兵，未战一士，未绝一弦，未折一矢”五句，可用“天下安宁”四字概括，“但是作者没有这样写，而是用两个排比文本来分写，其意是在强化所欲宣达的主旨，而不是为了铺排文字而壮文势”[④]。“用典式”，是“通过用典的修辞手段来极写某种事象或情意的”。[⑤] 如梁实秋散文《算命》中：“这一对男女结婚之后，梁孟齐眉，白头偕老”一句，是用《后汉书·梁鸿传》所记梁鸿、孟光夫妻恩爱的典故，来表现一对现代青年男女结婚后恩爱和谐的境界。这是一种夸张，而非写实。因为“现代夫妻感情再好，妻子可以给丈夫端饭，但总不会还‘举案齐眉’的。其实，这句话，若不以夸张修辞文本来表现，正常的表达就是‘这一对男女结婚之后，感情非常好’。但这样表达不足以说明这对男女感情之好，不能给人留下深刻印象”[⑥]。“超前式”，是“通过某种句际（或词际）关系来暗示出其所欲表达的意旨，而不直接将意思写在辞面上”。[⑦] 如宋人范仲淹词：“愁肠已断无由醉，酒未到，先成泪”（《御街行》），即是“超

① 吴礼权：《现代汉语修辞学》，复旦大学出版社 2012 年版，第 165 页。
② 吴礼权：《现代汉语修辞学》，复旦大学出版社 2012 年版，第 165 页。
③ 吴礼权：《现代汉语修辞学》，复旦大学出版社 2012 年版，第 165 页。
④ 吴礼权：《现代汉语修辞学》，复旦大学出版社 2012 年版，第 166 页。
⑤ 吴礼权：《现代汉语修辞学》，复旦大学出版社 2012 年版，第 166 页。
⑥ 吴礼权：《现代汉语修辞学》，复旦大学出版社 2012 年版，第 167 页。
⑦ 吴礼权：《现代汉语修辞学》，复旦大学出版社 2012 年版，第 167 页。

前式”夸张。因为“‘酒到’与‘成泪’有一个先后次序，这里词人为了强调愁之深重，将逻辑顺序颠倒，让‘成泪’发生于‘酒到’之前”①。

上引梁实秋《男人》一文开头一段中所建构的“夸张”修辞文本，都是“间接夸张”。“有些男人，西装裤尽管挺直，他的耳后脖根，土壤肥沃，常常宜于种麦”，是说有些男人洗脸不洗耳后脖根，以致耳后脖根污垢很多，就像肥沃的土壤一样，可以种麦。这是“比喻”式“间接夸张”，意在通过比喻，强调其耳后脖根污垢之多。“有些男人的手绢，拿出来硬像是土灰面制的百果糕，黑乎乎黏成一团，而且内容丰富”，是说有些男人手绢长期不洗，污垢结得很厚，就像土灰面制的百果糕。这也是“比喻”式“间接夸张”，意在通过比喻，突显手绢之脏。“男人的一双脚，多半好像是天然的具有泡菜梅干菜再加糖蒜的味道”，是说有些男人不肯洗脚，脚的味道太难闻，就像是泡菜、梅干菜再加糖蒜混合在一起的味道。这也是“比喻”式“间接夸张”，意在引发人们想象与联想，了解那些不肯洗脚的男人的脚臭的味道到底有多厉害，强化人们对其脏的印象。“所谓‘濯足万里流’是有道理的，小小的一盆水确是无济于事，然而多少男人却连这一盆水都吝而不用，怕伤元气”，这是以“用典”的方式“间接夸张”，说那些不洗脚的男人的脚脏得用万里江水都洗不尽，这是极度的夸张。“濯足万里流”是西晋文学家左思《咏史》诗八首中的第五首，其诗曰：“皓天舒白日，灵景照神州。列宅紫宫里，飞宇若云浮。峨峨高门内，蔼蔼皆王侯。自非攀龙客，何为歘来游。被褐出阊阖，高步追许由。振衣千仞冈，濯足万里流。”这首诗的主旨是表达诗人不屑于尘俗的荣华富贵，希望追迹先贤而隐逸高蹈的情怀。因此，诗句中的“濯足万里流”，其本意并非指洗脚上的脏物，而是表现诗人投入大自然的怀抱而自由自在的喜悦之情。梁实秋引用此句来说某些男人的脚脏洗不尽，乃是“望文生义”，故意曲用典故，借“濯足万里流”的字

① 吴礼权：《现代汉语修辞学》，复旦大学出版社2012年版，第168页。

面义来强化男人脚脏之语意。"'扪虱而谈'的是男人"，这也是"用典"式"间接夸张"，意思是说男人是世界上最脏的。"扪虱而谈"典出于《晋书·王猛传》："温入关，猛披褐而诣之，一面谈当世之事，扪虱而言，旁若无人。温察而异之，问曰：'吾奉天子之命，率锐师十万，杖义讨逆，为百姓除残贼，而三秦豪杰未有至者，何也？'猛曰：'公不远数千里，深入寇境，长安咫尺而不渡灞水，百姓未见公心故也，所以不至。'温默然无以酬之。温之将还，赐猛车马，拜高官督护，请与俱南。猛还山咨师，师曰：'卿与桓温岂并世哉！在此自可富贵，何为远乎！'猛乃止。"桓温是东晋权臣、北伐大将军，率师北伐抵近西晋故都长安，王猛披着粗布衣来拜访他，而且一边谈话一边捉虱子，这是何等的不礼貌。但是，史书记载这个细节的目的，不是强调王猛的脏，而是为了表现其不修边幅的潇洒名士风度。梁实秋这里用"扪虱而谈"这个典故，则是以王猛这个极端的例子来强调说明男人的脏，属于"用典"式的夸张。"曾有人当众搔背，结果是从袖口里面摔出一只老鼠"，意思是说某男人脏到老鼠在衣服里做窝还不知道，结果当众搔背从袖口里摔出老鼠。这是"折绕"式"间接夸张"，绕着弯子批评男人之脏。由于梁实秋以"夸张"手法建构了以上诸多"间接夸张"修辞文本，迂回曲折地将男人之脏的本相一一呈现出来，虽然表意婉转幽默，但是有力地说证了其文首提出的观点："男人脏"，既让天下男人汗颜，又让他们叹服。

七、梁实秋冷眼看女人

女人善哭，从一方面看，哭常是女人的武器，很少人能抵抗她这泪的洗礼。俗语说："一哭二睡三上吊"，这一哭确实其势难当。但从另一面看，哭也常是女人的内心的"安全瓣"。女人的忍耐的力量是伟大的，她为了男人，为了小孩，能忍受难堪的委屈。女人对于自己的享受方面，总是属于"斯多亚派"的居多。男人不在家时，她能立刻变成为素食主义者，火炉里能爬出老鼠，开电灯怕费电，再关上又怕费开关。平素即已极端刻苦，一旦精神上再受刺激，便忍无可忍，一腔悲怨天然的化做一把把的鼻涕眼泪，从“安全瓣”中汩汩而出，腾出空虚的心房，再来接受更多的委屈。女人很少破口骂人（骂街便成泼妇，其实甚少），很少揎袖挥拳，但泪腺就比较发达。善哭的也就常常善笑，迷迷的笑，吃吃的笑，格格的笑，哈哈的笑，笑是常驻在女人脸上的，这笑脸常常成为最有效的护照。女人最象小孩，她能为了一个滑稽的姿态而笑得前仰后合，肚皮痛，淌眼泪，以至于翻跟斗！哀与乐都象是常川有备，一触即发。

女人的嘴，大概是用在说话方面的时候多。女孩子从小就往往口齿伶俐，就是学外国语也容易琅琅上口，不象嘴里含着一个大舌头。等到长大之后，三五成群，说长道短，声音脆，嗓门高，如蝉噪，如蛙鸣，真当得好几部鼓吹！等到年事再长，万一堕入“长舌型”，则东家长，西家短，飞短流长，搬弄多少是非，惹出无数口舌；万一堕入“喷壶嘴”型，则琐碎繁杂，絮聒唠叨，一件事要说多少回，一句话要说多少遍，如喷壶下注，万流齐发，当者披靡，不可向迩！一个人给他的妻子买一件皮大衣，朋友问他：“你是为使她舒适吗?”那人回答说：“不是，为使她少说些话！”

——梁实秋《雅舍小品·女人》

上引这两段文字，是梁实秋的小品文《女人》中的第三、四节。全文写了女人五德：“爱说谎”、“善变”、“善哭”、“多舌”、“胆小”、“聪明”，正好与《男人》的“五德”呼应。不过，相对来说，梁实秋的《女人》一文对女人的缺点的指陈还是比较克制的，不像《男人》一文对男人全是负面的批评之辞。即从上面引用的两段文字来看，对女人就既有批评又有赞扬。但是，不管是批评还是赞扬，都具有很强的说服力，能让人口服心服。之所以能有这样的效果，是因为作者运用了“夸张”修辞策略，建构了一系列“夸张”修辞文本。如上引第一段赞扬女性的优良品德时，有两个“夸张”修辞文本，读之不禁令人深受感动，由衷地为中国传统女性的伟大而感叹。第一个“夸张”文本是：“女人对于自己的享受方面，总是属于‘斯多亚派’的居多。男人不在家时，她能立刻变成为素食主义者，火炉里能爬出老鼠，开电灯怕费电，再关上又怕费开关”，意思是说女人善于克制自己的欲求，对自己采取“禁欲主义”（即“斯多亚派”）的生活态度，过日子非常节俭，甚至到了吝啬的地步。但是，这层意思作者没有直接说出来，而是通过“折绕”式“间接夸张”，迂回曲折地表达出来，不仅令人回味无穷，而且说服力也大增。因为“火炉里能爬出老鼠，开电灯怕费电，再关上又怕费开关”，虽然表意有些迂绕，但是最大限制地突显出中国传统女性节俭持家的美德。第二个“夸张”文本是：“女人最象小孩，她能为了一个滑稽的姿态而笑得前仰后合，肚皮痛，淌眼泪，以至于翻跟斗”，属于“直接夸张”，意思是说女人有时纯真得像孩子，非常可爱。但是，作者也未这样理性地表达这层意思，而是用具体动作呈现，而且是用带有夸张性质的具体动作来呈现（如“前仰后合”、“肚皮痛”、“淌眼泪”、“翻跟斗”），不仅给人的印象非常深刻，而且也增强了其观点的说服力，让人觉得女人真的是很纯真可爱。除了运用“夸张”策略建构修辞文本赞扬女人外，作者在上引第一段中还运用“排比”策略建构修辞文本来赞扬女人。如写女人善笑，梁实秋的说法是：“善哭的也就常常善笑，迷迷的笑，吃吃的笑，格格的笑，哈哈的笑，笑是常驻在女人脸上的，这笑脸常常成为最有效的护照”，以“迷迷的笑，吃吃的笑，格格的笑，哈哈的笑”四个结构相同的短语铺排来强化说明女人的“善笑”，不仅让人真切地感受到女人善笑的美好形象，而且增强了作者提出的“女人善笑”这一观点的说服力。

虽然为女人说了不少好话，但作者也没有一味为女人护短。对于女人天性上的弱点，作者也还是直接予以了指陈。上引第二段对女人喜欢多舌的批评，就是明显的证据。作者在指出女人有喜欢多舌、搬弄是非的毛病时，也像赞扬女人的美德一样，也是运用了“夸张”策略，建构了三个“夸张”修辞文本。第一个“夸张”文本是：“等到长大之后，三五成群，说长道短，声音脆，嗓门高，如蝉噪，如蛙鸣，真当得好几部鼓吹”，是一个“比喻”式“间接夸张”，将女人三五成群在一起肆无忌惮地高声说人长短比作是“蝉噪”、“蛙鸣”，透过“蝉噪”、“蛙鸣”两个“喻体”的负面形象，婉转地指陈了女人喜欢多舌的毛病，读之不仅让人印象非常深刻，而且也由此加强了结论的说服力。第二个“夸张”文本是：“等到年事再长，万一堕入‘长舌型’，则东家长，西家短，飞短流长，搬弄多少是非，惹出无数口舌”，则是“扩大”式“直接夸张”，写年长女人尤其喜欢多舌。为了突显多舌的负面效果，作者用“无数口舌”来下结论，这明显是往大里夸张，目的是让人加深对中老年女人喜欢多舌的印象，强化自己前面所下结论的说服力。第三个“夸张”文本是：“万一堕入‘喷壶嘴’型，则琐碎繁杂，絮聒唠叨，一件事要说多少回，一句话要说多少遍，如喷壶下注，万流齐发，当者披靡，不可向迩”，也是“扩大”式“直接夸张”，因为“万流齐发”、“当者披靡，不可向迩”都是将张皇夸大之意直接写在了辞面上。虽然这样说女人多舌的可怕有些张皇失实，但却给读者以强烈的印象，从而在心理上不知不觉地加强了说服读者的力量。因为夸张的表达易于激发接受者高昂的情绪，而在高昂情绪的作用下，人们往往会失去理性判断的能力，易于认同或者说是轻信表达者的观点。如果我们读梁实秋的小品文多了，就会发现一个秘密：他在许多文章中提出的观点，往往并不是靠摆事实或逻辑论证来增强说服力，而是透过巧妙的比喻、夸张、排比或别的修辞策略，以心理暗示的方式“暗度陈仓”，从而达到说服读者的目标。上面他对男人与女人的观点，都是循此思路论证的。

八、董桥对书真的有感情

> "痴"跟"情"是分不开的；有情才会痴。中国人还有"书淫"之说，指嗜书成癖、整天耽玩典籍的人。此处的"淫"字也会惹起很多联想。"耽玩"迹近"纵欲"。人对书真的会有感情，跟男人和女人的关系有点像。字典之类的参考书是妻子，需在身边为宜，但是翻了一辈子未必娴熟。诗词小说只当是可以迷死人的艳遇，事后追忆起来总是甜蜜的。又长又深的学术著作是半老的女人，非打点十二分精神不足以深解；有的当然还有点风韵，最要命的是后头还有一大串注文，不肯罢休！至于政治评论、时事杂文等集子，都是现买现卖，不外是青楼上的姑娘，亲热一下也就完了，明天看就不是那么一回事了。倒过来说，女人看书也就这些感情上的区分：字典、参考书是丈夫，应该可以陪一辈子；诗词小说不是婚外关系，就是初恋心情，又紧张又迷惘；学术著作是中年男人，婆婆妈妈，过分周到，临走还要殷勤半天，怕你说他不够体贴；政治评论、时事杂文正是外国酒店房间里的一场春梦，旅行完了也就完了。
>
> ——董桥《藏书家的心事》

上引文字，是董桥《藏书家的心事》一文的第三段。前两段是述说西方藏书家种种苦恼的掌故，第三段则是专门论述人对书的感情。作者在此提出一个观点："人对书真的会有感情，跟男人和女人的关系有点像"。这个观点很新鲜，因为说人对书有感情，这比较容易理解，而说人与书之间的感情好比男女之间的感情，恐怕很多人就觉得不理解了。可是，经过作者上述一番解说，读者都觉得这个观点不仅新颖生动，幽默有趣，而且非常具有说服力。

那么，为什么会有这个效果呢？这主要缘于作者巧妙地运用了“排比”修辞策略，建构了两个“排比”文本。第一个“排比”文本“字典之类的参考书是妻子，需在身边为宜，但是翻了一辈子未必娴熟。诗词小说只当是可以迷死人的艳遇，事后追忆起来总是甜蜜的。又长又深的学术著作是半老的女人，非打点十二分精神不足以深解；有的当然还有点风韵，最要命的是后头还有一大串注文，不肯罢休！至于政治评论、时事杂文等集子，都是现买现卖，不外是青楼上的姑娘，亲热一下也就完了，明天看就不是那么一回事了”。这个“排比”文本是以四个结构相似的长句铺排构成，不仅将不同书籍与人的不同感情充分酣畅地表达出来，而且还别具一种生动的情趣与磅礴的气势，读之令人印象非常深刻，不得不信服其观点。之所以会有这种独特的效果，当然是与“排比”文本固有的“广文意”、“壮文势”的效果有关，但也与作者将“比喻”文本巧妙融入“排比”文本之中的修辞创意有关。因为表面看来，这个“排比”文本是由四个句法结构相似的长句连续铺排构成，但仔细分析，构成“排比”文本的四个结构因子（即四个结构相似的句子）都各是一个“比喻”（隐喻）文本。第一句“字典之类的参考书是妻子，需在身边为宜，但是翻了一辈子未必娴熟”，将“字典之类的参考书”与“妻子”牵连搭挂到一起，以此说明人对字典之类参考书的长久依恋的感情。第二句“诗词小说只当是可以迷死人的艳遇，事后追忆起来总是甜蜜的”，将“诗词小说”等文学作品比作“男人的艳遇”，以此说明人对诗词小说的迷恋喜爱之情。第三句“又长又深的学术著作是半老的女人，非打点十二分精神不足以深解；有的当然还有点风韵，最要命的是后头还有一大串注文，不肯罢休”，其“本体”是“学术著作”，“喻体”是“半老的女人”，两者之间的相似点是“深沉有余而趣味不足”。透过两者的牵连搭挂，以此说明人对学术著作敬而远之的情感。第四句“至于政治评论、时事杂文等集子，都是现买现卖，不外是青楼上的姑娘，亲热一下也就完了，明天看就不是那么一回事了”，其“本体”是“政治评论、时事杂文等集子”，“喻体”是“青楼上的姑娘”，两者之间的相似点是“只能引发一时的愉悦，而无长久的审美或认识价值”。通过两者的牵连搭挂，以此说明人对政治评论、时事杂文等集子所抱持的娱乐消遣心态与爱而不敬的情感。由于这四个“比喻”句本身就很生动形象，一读便令人有耳目一新、豁然开朗的感觉，非常易于引发读者的注意与兴趣，所以就很容易让读者在兴趣的主导下不知不觉间淡化了理性判断能力，将本来只是一种相似关系的“本体”与“喻体”等同起来，使每一个“比喻”文本成为事实上的论据，从而加强了作者所欲论证的观点的说服力。

第二个“排比”文本“字典、参考书是丈夫，应该可以陪一辈子；诗词小说不是婚外关系，就是初恋心情，又紧张又迷惘；学术著作是中年男人，婆婆妈妈，过分周到，临走还要殷勤半天，怕你说他不够体贴；政治评论、时事杂文正是外国酒店房间里的一场春梦，旅行完了也就完了”，也是由四个句法结构相似的长句构成。每个长句也都是一个生动的“比喻”文本。只是这次充当比喻“本体”的虽然仍分别是“字典、参考书”、“诗词小说”、“学术著作”、“政治评论、时事杂文”，但“喻体”则分别变身为“丈夫”、“婚外情人”、“中年男人”、“外国酒店的春梦”。这是从另一个性别角度来说明人对不同书籍的情感态度，是对前一个“排比”文本所要论证的观点的补证。正因为如此，两个“排比”文本前后映照，相互呼应，就使本段所要论证的观点（“人对书真的会有感情，跟男人和女人的关系有点像”）非常具有说服力了。

九、池莉的“时间现实主义”

时间改变历史，残酷是残酷，但是你可以低下眼睛，打道回府。忘掉也行，思考也行，拿它写点文章赚笔稿费也行。最难堪的是时间对于个人的改变。时间使儿时的光景频繁入梦，转身却忘记了刚才拿在手里的东西是什么。时间使生命越来越有规律，意外的欣喜自然越来越少；时间使经验越来越多，智慧越来越少；认识的人越来越多，知心朋友越来越少；脂肪越来越多，勇气越来越少；子女越来越多，情爱越来越少；哈欠越来越多，睡眠越来越少；看不上你的人越来越多，你看得上的人越来越少。这就是时间的现实主义。很可怕，也很冷酷。

——池莉《跨世纪茶花》

上引文字，是当代女作家池莉对于时间的感叹。其中，“时间使儿时的光景频繁入梦，……你看得上的人越来越少”一段，读来尤其令人感慨系之，不得不认同其“时间现实主义”的观点。

作者池莉的所谓“时间现实主义”，意谓随着时间的推移，人的生活质量就越差，无奈就越多。所谓“时间使儿时的光景频繁入梦，转身却忘记了刚才拿在手里的东西是什么”，是说人越老就越会健忘或痴呆；所谓“时间使生命越来越有规律，意外的欣喜自然越来越少”，是说人越老生活就越平淡，死水无澜；所谓“时间使经验越来越多，智慧越来越少”，是说人越老越趋于保守，越易于固步自封；所谓“认识的人越来越多，知心朋友越来越少”，是说人越老越世故，越让人敬而远之；所谓“子女越来越多，情爱越来越少”，是说人越老越缺乏激情，没有情趣；所谓“哈欠越来越多，睡眠越来越少”，是说人越老越易失眠；所谓“看不上你的人越来越多，你看得上的人越来越少”，是说人越老越易被人抛弃，也越易自闭。可见，作者所要论证的观点，其实就是一句话：“人越老就越无奈、无助”。换个时尚的说法，就是“时间是把杀猪刀”。作者没有用一句话直接说明自己的上述观点，而是通过八个结构相似的句子的铺排，将所欲表达的意思淋漓尽致地呈现出来。

那么，作者为什么不嫌费辞而作如此的铺排呢？这是为了加深接受者的印象，增加观点的说服力。从修辞的角度看，作者上述八个结构相似句子的铺排，运用的是一种“排比”手法。前文我们说过，以“排比”修辞手法建构的文本，一般说来都有一种表意充足酣畅、气势磅礴的效果。因此，这种修辞文本用以说理或是阐发某种观点，无论是从语意表达的充足性来看，还是从对接受者心理的冲击度来看，都是效果特别明显的。我们读了上引文字，之所以对作者池莉所提出的“时间现实主义”的观点非常认同，就是因为这段文字在表述方式上选择了“排比”修辞策略，以八个结构相似的句子连续铺排，淋漓酣畅地揭示了人类“老之将至”的悲哀、无奈与无助，不仅读之让人印象十分深刻，而且也极大地增强了作者意欲阐发的观点的说服力。

十、罗斯福对日本宣战

副总统先生、议长先生、参众两院各位议员：

昨天，1941 年 12 月 7 日——一个遗臭万年的日子——美利坚合众国遭到了日本帝国海空军部队突然和蓄谋的进攻。

合众国当时同该国处于和平状态，而且，根据日本的请求，当时仍在同该国政府和该国天皇进行着对话，对于维持太平洋的和平有所期待。实际上，就在日本空军中队已经开始轰炸美国瓦胡岛之后一小时，日本驻合众国大使及其同事还向我们国务卿提交了对美国最近致日方的信函的正式答复。虽然复函声言继续现行外交谈判似乎已无用，它并未包含有关战争或武装进攻的威胁或暗示。

应该记录在案的是：由于夏威夷同日本的距离，这次进攻显然是许多天乃至若干星期以前就已蓄意进行了策划的。在策划的过程之中，日本政府通过虚伪的声明和表示希望维系和平而蓄意对合众国进行了欺骗。

昨天对夏威夷群岛的进攻，给美国海陆军部队造成了严重的损害，我遗憾地告诉各位，很多美国人丧失了生命。此外，据报，美国船只在旧金山和火奴鲁鲁之间的公海上也遭到了鱼雷袭击。

昨天，日本政府已发动了对马来亚的进攻。

昨夜，日本军队进攻了香港。

昨夜，日本军队进攻了关岛。

昨夜，日本军队进攻了菲律宾群岛。

昨夜，日本人进攻了威克岛。

今晨，日本人进攻了中途岛。

因此，日本在整个太平洋区域采取了突然的攻势。昨天和今天的事实不言自明。合众国的人民已经形成了自己的见解，并且十分清楚这关系到我们国家的安全和生存的本身。

作为陆海军总司令，我已指示，为了我们防务采取一切措施。

但是，我们整个国家都将永远记住这次对于我们进攻的性质。

不论要用多长的时间才能战胜这次预谋的入侵，美国人民以自己的正义力量一定要赢得绝对的胜利。

我现在断言，我们不仅要作出最大的努力来保卫我们自己，我们还将确保这种形式的背信弃义永远不会再危及我们。我这样说，相信是表达了国会和人民的意志。

敌对行动已经存在。毋庸讳言，我国人民，我国领土和我国利益都处于严重危险之中。依赖我们的武装部队——依靠我国人民的坚定决心——我们将取得必然的胜利——上帝助我！

依赖我们的武装部队——依靠我国人民的坚定决心——我们将取得必然的胜利——上帝助我！

我要求国会宣布：自1941年12月7日——星期日日本进行无缘无故和卑鄙怯懦的进攻时起，合众国和日本帝国之间已处于战争状态。

——罗斯福《1941年12月7日——一个遗臭万年的日子》①

① 参见 http://www.chinadmd.com/file/e6r6uerasausizxiccszswer_1.html.

上引文字，是美国总统富兰克林·德拉诺·罗斯福于 1941 年 12 月 8 日在美国国会面向参众两院议员所发表的演讲，目的是争取国会参众两院批准对日本宣战。

众所周知，美国与西方大多数国家一样，是民主制度的国家，国家的重大决策需要国会（包括参议院、众议院或称上院、下院）的批准，总统或首相不能独断专行，当然更不可能作出对一国宣战的决定。“1941 年 12 月 7 日（星期日）晨，日本不宣而战，对美国在太平洋地区的主要海空军基地珍珠港进行了偷袭，结果击毁、击伤美国主要舰只十余艘、飞机一百八十八架，美国的太平洋舰队遭到惨重损失。虽然这次失败是美国有史以来最大的耻辱，但要仅就此事而劝说参众两院改变在‘二战’中的‘中立’既定国策，授权总统发动一场空前规模的战争，卷入难以预料的第二次世界大战的漩涡中，那也是很难的。”① 但是，罗斯福演讲结束半小时后，就让美国国会参众两院通过了对日本宣战的决议案。

那么，罗斯福的演讲何来如此强大的说服力呢？这主要是因为演讲者罗斯福在简略陈述了日本蓄谋偷袭美国的卑鄙经过后，直接将日本偷袭美国珍珠港的事实摆在了听讲的参众两院议员面前，以事实说话，让议员们清醒地意识到日本已经打到了美国的家里，美国如果再坚守“中立”的立场，那么势必被动挨打乃至亡国。不过，虽然日本偷袭珍珠港是已然事实，但是当时罗斯福在国会演讲时还不清楚美国所遭受的损失有多严重，舰机与人员损失有多少，说不出具体数据。因此，罗斯福清楚地意识到，仅仅以日本偷袭珍珠港的单一事件说服参众两院全体议员，让他们彻底改变长久以来美国实行的“中立”国策的难度。所以，他在向两院议员们报告了“昨天对夏威夷群岛的进攻，给美国海陆军部队造成了严重的损害，我遗憾地告诉各位，很多美国人丧失了生命。此外，据报，美国船

① 吴礼权：《口若悬河：演讲的技巧》（修订版），暨南大学出版社 2014 年版，第 121 页。

只在旧金山和火奴鲁鲁之间的公海上也遭到了鱼雷袭击”这一基本事实后，立即运用“排比”修辞策略，从更广阔的背景上陈述了与美国国家利益密切相关的六大事件，建构了一个异乎寻常的“排比”文本：“昨天，日本政府已发动了对马来亚的进攻”、“昨夜，日本军队进攻了香港”、“昨夜，日本军队进攻了关岛”、“昨夜，日本军队进攻了菲律宾群岛”、“昨夜，日本人进攻了威克岛”、“今晨，日本人进攻了中途岛”。由于日本人的六次偷袭事件是以六个句法结构相同的句子呈现，而且是连续铺排而下，这就让听讲的美国参众两院议员在猝不及防中遭遇了强大的心理冲击，罗斯福列举的六大事件就像日本人偷袭珍珠港的飞机与炸弹一样向他们劈头盖脸袭来，使他们再也不能冷静理智地分析评判了，从而在激情状态下很快就认同了总统罗斯福的观点，认识到日本对美国不宣而战的本质，从而让他们认识到珍珠港事件不是孤立事件，而是日本蓄谋已久的大阴谋，是其吞并全世界的战略计划的一部分，是人类历史上最卑鄙无耻的行径。如果美国不予以回应，不改变既定的“中立”国策对日本宣战，美国的国家安全与民族生存都将遭遇严重的危机。正因为这个“排比”文本在表意上充分酣畅，气势上磅礴澎湃，深深地震撼了美国参众两院议员的心灵，终于使他们在同仇敌忾的情绪态度下迅速达成了共识，一致决议通过了对日宣战的决议案。最终，美国成为世界反法西斯战争的中坚力量，为赢得对日作战的太平洋战争的胜利发挥了至关重要的作用，也使美国由此赢得了世界各国的尊重，从此奠定了其超级大国的国际地位。如果演讲者罗斯福总统不以“排比”修辞策略建构文本，从广阔的背景上展开论述，而是就日本偷袭珍珠港事件就事论事，很可能说不动美国参众两院议员迅速批准其对日宣战的动议。如果参众两院议员不能迅速达成共识，而是互相扯皮争论，那么势必会让美国贻误战机，陷入被动挨打的局面。若此，世界反法西斯战争的格局就会改变，世界人民的命运又是另一番景象。可见，罗斯福总统在美国参众两院的这次成功的演讲，其影响是何等之大！

第七章　从侧面包抄进攻

跟其他资源一样，语言也是一种资源，只有得到合理的配置，才能效益最大化。作为一种公共资源，应该说语言对所有人都是一视同仁的，每个人都能自由运用这一资源来与人进行交际交流。但是，对语言这一公共资源的运用，并非所有人都能达到效益最大化。这就像经济学上所说的资源配置与效益产出一样，相同的资金或物资，不同的人有不同的配置方式，产出的经济效益也不尽相同。有些人可能以百元的投入就能博得百元的投资效益，而另一些人可能以万元的投入也博取不了百元的回报，甚至会血本无归。语言资源的配置也如此，有些人费尽口舌或费尽笔墨，却言不达意，甚至言不由衷，最终不仅达不到言语交际所要达到的预定目标，还会因此而破坏了人际关系，为今后的言语交际与人际沟通设置了障碍。相反，有些人三言两语就能将其所欲表达的情意传达出来，让对方欣然接受，言语交际与人际沟通的效果非常好。在现实生活中，我们有时候要对别人的不当言行提出批评，或是对其不正确的观点予以批驳，有些人喜欢采取直截了当的方式，实话实说，但是效果不好，对方不仅听不进，还会影响人际关系，为日后的言语交际与人际沟通增添困难；而另一些人可能采取迂回曲折的方式，极尽婉约含蓄之能事，虽然颇是费辞，还让对方费尽心思去寻思其真意所在，但是，一旦其真意被对方解读出来，对方不仅能欣然接受，而且还会从内心感激表达者的善意，为日后的言语交际与人际沟通预留了更大的空间。如果从经济学的眼光来观察，前者资源配置少，收益为零甚至是负数；后者资源配置很多，投入与收益虽然不相称，但总算有一定的经济效益。如果算上日后的潜在收益，仍然不失为一次良性投资。

众所周知，在历史研究中，对于一个历史人物的评价“以成败论英雄”未必就有合理性，也未必能被所有人认同。但是，在对言语交际的效果进行观察与评估时，“以成败论英雄”则是唯一可行而合理的标准。因为任何的言语交际活动都是“有所为而为”的，交际者（Communicator）与受交际者（Communicatee）的言语交际或是为交流信息，或是为交换看法，或是为推阐某种理念或观点，或是传达某种情感情绪，以期引发其思想或情感的共鸣，或是密切人际关系。如果交际者不能实现预定的交际目标，那么其言语交际与人际沟通的任务就不能算是顺利完成，其预定的交际目标也就没有达成。任务不能完成，目标不能达成，便是失败。事实上，我们每一次的言语交际，都希望能成功，而不希望失败。为此，我们在言语交际时就必须注意语言资源的合理配置，也就是讲究表达的技巧，在特殊情境下，面对特殊的受交际者，如果能够让言语交际的目标得以实现，投入超量的资源（即迂回曲折的方式、颇费口舌或笔墨的表达），也不失为一种明智的选择。这就好比是军事上的攻守，如果正面进攻不可能取胜，那么绕道从侧面包抄，采取迂回战术，虽费时费力，但能保证最终出敌不意而获胜，也不失为明智的选择。

上面我们说过，言语交际有不同的目标，要实现其预定的目标都需要交际者合理配置语言资源，即讲究表达技巧。其中，在阐明某种道理、论证某一观点以说服他人时，更是需要交际者认真研究受交际者的角色及其心理，注意交际的具体情境，合理而有效地配置语言资源，从而保证交际目标最终得以实现。

下面我们就从古今贤哲的语言实践中予以举例，分析其语言资源配置的智慧（即语言表达的技巧），总结其创意造言的规律，以期为我们的语言实践提供有益的借鉴。

一、弦章遇桀纣

景公饮酒，七日七夜不止。

弦章谏曰："君从欲饮酒七日七夜，章愿君废酒也！不然，章赐死。"

晏子入见，公曰："章谏吾曰：'愿君之废酒也！不然，章赐死。'如是而听之，则臣为制也；不听，又爱其死。"

晏子曰："幸矣，章遇君也！今章遇桀纣者，章死久矣。"

于是公遂废酒。

——《晏子春秋》卷一

上引文字，说的是这样一个故事：春秋时代的齐景公，嗜酒如命，晚年更是纵酒而不理朝政。有一次，竟然饮酒七天七夜不停。当时，朝中有一位大臣叫弦章，为人颇是耿直。因为对齐景公沉湎于饮酒的荒诞行为实在看不下去了，就入朝进谏道："您纵欲饮酒七天七夜而不知停止，弦章希望您把酒给戒了。如果您不肯戒酒，就请求您赐弦章一死吧。"

齐景公听弦章这样说，一时愣在了那里，不知如何处治他好。就在这时，晏子入朝视事。齐景公一见，连忙叫过晏子，说道："弦章刚才劝谏寡人说：'希望您把酒给戒了！要不然，就请您赐我一死。'寡人如果听从他的话，把酒戒了，那寡人就等于是被臣下所挟制了；如果不听从他的话，将他赐死，寡人又心有不舍。"

晏子听出了齐景公的话中之话，知道他内心充满了矛盾，感到左右为难。于是，连忙接口回答道："太幸运了，弦章今天遇到的是您！弦章今天要是遇到了夏桀或商纣，他早就死了。"

齐景公听了晏子这番话，不仅没杀弦章，而且痛下决心把酒戒了。

读了上述故事，也许大家都很纳闷，弦章与晏子都是出于忠心而劝谏齐景公，为什么弦章说不动齐景公，还险些被杀头，而晏子却能一箭双雕，不仅救了弦章，而且让齐景公主动戒了酒？这便是说理的技巧问题了。

弦章忠君爱国，其心可鉴。但是，他在劝谏齐景公时没有注意表达技巧，实话实说、直来直去，结果让齐景公觉得受到胁迫，国君的威严受到冒犯，所以就对他的劝谏持排斥态度。因为事实上弦章的话确实是说得不顺耳，没有技巧，就像一个莽汉，勇气可嘉，但没有谋略。明明知道正面进攻必败无疑，仍然从正面冲锋陷阵。他劝谏齐景公戒酒，既是为齐景公的身体健康着想，也是为国家着想，他想表达的意思是："纵欲饮酒有伤身体，也会怠政误国，请国君考虑将酒戒了。"对于这层意思，弦章有两种表达方法，一是婉转其辞，二是直道本心。婉转其辞的话，可以这样说："国君您饮酒有海量，臣等望尘莫及，非常佩服。只是您这次饮酒有些过量了，臣怕会伤了您的贵体，那可是齐国全体百姓都要惦念的啊!"这样说，劝谏的意思虽都尽在其中，但齐景公会听得比较顺耳，即使他糊涂不肯听从，但也能感受到弦章劝谏的善意，不至于生气，当然更不会要杀弦章。直道本心的话，可以这样说："国君饮酒时间太长了，会影响身体健康的，也会怠政误国的，是否可以考虑把酒戒了。"这样说，虽然口气有些生硬，但直陈事实，显得比较真诚，即使齐景公不愿听从，但也不至于生气要杀他。令人遗憾的是，弦章在表达上述这层劝谏之意时，却选择了一个非常错误的表达方式，用了一个选择句："要么您把酒戒了，要么您把我杀了"。这话不要说是对有至高无上权威的国君说，就是对平辈同僚说，对方也是不愿接受的，觉得受到了要挟，心理上会产生极大的反感。正因为如此，弦章话一出口，齐景公就大为不悦，觉得他是以下犯上，冒犯了他的威严。如果不是晏子来得及时、说得巧妙，解开了齐景公的心结，弦章只有一个结局——被杀头。虽然齐景公跟晏子说对于杀弦章他心有不舍，但是作为国君，在维护自己威严这一点上，他是没有选择余地的，他决不会牺牲自己的威严而听从弦章的谏言而戒酒的。如果要追究弦章进谏失败的真正原因，那还应归于他没有看清言语交际的对象。向国君进谏，就是一种言语交际活动。既然是言语交际活动，为了达成预定的交际目标，交际者首先就应该看清受交际者这一特定对象，选择好恰当的"人际沟通指向类别”[1]。根据言语交际与人际沟通的理论，言语交际与人际沟通有三种“指向类别”：一是“上行沟通”，二是“平行沟通”，三是“下行沟通”。[2] 所谓“上行沟通”，就是交际者为下级或晚辈，而受交际者为上级或长辈之间的言语交际活动。所谓“平行沟通”，就是交际者与受交际者是社会地位或伦理辈分相当的两人的言语交际活动。所谓“下行沟通”，就是交际者为上级或长辈，而受交际者为下级或晚辈之间的言语交际活动。上述弦章进谏齐景公的言语交际活动，属于“上行沟通”，但是作为交际者的弦章却用了“下行沟通”的表达策略，以上级对下级的命令口吻，要求齐景公在戒酒与杀他两者之间作一个选择，这明显是非常错误的，不符合言语交际与人际沟通的基本原则。因此，弦章进谏的失败，在他选择“人际沟通指向类别”时就已经注定了。

与弦章正好相反，晏子劝谏齐景公之所以成功，首先是他选择了正确的“人际沟通指向类别”。他虽贵为齐国之相，居一人之下、万人之上的特殊地位，但他明白，在齐景公面前他只是一个臣子，向齐景公进谏，属于一种“上行沟通”，因此不能采取“下行沟通”或是“平行沟通”的表达策略。因此，他明智地选择了“折绕”修辞策略，婉转地将自己所欲进谏的意思表达出来，让齐景公思而得之，从而在让齐景公保全了国君的颜面与威严的前提下，愉快地接受了他的谏议：戒了酒，赦了弦章。

所谓“折绕”，是一种“将本该一句话即可直说明白、清楚的，却为着委婉含蓄的目的，故意迂回曲折地从侧面或是用烘托法将本事、本意说将出来，让人思而得之的修辞文本模式。这种修辞文本模式，一般说来，表达上有一种婉转深沉、余味曲包的妙趣；接受上，由于表达者在文本语意的表达与接受之间制造了一定的‘距离’，增添了接受者文本解读的困难，但是一旦接受者经过努力破除了解读的障碍而洞悉了修辞文本的真意后，便会情不自禁地生发

---

① 参见吴礼权：《言语交际与人际沟通》，暨南大学出版社2013年版，第31页。

② 参见吴礼权：《言语交际与人际沟通》，暨南大学出版社2013年版，第31～47页。

出一种文本破译成功的喜悦心理，从而加深对修辞文本主旨的理解。”① 晏子的进谏取得成功，正是依赖于“折绕”修辞策略。他的本意是要劝谏齐景公饶恕弦章冒犯君威之罪，接受弦章的建议，戒酒勤政。但是，他没有这样直说，而是绕着弯子，迂回曲折地说：“幸矣章遇君也！今章遇桀纣者，章死久矣”。这话表面是说：“弦章太幸运了，今天遇到了您，而不是夏桀、商纣”。实际上，是绕着弯子表达这样一层意思：“如果您想成为夏桀、商纣这样的暴昏，而被千古唾骂，那您就杀了弦章，继续纵酒怠政吧”。齐景公原本是一位颇有作为的国君，只是执政时间久了，又到了晚年，有些怠政犯糊涂罢了，他的资质并不愚钝，所以对于晏子“折绕”迂回之言的弦外之音还是能够理解的。跟天下所有做国君的一样，齐景公也想青史留名，彪炳千古。所以，为了不被后世骂为夏桀、商纣一样的昏君、暴君，他就只能听从晏子的建议，放了弦章，戒了酒瘾。可见，晏子说理劝君，虽然有些费辞迂回，但说服力却特别强。

二、晏子磨刀要杀人

> 齐有得罪于景公者，景公大怒。缚置殿下，召左右肢解之：“敢谏者诛”。
>
> 晏子左手持头，右手磨刀，仰而问曰：“古者明王圣主，其肢解人，不知从何处始？”
>
> 公离席曰：“纵之，罪在寡人！”
>
> ——《韩诗外传》卷八

上引文字，说的是这样一个故事：春秋时代，齐国有一个人得罪了齐景公。齐景公大怒，令人将其捆绑起来，置于殿下，让左右

① 吴礼权：《传情达意：修辞的策略》（修订版），暨南大学出版社2014年版，第54页。

侍卫对这个人施以肢解酷刑。为了防止有人出来谏止，齐景公还明示朝臣：有敢于进谏的，就杀了他。晏子乃齐国之相，齐景公这样滥用酷刑，他有责任匡正其过错。但是，因为齐景公有明令在先，他虽居一人之下、万人之上的权相位置，但在齐景公眼里，也只是一介之臣而已，岂可违抗君令？于是，晏子只得面对现实，假装顺从齐景公之意，走上前去，左手揌住那个得罪齐景公之人的头，右手磨刀，然后仰面问齐景公道："请问国君，古代的圣明君王，他们肢解罪人，不知道是先从哪里下刀？"齐景公原本很高兴，以为晏子最卫护自己，听到晏子问到这个问题，始知情况不对。愣了一会后，齐景公终于从席上爬起，站起身来对晏子道："赶快把他给放了，全是寡人的罪过！"于是，那个得罪齐景公的人获救了。

从上面的故事中，我们可以再次看到晏子说理谏君的艺术之高超。齐景公乃春秋时代的大国齐之君主，幼年即位，前后执政达五十八年之久，是齐国历史上在位时间最长的国君之一，治国安邦颇有一番作为。由于他的文治武功，齐国曾一度相当强盛。晏子在齐景公朝中为臣的时间也相当长，并长期执掌齐国行政大权，为齐相时间之长在齐国历史上也是少见的。应该说，齐景公与晏子是相知相得的一对君臣。正因为如此，当齐景公要对得罪他的人处以肢解酷刑，并明令大臣不准谏阻时，晏子与齐国其他大臣一样，没有贸然顶风进言。但是，对于齐景公要以肢解酷刑处罚得罪他的臣民这种极端暴戾的行为，晏子没有像齐国其他大臣那样以沉默与不作为的态度来应对，而是充分发挥自己的聪明才智，寻找机智而有效的办法匡正齐景公的错误，拯救即将遭受肢解酷刑的无罪之人。作为长期辅佐齐景公的齐国之相，晏子比齐国任何其他大臣都了解齐景公的性格与心理。他知道，在齐景公怒气正旺之时直言进谏，跟他讲理，那是绝对行不通的。前文我们说过，进谏国君虽然也是一种言语交际与人际沟通，但是因为受交际者是至高无上的国君，因此要与这样的受交际者进行交际与沟通，就必须充分把握其心理状态，采取恰当而有效的表达策略，巧妙地将所欲传达的主旨意图婉转地传达出来，让其思而得之，使其在愉快的心理状态下欣然接受。

在上引故事中，晏子真正想传达给齐景公的意思，其实就是这样一段话：“肢解乃是一种酷刑，古代的圣王明主从未有人施行过这种刑罚。所以，国君您不能施行这种酷刑。否则，您就要成为被人千古唾骂的昏君与暴君了。”但是，这层意思不能这样直说。否则，不管说得有没有道理，也不管是否是出于忠君为国的好心，都会因“批逆鳞”、“拂君意”而被齐景公从内心深处予以排斥。如此，进谏的目标不仅达不到，还会因明显违逆君王意旨而陷自身于危险境地。结果，既不能救人，也不能匡君。晏子的聪明过人之处在于，他像一个机智的战士，遭遇强大而不可正面进攻的敌人时，不逞匹夫之勇，不从正面硬攻，而是以智取，绕道前进，从侧面包抄，出其不意地置敌于死地。他不明确指责齐景公施行肢解酷刑的不明智，而是顺从齐景公之意，立即执行他的旨意，左手摁住“罪人”之头，右手磨刀霍霍，摆出十足的架势，要替齐景公行刑。这样的顺从顺承行为，当然会让齐景公感到欣慰，也易于让齐景公的怒气有效地得到消解。等到齐景公的心理有了微妙的变化后，晏子再运用“折绕”修辞策略，建构了一个“折绕”修辞文本：“古者明王圣主，其肢解人，不知从何处始也？”这个文本的高妙之处在于，先搬出老祖宗来说事，以古代明王圣主没有施行过肢解酷刑的历史为由，顺水推舟地向齐景公请教起肢解之刑如何施行。这表面是虚心请教，尊重国君的表现，实则是暗中将了齐景公一军，让他在做明王圣主与昏君暴君之间作出选择，从而不战而屈其心，使齐景公幡然醒悟一个道理：“只有昏君、暴君才会施行肢解酷刑，要想做明王圣主，就不应该用这种酷刑对付臣民。”正因为晏子的“行为艺术”与“语言艺术”配合得天衣无缝，终于让盛怒之下的齐景公头脑清醒了，权衡利弊后，遂连忙离席向晏子致歉，并放了那位冒犯他威严的“罪人”。由此可见，“折绕”修辞策略在劝君说理方面还真算得上是一个战无不胜的法宝。

三、楚庄王为马发丧

楚庄王之时，有所爱马；衣以文绣，置之华屋之下，席以露床，啖以枣脯。马病肥死。使群臣丧之，欲以棺椁大夫礼葬之。左右争之，以为不可。

王下令曰："有敢以马谏者，罪至死。"

优孟闻之，入殿门，仰天大哭。王惊而问其故。

优孟曰："马者，王之所爱也。以楚国堂堂之大，何求不得，而以大夫礼葬之，薄；请以人君礼葬之。"

王曰："何如？"

对曰："臣请以雕玉为棺，文梓为椁，楩枫豫章为题凑，发甲卒为穿圹，老弱负土，齐赵陪位于前，韩魏翼卫其后，庙食太牢，奉以万户之邑。诸侯闻之，皆知大王贱人而贵马也。"

王曰："寡人之过一至此乎！为之奈何？"

优孟曰："请为大王六畜葬之。以垄灶为椁，铜历为棺，赍以姜枣，荐以木兰，祭以粮稻，衣以火光，葬之于人腹肠。"

于是王乃使以马属太官，无令天下久闻也。

——司马迁《史记·滑稽列传》

上引文字，说的是这样一个故事：楚庄王是春秋时代的一代霸主，文治武功皆为一时之雄。在他执政期间，楚国国力迅速提升，国际地位大幅提高。正如所有国君一样，楚庄王到了晚年渐渐骄傲起来，励精图治的雄心不再，日益沉湎于声色犬马之乐而不能自拔。当时，他有一匹非常喜欢的马，他给它穿上刺有锦绣的衣服，住在华贵的房子中，还让它睡在露床上，喂它以枣与肉脯。最后，马因营养过剩而病死了。为此，楚庄王非常伤心，决定让楚国群臣替死马发丧，下令敛之以内棺外椁，并以大夫之礼的规格举行葬礼。楚庄王左右近臣都觉得不妥，纷纷向楚庄王进谏。

进谏的大臣多了，楚庄王便觉得不耐烦起来，遂下了一道死命令："再有敢因葬马之事而进谏的，便是死罪。"

楚庄王的这道命令果然奏效，之后再也没有大臣进谏劝止了。但是，楚庄王一个亲近的优伶（宫中给帝王搞笑娱乐的艺员）优孟听说事情真相后，决定晋见楚庄王，以谏止他葬马的愚蠢行为。因为是楚庄王的近侍，优孟晋见楚庄王非常方便。打听好楚庄王的行止，优孟就进殿了。前脚刚迈入殿门，他就仰天大哭，哭声震天，立即惊动了楚庄王。楚庄王问他为何哭得如此伤心，优孟回答道："马是大王的所爱。凭楚国这样一个泱泱大国，还有什么得不到呢？今大王所爱之马死了，而只葬之以大夫之礼，这太薄情了！臣请求大王以国君之礼来葬这匹马。"

楚庄王一听，觉得还是优孟理解自己的心情，遂亲切地问道："那具体怎么个葬法呢？"

优孟立即接口回答道："臣请求大王，选用美玉雕刻成内棺，以梓树雕花做成外椁（即棺外的大棺），以楩枫樟木为题凑（古之天子椁制，椁用厚木累积而成，至上为题凑。木头皆内向为椁盖，上尖下方，如屋檐四垂）。然后，大王再征发精壮甲士开掘墓穴，令国中老弱者背土，使前往吊丧的齐、赵二国特使陪位在前，韩、魏二国特使翼位于后。备好牛、羊、豕三牲大礼，以最高规格在楚国宗庙加以祭祀，再划拨万户之邑为马守墓，四时奉祀。这样的话，诸侯各国闻之，皆知王贱人而贵马。"①

优孟说到这里，楚庄王终于如梦方醒，惭愧地说道："寡人的过错到了如此严重的地步，那怎么办呢？"

优孟见楚庄王已然醒悟了，遂连忙接着说道："臣请求大王以六畜之礼埋了它，就是田垄大灶为椁，以铜历（古之炊具）为棺，然后陪赠些姜枣，垫上些木兰，用些粮食作祭品，以火光为它做衣

① 吴礼权译，参见吴礼权：《言语交际与人际沟通》，暨南大学出版社 2013 年版，第 166 ~ 167 页。

裳，葬在人的肚子里去。”①

于是，楚庄王就听优孟之言，将死马交付给管理马匹的太官处理，不让此事再传到诸侯各国那里。

读了上面的这则故事，也许很多人都有困惑，楚庄王的爱马死了，他要以大夫之礼葬之，许多楚国大臣都认为不妥，可是谁也说服不了楚庄王。不仅说服不了楚庄王，反而招致他的反感，以至于他下了一道死命令：“有敢以马谏者，罪至死”，断了所有楚国之臣进谏的言路。然而，就在山穷水尽，无路可走之际，楚庄王的一个弄臣优孟不仅成功地谏止了楚庄王以大夫之礼葬马，而且还让他知错悔恨。那么，这是何故呢？仔细分析一下，我们便会发现，优孟谏君说理的效果之所以超乎寻常的好，乃是缘于他巧妙地运用了一个中国人最常用的修辞策略——“倒反”。

所谓“倒反”，是一种“正意而用反话来表现的修辞文本模式”②。一般说来，可将之分为两类：一是“因情深难言，或因嫌忌怕说，便将正意用了倒头的语言来表现，但又别无嘲弄讽刺等意思包含在内的”③，二是“不止语意相反，而且含有嘲弄讽刺等意思的”④。“倒反”修辞文本的建构，“由于所要表达的意思在其所言说语义的反面，所以在表达上显得特别婉转含蓄；接受上，尽管表达者在语意表达与接受之间所制造的‘距离’给接受者的文本解读带来一些阻障，但接受者根据特定的语境提示而参透其正意所在之后，便会油然生发出一种文本解读成功的心理快慰，从而加深对文本的印象与对文本内涵的深刻理解和认识”⑤。上引故事中，优孟谏说楚庄王的话，其中有两段即是运用了“倒反”策略建构的修辞文本。第一个“倒反”文本“马者，王之所爱也。以楚国堂堂之大，何求不得，而以大夫礼葬之，薄；请以人君礼葬之”，它表面是赞

① 吴礼权译，参见吴礼权：《言语交际与人际沟通》，暨南大学出版社 2013 年版，第 167 页。

② 吴礼权：《现代汉语修辞学》（修订版），复旦大学出版社 2012 年版，第 53 页。

③ 陈望道《修辞学发凡》，上海教育出版社 1997 年版，第 132 页。

④ 陈望道《修辞学发凡》，上海教育出版社 1997 年版，第 132 页。

⑤ 吴礼权：《现代汉语修辞学》（修订版），复旦大学出版社 2012 年版，第 53 页。

同楚庄王为马发丧的决定，而且还顺着楚庄王的意思，顺水推舟地提出更进一步的建议："以人君之礼葬之"。实际上，这是正话反说，意思是讽刺楚庄王愚蠢，等同于是骂楚庄王像马一样不懂事。由于这种讽刺之意是以赞颂的形式呈现，解读者楚庄王如果头脑清醒，自然可以解读出这层含义，但是却抓不住他的小辫子。因为表达者优孟可以不承认他有这层弦外之音。这就是优孟之所以要运用"倒反"策略的原因，也是这种修辞策略最为中国人喜爱的深层因由。第二个"倒反"文本"臣请以雕玉为棺，文梓为椁，楩枫豫章为题凑，发甲卒为穿圹，老弱负土，齐赵陪位于前，韩魏翼卫其后，庙食太牢，奉以万户之邑。诸侯闻之，皆知大王贱人而贵马也"，表面上是诚恳地替楚庄王出主意，并提出了具体的以人君之礼葬马的措施与步骤，好像是非常体谅楚庄王痛失爱马的悲伤心情，实际上仍然是在说反话，骂楚庄王是非不分，贵马贱人，将贻羞于天下。由于辞面没有这样直说，这就让楚庄王无把柄可抓。讽刺之意，嘲弄之情，虽尽在其中，但却显得极端蕴藉含蓄，让楚庄王可以意会而得之于心，但却不能宣之于口。正因为如此，楚庄王在不失面子的情况下，欣然接受了优孟的讽谏，葬马以六畜之礼，从而在历史上留下了一段佳话。可见，运用"倒反"修辞策略，虽然表情达意有些迂绕费辞，但却像战争中的迂回前进、侧面包抄的战术，最终可以保证进攻胜利。因此，这种说理策略还是非常有效的，尤其是对于受交际者是君主或上级，尤其合适。因为在言语交际与人际沟通中，结果是最重要的，"成者为王败者寇"可以说是判断言语交际与人际沟通成败的唯一标准。

四、苏代观"鹬蚌相争"

赵且伐燕，苏代为燕谓惠王曰："今者臣来，过易水，蚌方出曝，而鹬啄其肉，蚌合而拑其喙。鹬曰：'今日不雨，明日不雨，即有死蚌。'蚌亦谓鹬曰：'今日不出，明日不出，即有死鹬。'两者不肯相舍，渔者得而并禽之。

今赵且伐燕，燕、赵久相支，以弊大众，臣恐强秦之为渔父也。故愿王之熟计之也。”

惠王曰：“善。”

乃止。

——《战国策·燕策二》

上引文字，说的是这样一个故事：战国时代，诸侯各国相互征战兼并。到了后期，秦国的实力日益坐大，山东六国的势力日益削弱。但是，六国君主都缺乏战略思维，没有意识到自己国家的真正危机不是来自于近邻，而是远在西边的强秦。当然，六国君主更不能清醒地认识到：山东六国只有团结起来，才是对付强秦而拯救自身的生存之道。正因为如此，山东六国之间时常上演同室操戈，互相争斗战伐的悲剧。在山东六国之中，齐、楚、赵三国相对实力较强，魏国后期实力已经削弱，韩国与燕国实力最弱。韩国因与魏国接壤，时常受魏国欺负。燕国因为与赵国毗邻，所以常遭赵国侵凌。赵惠文王执政期间，凭借先王赵武灵王为赵国打下的坚实基础，赵国在山东称霸的野心也日益明显。一次，赵惠文王看准一个机会，就想起兵攻伐燕国，意欲灭而并之。燕王知道，燕国与赵国相比，实力差之远矣，真要打起来，最终是要亡国的。于是，燕王就派说客苏代前往赵国游说赵惠文王，希望赵国不要同室操戈，彼此互相残杀。

苏代奉燕王之命前往赵都邯郸求见赵惠文王，按照外交礼仪行过晋见之礼后，苏代就跟赵惠文王说道：“臣这次来赵国，过易水时，看见一只河蚌从水里出来，刚挪动到岸边，张开蚌壳正要晒太阳时，突然一只鹬鸟从空而降，一下子就用嘴啄住了蚌肉。河蚌被啄，立即合起蚌壳，将鹬鸟的嘴夹住了。鹬鸟不仅没吃上蚌肉，嘴还被蚌壳夹住不能拔出来，于是就对河蚌说道：‘今天不下雨，明天不下雨，你就成了一个死蚌。’河蚌也不示弱，回敬道：‘我今天不放你，明天不放你，你就成了一只死鹬。’就这样，蚌与鹬互不相让，一直僵持着。过了好久，一个打鱼的老翁走了过来，看见一蚌一鹬在河边互相争斗不舍，就走上前去，将它们都捉住带回了家。”

赵惠文王觉得苏代的这个故事非常有趣，但不知他说这个故事是什么意思。正在赵惠文王纳闷之时，苏代突然话锋一转，接着说道：“现在，赵国准备攻伐燕国，如果真的打起来，燕、赵两国肯定长期相持不下，最终大家都拼尽了国力，劳民而伤财。到那时，强秦恐怕就成了坐收燕、赵之利的渔翁了。所以，臣希望大王仔细想一想这个问题。”

赵惠文王听到这里，终于明白了苏代的意思，遂脱口而出道：“说得好！”

于是，赵惠文王立即下令，取消了进攻燕国的计划。

读了上面的故事，也许大家觉得很纳闷，为什么燕、赵即将爆发的一场大战，苏代给赵惠文王讲了一个故事就将之化解了呢？苏代这个故事的说服力究竟在哪里？懂得修辞学的人明白，这一切都得力于苏代运用的一个修辞策略——“讽喻”。

所谓“讽喻”，是一种“在特定语境中通过临时编造一个故事来寄托其讽刺或教导意向的修辞文本模式”①。一般说来，可以从形式上将其区分为两类：一是“叙而不议”式，二是“叙而后议”式。②“叙而不议”式，即“只编造一个故事，表达者不加任何评点或议论，其所表达的意向需要接受者透过故事本身来意会而得之”③；“叙而后议”式，即“既编造故事，又于故事之后缀以一二句画龙点睛、点明故事寓意的话语以强调表达意图”④。不论是哪类“讽喻”，一般来说，“它们在表达上都往往有一种含蓄婉约、深文隐蔚的效果；在接受上，由于文本语义的表达与接受之间有一定的‘距离’，接受者通过咀嚼表达者的文本而后知其真意所在，这就易于调动接受者的文本解读兴趣，使其能于文本解读中获取一种成功

---

① 吴礼权：《现代汉语修辞学》（修订版），复旦大学出版社2012年版，第65~66页。
② 沈谦：《〈文心雕龙〉与现代修辞学》，台湾益智书局1990年版，第111~119页。
③ 吴礼权：《现代汉语修辞学》（修订版），复旦大学出版社2012年版，第66页。
④ 吴礼权：《现代汉语修辞学》（修订版），复旦大学出版社2012年版，第66页。

的心理快慰和文本接受的审美情趣”①。

上引故事中，苏代对赵惠文王所说的一番话，就是运用了“叙而后议”式的“讽喻”策略。这从苏代的游说语篇本身可以看得很清楚。因为苏代的话，明显地分为两个部分：一是鹬蚌相争的故事：“今者臣来，过易水，蚌方出曝，而鹬啄其肉，蚌合而拑其喙。鹬曰：‘今日不雨，明日不雨，即有死蚌。’蚌亦谓鹬曰：‘今日不出，明日不出，即有死鹬。’两者不肯相舍，渔者得而并禽之”；二是就这个故事所引申发表的评论：“今赵且伐燕，燕、赵久相支，以弊大众，臣恐强秦之为渔父也”。如果单独看苏代跟赵惠文王所讲的故事，可能所有读者都会跟赵惠文王一样，觉得不知所云。即使悟性好点，也只能从这个故事中悟出一个道理：“鹬蚌相争，渔翁得利”。但实际上，苏代讲这个故事，或是说借这个故事讲“鹬蚌相争，渔翁得利”的道理，并不是他此次赵国之行的真正目的。他真正的目的是借所编的故事作引子，隐喻燕赵两国同室操戈的严重后果。也就是说，故事本身所呈现的“鹬蚌相争，渔翁得利”的道理，只是一个面子，里子则是“燕赵相攻，秦国得利”。正因为苏代实际想表达的是这个意思，所以他在建构完“讽喻”文本之后，特意补了一句：“故愿王之熟计之也”，他这是怕赵惠文王不明白他真实的用意，所以以请求的口吻提醒他，让他体味其弦外之音。事实上，赵惠文王是个聪明人，一点就透。他听完苏代的话，脱口而出：“说得好”，这就说明他认同了苏代所说的道理。也正因为如此，他立即取消了伐燕的决定。

从理论上说，“叙而后议”式的“讽喻”，是不符合语言“经济原则”的，也不符合修辞上婉约含蓄的要求。但是，就上引苏代游说赵惠文王的实际效果看，“叙而后议”式的“讽喻”却是最好的。试想，如果苏代见了赵惠文王直接说：“今赵且伐燕，燕、赵久相支，以弊大众，臣恐强秦获利也”，虽然表意简明扼要，观点清晰，但赵惠文王肯定不能认同他这个观点。也就是说，这种开宗明义的

① 吴礼权：《现代汉语修辞学》（修订版），复旦大学出版社2012年版，第66页。

说法，虽然符合语言的“经济原则”，但是缺乏说服力，不能达到游说赵惠文王以制止战争的交际目标。如果苏代只讲“鹬蚌相争，渔翁得利”的故事，虽然表意婉转，符合修辞上“不著一字，尽得风流”的要求，但恐怕不能让赵惠文王彻底明白他真正所要阐明的道理：“燕赵不能相互残杀。”这样，同样不能达到预定的交际目标，不能制止战争。可见，苏代不愧是一代说客苏秦之弟。人言“有其父，必有其子”，其实“有其兄，亦必有其弟”。苏秦既然能凭三寸不烂之舌，“合纵”计成，挂六国相印，成为一代风云人物，其弟苏代能在谈笑间制止了燕赵之间即将爆发的一场大战，那也就不足为怪了。

五、昭奚恤“狐假虎威”

荆宣王问群臣曰：“吾闻北方之畏昭奚恤也，果诚何如？”群臣莫对。江一对曰：“虎求百兽而食之，得狐。狐曰：‘子无敢食我也。天帝使我长百兽，今子食我，是逆天帝命也。子以我为不信，吾为子先行，子随我后，观百兽之见我而敢不走乎？’虎以为然，故遂与之行。兽见之皆走。虎不知兽畏己而走也，以为畏狐也。今王之地方五千里，带甲百万，而专属之昭奚恤；故北方之畏昭奚恤也，其实畏王之甲兵也，犹百兽之畏虎也。”

——《战国策·楚策一》

上引文字，说的是这样一个故事：战国时代，楚国令尹（即楚国之相）昭奚恤权倾朝野，楚宣王心忧尾大不掉，会影响到楚国的政局与社会稳定，当然更怕他可能图谋不轨，影响到自己的权位。一次，昭奚恤因故没有出席朝会，楚宣王就不无忧虑地问群臣道：“我听说北方各诸侯国都非常畏惧昭奚恤，果真是这样吗？”

群臣听楚宣王突然问起这个问题，都非常惊讶，但心里也都明白是怎么回事。可是，昭奚恤是权臣，楚宣王是国君，两人都是不能得罪的，贸然表态，恐怕于自己不利。于是，大家都沉默不语。只有江一（或写作江乙）因是魏国人，来楚国为臣不久，所以无所顾忌，立即回答道："大王，我这里有一个故事：一只老虎饿了，在山林间遍寻百兽，想逮住一只以充饥。可是，找了半天，最后抓住了一只狐狸。狐狸被老虎抓住后，并无畏惧之色，反而镇定自若地跟老虎说：'您不敢吃我！因为天帝让我做百兽之王，今天您如果吃了我，那就是违背了天帝之命。如果您认为我的话不可信，那么您就跟我走一趟。我走在前面，您紧随我后，看看百兽见了我怕不怕，哪个不拼命逃跑？'老虎觉得狐狸说得有道理，于是就跟狐狸一起在山林中走了一趟。结果，百兽见了它们，都争先恐后地逃跑了。老虎不知道百兽是害怕自己而逃走的，还以为是真的害怕狐狸而逃跑。"

说到这里，江一停下了，望了望楚宣王，见其一脸茫然，颇是困惑不解，遂从容不迫地接着说："现在大王所拥有的楚国，方圆五千里，带甲雄兵百万，而统帅之权都专属于昭奚恤一人。所以，北方诸侯各国都会畏惧昭奚恤。其实，北方诸侯各国真正畏惧的不是昭奚恤其人，而是畏惧大王的百万雄兵。这就好比百兽怕老虎，而非怕狐狸的道理一样。"

楚宣王听到这里，终于明白了江一的意思。后来，楚宣王采取措施，逐渐削弱了昭奚恤的权力，消除了后顾之忧。[①]

从上面的故事，我们可以看出，楚宣王已经意识到了令尹昭奚恤权力过于集中，事实上已经影响到了政局的稳定与自己的地位，所以他向群臣求证。但是，群臣慑于昭奚恤的威权，都三缄其口，不敢置一辞。江一虽是外来之臣，却敢于说破真相，并最终让楚宣王清醒地认识到一个道理：昭奚恤之所以威镇北方诸侯各国，权倾楚国朝野，并不是他有什么了不得的能力与本事，而是因为楚宣王授予了他太多的权力。如果不及早削弱他的权力，他会忘乎所以，

---

① 参见吴礼权长篇历史小说《冷月飘风：策士张仪》（繁体版），台湾商务印书馆2012年版，第85～86页。

日后定难节制，尾大不掉，届时就会影响到楚国政局稳定，甚至会影响到楚宣王的权力与地位。但是，江一的聪明之处在于没有将话说得这样明，但结果却比明说还具有说服力。这是为什么呢？因为他巧妙地运用了一种修辞策略——“讽喻”。

前文我们已经说过，“讽喻”是表达者为了特定的交际目标，应合题旨情境而临时编造一个故事，以婉约地表达某种观点或主旨意涵的修辞文本模式。它一般分为两种类型：一是“叙而不议”式，二是“叙而后议”式。“叙而不议”式，是只讲故事而不明确点明故事的寓意，需要接受者细细体味故事内容，从故事本身解读出表达者意欲表达的真意。因此，这种“讽喻”文本的表意比较婉转含蓄，如果表达者是通过这种方式对接受者提出批评或讽刺，一般说来对接受者的刺激要相对缓和，易于在保全接受者面子的情况下让其欣然接受。如果是暗示接受者某种意思，那么接受者需要有一定悟性，用心体会文本，才能意会并予以回应。“叙而后议”式，是先讲一个故事，后对这个故事的寓意予以阐发。故事是寓意阐发的前提条件，也可以说是一种铺垫。这种“讽喻”模式，在先秦时代运用最为广泛。在诸子百家著作中不少见，在春秋战国时代游士说客的说辞中更是司空见惯。上引江一说服楚宣王削弱令尹昭奚恤权力的一番话，运用的就是“叙而后议”式的“讽喻”。这个“讽喻”文本，在语篇上明显地分为两个部分：一是“狐假虎威”的故事；二是由故事引发的评论：“今王之地方五千里，带甲百万，而专属之昭奚恤；故北方之畏昭奚恤也，其实畏王之甲兵也，犹百兽之畏虎也”。说话者江一给楚宣王讲故事不是目的，而是为了阐明自己的观点（“昭奚恤并不令人畏惧，而是他的权力过于集中令人畏惧”）作铺垫。由于有了“狐假虎威”的故事作铺垫，表达者江一所要阐发的观点就不显得很突兀。从论证观点的思维过程看，“狐假虎威”的故事虽然是表达者临时编造的寓言，不能充当论证其观点的事实依据，但客观上对接受者楚宣王的心理产生了影响，使他在觉得生动有趣的情感状态下丧失了理性判断的能力，模糊了“故事”与“事实”之间的界限，结果“故事”暗度陈仓，变身为

“事实”，就俨然成了支撑其观点的论据，从而让接受者楚宣王不知不觉间认同了表达者以故事为论据推导出来的结论。可见，“讽喻”修辞策略在讽谏说理方面确实有着不同寻常的说服力。虽然说故事、编故事颇是费辞，不如直道本心来得直截了当、观点鲜明，但在提升说服力方面却效果大不一样。事实上，如果是以“叙而后议”式的“讽喻”说理劝谏，拿掉“叙”的故事，而只说“议”的结论，结果是结论不被人接受认同。这就好比是军事上的进攻，从正面进攻虽然直接，但不能取得胜利；迂回前进，从侧面包抄，虽嫌费时费力，但却能保证进攻取得胜利。

六、齐人有一妻一妾

齐人有一妻一妾而处室者，其良人出，则必餍酒肉而后反。其妻问所与饮食者，则尽富贵也。

其妻告其妾曰：“良人出，则必餍酒肉而后反，问其与饮食者，尽富贵也，而未尝有显者来，吾将瞷良人之所之也。”

蚤起，施从良人之所之，遍国中无与立谈者。卒之东郭墦间，之祭者乞其余。不足，又顾而之他。此其为餍足之道也。

其妻归，告其妾曰：“良人者，所仰望而终身者也，今若此！”

与其妾讪其良人，而相泣于中庭。而良人未之知也，施施从外来，骄其妻妾。

由君子观之，则人之所也求富贵利达者，其妻妾不羞也而不相泣者几希。

——《孟子·离娄下》

上引文字，是《孟子》中的一个独立篇章，有故事情节，也有议论，属于今日我们所说的“论说文”性质。其全文意思，大致如下：

齐国有一个人，家中有一妻一妾。妻妾两人都是本分的家庭妇女，平时是足不出户的。但是，她们的丈夫却是每天外出，而且每次出去都是喝醉了酒、吃饱了肉才回家。妻子感到困惑，就问他是跟哪些人一起吃喝的，丈夫回答说都是达官贵人。

妻子觉得不可信，于是就跟丈夫的小妾说："我们的丈夫每次出门，都一定要喝醉了酒、吃饱了肉才回来。我问他是跟哪些人一起吃喝的，他说都是达官贵人。可是，我们家从未有什么显达的人来过。我准备悄悄跟踪丈夫，看他到底是去了哪里。"

第二天，妻子早早起来，偷偷尾随着丈夫出了门。但是，自丈夫出门之后，一路走过国都大街，没见街上有一个人跟他站着说过一句话。于是，妻子继续跟踪，发现丈夫最后去了城外东郊的一片墓地间，向在墓地祭祀祖先的人乞求祭品。吃完了一处，又回头到了另一处。原来，这就是他谋取酒肉的方法。

妻子回到家后，将所见所闻告诉了丈夫的小妾，并说："丈夫是我们所景仰的人，也是我们所终身托赖的人。没想到，他竟然无耻到了这种地步！"

说完，妻子又与小妾嘲笑了丈夫一番，最后相视对泣于中庭。就在这时，她们的丈夫从外面悠然回来了，根本不知道妻子跟踪了他，知道了他的老底，还在她们面前得意洋洋。

从君子的角度来看，一个人为了追求富贵利达，其所用的手段不令其妻妾感到羞耻并为之对泣的，那是很少的。

上引文字，在《孟子》一书中是难得一见的特殊篇章。在内容上，它以讲故事为主，以文学趣味见长，不同于书中大多数篇章以论辩为主的特色；在结构上，它有头有尾，可以看成是一篇情节完整的小说，类似于唐宋传奇"先叙述故事情节，篇末缀以评论"的结构模式。因为这篇文章虽然篇幅不大（全文不过二百余字），但是"含有辛辣而深刻的讽刺意味，而且初步具备了作为小说所必需的三要素——人物、情节、环境”[①]。还有人认为，这篇文章“开小品之先河”[②]，即认为它是中国最早的小品文。我们认为，以现代文体标准来观照，这篇短文实际上就是一篇论说文，其论点就是全文最后一句话：“由君子观之，则人之所以求富贵利达者，其妻妾不羞也而不相泣者几希”，论据则是齐人骄于妻妾的故事。

按照现代论说文的标准，这篇文章还只能说是论说文的雏形，就篇幅说也只能算是微型的。但值得注意的是，这篇微型的论说文却有十足的说服力，读之令人不得不心服口服。那么，为什么会有这种效果呢？这主要是缘于作者孟子运用了一个有效的修辞策略——“讽喻”。

前文我们已经说过，“讽喻”在中国古代尤其是先秦时代，是用以游说说理最常用、也最有效的修辞策略。上引孟子的文章就是“叙而后议”式的“讽喻”，而且整篇文章就是一个“讽喻”文本。从全文开头一句“齐人有一妻一妾而处室者”，到“而良人未之知也，施施从外来，骄其妻妾”为止，属于“叙”的部分，是作者匠心独运编造的故事，目的是为了引出全文末一句“人之所以求富贵利达者，其妻妾不羞也而不相泣者几希”这一观点。也就是说，前面所编的故事，只是铺垫与引子，最后一句才是全文所真正要表达的重点。作者之所以要大费周章地先编一个故事，然后再亮出观点，那是为了让读者在心理上有个缓冲过渡，不至于觉得观点的提出太过于突兀。从论证观点的逻辑思维过程看，观点置后，故事居先，还能让事实上只是杜撰的“故事”悄然变身为支撑后面所要阐发观点的论据，让人觉得整个论证过程逻辑缜密，无懈可击。其实，“故事”变身为“论据”只是“暗度陈仓”，“故事”本身的趣味性蒙住了读者明辨是非的眼睛，让他们失去了理性判断的能力，从而在不知不觉间认同了“故事”作为“事实”证据的合法性，因此认同了表达者所要阐发的观点，即君子并不排斥富贵利达，但应

① 陈振鹏、章培恒主编：《古文鉴赏辞典》，上海辞书出版社2005年版，第98页。
② 陈振鹏、章培恒主编：《古文鉴赏辞典》，上海辞书出版社2005年版，第98页。

取之以道，不能不择手段；不择手段谋取的富贵利达，是连自己的妻妾都觉得羞耻的。今天我们读先秦时代的作品，看到古人言之凿凿的论点，都觉得非常有说服力。其实，他们用以论证观点的论据都不是今天我们所要求的“事实”论据，而是类似于孟子上面所提供的“故事”性论据。不过，话又说回来，这种“故事”性论据虽然经不起逻辑推敲，但从心理上看却有突破接受者心防的作用，很容易让人产生认同感。这便是中国古人善于说理的高明之处。如果以战争来作比，“故事”是迷惑敌人的“疑兵”，观点才是要突袭的真正目标。

七、庄辛“见兔而顾犬”

庄辛谓楚襄王曰：“君王左州侯，右夏侯，辇从鄢陵君与寿陵君，专淫逸侈靡，不顾国政，郢都必危矣！”

襄王曰：“先生老悖乎？将以为楚国妖祥乎？”

庄辛曰：“臣诚见其必然者也，非敢以为国妖祥也。君王卒幸四子不衰，楚国必亡矣！臣请辟于赵，淹留以观之。”

庄辛去之赵。留五月，秦果举鄢、郢、巫、上蔡、陈之地。襄王流揜于城阳。于是，使人发驺，征庄辛于赵。

庄辛曰：“诺。”

庄辛至，襄王曰：“寡人不能用先生之言，今事至于此，为之奈何？”

庄辛对曰：“臣闻鄙语曰：‘见兔而顾犬，未为晚也；亡羊而补牢，未为迟也。’臣闻昔汤武以百里昌，桀纣以天下亡。今楚国虽小，绝长续短，犹以数千里，岂特百里哉？王独不见夫蜻蛉乎？六足四翼，飞翔乎天地之间，俯啄蚊虻而食之，仰承甘露而饮之。自以为无患，与人无争也；不知夫五尺童子，方将调饴胶丝，加己乎四仞之上，而下为蝼蚁食也。夫蜻蛉其小者也，黄雀因是以。俯噣白粒，仰栖茂树，鼓翅奋翼。自以为无患，与人无争也；不知夫公子王孙，左挟弹，右摄丸，将加己乎十仞之上，以其类为招。昼游乎茂树，夕调乎酸醎。倏忽之间坠于公子之手。夫雀其小者也，黄鹄因是以。游于江海，淹乎大沼，俯噣鳝鲤，仰啮菱衡。奋其六翮而凌清风，飘摇乎高翔。自以为无患，与人无争也。不知夫射者，方将修其碆卢，治其缯缴，将加己乎百仞之上，被磻磻，引微缴，折清风而抎矣。故昼游乎江河，夕调乎鼎鼐。夫黄鹄其小者也，蔡圣侯之事因是以。南游乎高陂，北陵乎巫山，饮茹溪之流，食湘波之鱼。左抱幼妾，右拥嬖女，与之驰骋乎高蔡之中，而不以国家为事。不知夫子发方受命乎宣王，系己以朱丝而见之也。蔡圣侯之事其小者也，君王之事因是以。左州侯，右夏侯，辇从鄢陵君与寿陵君。饭封禄之粟，而载方府之金，与之驰骋乎云梦之中，而不以天下国家为事。不知夫穰侯方受命乎秦王，填黾塞之内，而己乎黾塞之外。”

襄王闻之，颜色变作，身体战栗。于是乃以执珪而授之，（封之）为阳陵君，与淮北之地也。

——《战国策·楚策四》

上引文字，说的是战国时代后期楚国之臣庄辛劝谏楚襄王的故事。劝谏者庄辛，乃是楚国老臣，而且是楚王室成员，其先祖就是春秋时代的五霸之一楚庄王。因为这个缘故，他便以庄为姓。被谏者楚襄王，即楚顷襄王熊横，乃楚怀王之子。楚怀王晚年昏庸误国，楚国被秦国打得丧师失地，国力大幅下降，楚怀王自己也被秦昭王扣押，客死于秦中。他的儿子楚襄王更是治国无能，执政能力与开明程度又在乃父之下。他在中国历史上唯一留名的便是“巫山云雨”的神话传说。从《战国策》中所记上引庄辛谏楚襄王的故事，我们就能清楚地了解到楚襄王到底是个什么样的国君，以及楚国迅速衰落的真实原因。上引文字，转译成现代汉语，意思大致如下：

因为对楚襄王的昏庸作为看不下去了，庄辛遂以特殊的身份，对不思进取的楚襄王直言提出了批评：

“大王身为一国之君，整天与一帮佞臣厮混，左边跟着州侯，右边伴着夏侯，车前马后则是鄢陵君、寿陵君如影随形。您这样一味骄奢淫逸，全然不以国政为念，恐怕要不了多久，连我们的国都郢也要不保了！”

庄辛原以为这样的当头棒喝一定会对楚襄王有所触动，让他从沉溺中清醒过来。可是，万万想不到的是，楚襄王不仅对庄辛的逆耳忠言不以为然，还全然不顾长幼之序，很没礼貌地回应道：

“您是老朽昏庸，犯糊涂了呢？还是危言耸听，以预言楚国之祸为名而造谣惑众呢？”

庄辛见楚襄王竟然用这种口气跟他说话，知道他是不可救药了。于是，索性一不做，二不休，把话说到了绝处：

“老臣并非危言耸听，而是确实看到了您目前所作所为的后果。老臣之言只是据实直谏，并非是预言灾祸而妖言惑众。大王若继续宠着州侯、夏侯等四人，继续不顾国政，楚国真的是要亡国了。大王也许不相信老臣之言，但老臣觉得危险就在眼前，所以请求大王允许老臣先往赵国避一避，暂留赵国观望一段时间，看看最后结果究竟如何。”

虽然庄辛把话说到了这个份上，但楚襄王仍然没有醒悟。庄辛见此，只得绝望地离开郢都，往赵国去了。在赵国逗留了五个月后，庄辛果然听到不愿听到的消息：秦国大举攻楚，已经占领了楚国鄢、郢、巫、上蔡、陈等战略重地。

庄辛虽然痛恨楚襄王不争气，但内心还是深深地爱着自己的祖国，时刻关心着秦楚战争的进展，记挂着楚襄王的下落。就在庄辛忧心如焚，日夜悬望的时候，流落于城阳的楚襄王终于从亡国灭种的深重忧虑中清楚过来了，突然想起早先庄辛说的那番逆耳忠言，遂立即遣使往赵国，飞马征召庄辛回国。

楚襄王之使见到庄辛，向他说明了情况后，庄辛不计前嫌，立即答应道："好！"

庄辛回到了楚国，见到楚襄王。这时，楚襄王再也不像以前那样高傲了，见了庄辛就马上认错道：

"寡人悔不该没有早听您的话。而今事已至此，您看怎么办呢?"

庄辛见楚襄王已然认识到了错误，知道后悔了，觉得他还有希望，遂立即接住话茬，温和地鼓励他道：

"老臣以前听到这样一句俗话，说是见到兔子到了眼前，再回过头去叫猎犬，也还不算太晚；羊儿逃掉了，才想起要补好羊圈，也还不迟。老臣还听说，昔日商汤、周武都是以百里地盘而发迹起来，并拥有天下的；而夏桀、商纣则都是一国之主，拥有天下，而最终却失去了天下，身死国亡而为天下笑。今天的楚国，实力虽大不如从前，国小民贫，但国土接长续短，也还有方圆数千里的面积啊！与昔日商汤、周武的百里之地相比，岂不是要大得很多?"

说到这里，庄辛顿了顿，然后又接着说道：

"大王，您难道没有见过蜻蜓吗？蜻蜓有六只脚，四只翅膀，自由翱翔于天地之间，俯啄蚊虻而为食，仰饮清露而解渴，自以为与人无争，不会有什么祸患。殊不知，早有五尺童子刚刚调好了糖浆，粘在丝上要捕捉它于四仞高空之上，而以之为蝼蚁之食。"

见楚襄王听得认真，庄辛遂又接着说了下去：

"蜻蜓说来还是微不足道的，黄雀的情形也是一样。黄雀俯啄农人散落的稻粒，仰栖于茂密的树枝之间，振翅奋飞，翱翔于天空，自以为与人无争，不会有什么祸患。殊不知，早有公子王孙左手挟着弹弓，右手拿着弹丸，仰对十仞之上的天空，以其颈项为弹射的目标。黄雀白天还自由飞翔于密林茂枝之间，晚上就成了公子王孙的盘中之餐。就在这么短暂的时间之内，结局就是如此悲惨。"

说到此，庄辛又顿了顿。但见楚襄王正延颈专注地倾听着，遂又接着说道：

"其实，黄雀的悲惨结局也不算什么，黄鹄（即天鹅）的情况也是如此。黄鹄遨游于江海之间，栖息于大沼水泽，水下捕食鳝鲤，水上啄食菱荇，振翅高飞而凌清风，飘摇天地而翔云间，自以为与人无争，没有祸患。殊不知，早有猎人调好了弓弦箭矢，要将其从百仞高空射下来，使其受伤而死，望风而陨。黄鹄早上还自由翱翔于天上，晚上就成了猎人的盘中美餐。在这么短暂的时间之内，结局就如此悲惨。"

庄辛说到此，抬头看了看楚襄王，见其神情专注，知道他在用心倾听，遂又接着往下说道：

"黄鹄虽是大鸟，但其实也算不了什么，蔡圣侯的结局也是如此。蔡圣侯身为蔡国之君，不思进取，不顾国政，南游于高陂，北登于巫山，渴饮茹溪之清流，饥食湘波之鲜鱼，左搂幼妾，右拥宠姬，与她们尽情驰骋于高蔡之间，而不顾国计民生。他自以为不招惹他国，与人无争，就不会有祸患降临。殊不知，楚大夫子发早已奉楚宣王之命，发大兵，拿着绳索要来捆拿他呢。"

说到这里，庄辛觉得差不多，该收结上题了，遂立即换了一种口气说道：

"蔡圣侯的结局，其实也算不了什么，大王您的情况也跟他差不多。想当年，您不顾国政，整天与一帮佞臣弄臣混在一起，左边是州侯，右边是夏侯，车后跟着是鄢陵君与寿陵君。大王与他们这些人吃着各封邑进贡的食物，车中载着由四方府库献纳的金帛，一起驰骋于云梦大泽周边，心中完全没有楚国的安危与人民的疾苦。大王当时可能这样想，楚国没有侵犯他国，别国当然也不会侵犯我国。殊不知，虎狼之秦的国舅爷穰侯正奉秦昭王之命，带着大军昼夜兼程，向着咱们楚国杀来呢。在您还没察觉之时，就已经兵临平靖关之南的鄳郢，最终迫使您堂堂楚国之王竟然仓皇出奔郢都，逃到平靖关之外的阳城流亡了。"

楚襄王听到这里，脸色大变，浑身颤抖。于是，立即授庄辛以楚国最高爵位上执珪，并封其为阳陵侯。之后，楚襄王听从庄辛所

献之计，收复了淮水以北大片失地。（吴礼权译①）

从上面的故事情节，我们可以清楚地看出，楚襄王虽然昏庸透顶，但最终还是被庄辛说服，接受了谏议，重新振作，使日益衰落的楚国国力又有所提升，并收复了淮水以北的大片土地。那么，庄辛的谏说为何能将昏君楚襄王说醒，他的说辞又何来如此强大的说服力呢？通过庄辛前后两次进谏楚襄王的说辞对比，我们不难发现，他后一次谏说成功，乃是缘于他巧妙地运用了“讽喻”修辞策略。

前文我们说过，“讽喻”修辞策略分为两种情况：一是“叙而不议”式，即只讲故事而不点明故事寓意；二是“叙而后议”式，即先讲故事，再点明故事寓意。前一种情况，表达者所要表达的真意没有明说出来，需要接受者自己从故事本身予以解读，因此表情达意最婉转。后一种情况，表达者所要表达的真意虽然最后明说出来了，但是因为前面有故事作为铺垫，对接受者的心理有一种缓冲与引渡，因此表情达意仍显得相当的婉转含蓄。因此，这种“讽喻”用于说理最为有效。因为它篇末点明故事寓意，有利于接受者加深印象，清楚明白地把握表达者所要传达的真意，同时先叙而后议的表达方式，延缓了点明寓意的时程，对接受者的心理刺激有所缓冲，表情达意具有一定的婉转含蓄效果，因此就不易引发接受者情绪情感上的反弹，从而易于认同表达者的观点。

庄辛第一次谏说楚襄王之所以失败，究其原因，主要有二：“一是他在言语交际与人际沟通中没有正确地进行‘角色’定位，二是没有讲究表达策略。作为交际者，庄辛在跟受交际者楚襄王提出谏议时，首先应该明白自己所面对的对象不是普通的晚辈，而是自己的国君，是一国之王。自己虽是年长的王室宗亲，但在受交际者面前仍是臣的身份。因为没有定位好受交际者的‘角色’，同时也没有摆正自己的‘角色’地位，所以作为交际者的庄辛在言语交

① 参见吴礼权：《言语交际与人际沟通》，暨南大学出版社 2013 年版，第 134 ~ 136 页。

际时自然就忘了运用必要的表达策略，实话实说，直来直去，结果触犯了楚襄王的自尊心，不仅不肯接受他的谏议，而且还将他臭骂了个够，说他是老糊涂，是妖言惑众。”[①] 而第二次进谏之所以成功，究其原因，主要亦有二：“一是对受交际者楚襄王的‘心理’把握得比较好，二是表达策略运用得当。”[②] 庄辛第二次进谏时，不是自己主动找上楚襄王，而是楚襄王将他从赵国召回向他问计。此次的被谏者楚襄王心理早已是非常脆弱了，见了庄辛是一种既惭愧又后悔的心理，因此易于听进批评意见。当然，这是其一。其二是庄辛这次汲取了上次进谏失败的教训，改变了进谏说理的方式，不是直道本心地实话实说，更不是开门见山地直奔主题，而是创造性地运用了“讽喻”修辞策略。他所建构的“讽喻”文本，既非先讲一个故事就完事的“叙而不议”式，也不是先讲一个故事再予以评论的“叙而后议”式，而是一连讲了“蜻蛉”、“黄雀”、“黄鹄”、“蔡圣侯”四个故事，然后再转入正题予以议论：“君王之事因是以。左州侯，右夏侯，辇从鄢陵君与寿陵君。饭封禄之粟，而载方府之金，与之驰骋乎云梦之中，而不以天下国家为事。不知夫穰侯方受命乎秦王，填黾塞之内，而已乎黾塞之外。”由于有了充分的铺垫，相同寓意的故事反复讲述，既使昏君楚襄王加深了印象，又缓和了对他予以批评的时程，使他最终对接受批评有了充分的心理准备，从而认同了庄辛的观点：“贪图安逸，没有远虑，必有近忧；再不认识到错误，改弦更张，发奋图强，楚国亡国之日就要迫在眉睫了。”可见，阐明观点或说理劝人，有时直道本心的方式未必有效，而迂回折绕、不怕费辞，则未必不能奏效。从庄辛前后两次进谏的不同结果，我们就能明白这个道理。同时，也能清楚地看出“讽喻”这一修辞策略在谏君说理方面独到的效果。

言语交际与人际沟通，就如战守征伐一样，有时正面进攻，不仅会损兵折将，而且还会彻底失败；而迂回前进，从侧面包抄，虽

---

① 吴礼权：《言语交际与人际沟通》，暨南大学出版社 2013 年版，第 136 页。
② 吴礼权：《言语交际与人际沟通》，暨南大学出版社 2013 年版，第 136 页。

费些时日与周折，但往往能够出奇制胜。前文我们说过，语言也是一种资源，配置要合理，才能产生最大的经济收益。至于是言简意赅，还是繁词缛说，那全要看表达者适应交际对象与交际情境的智慧了。看清了交际对象，适应了交际情境，该言简意赅时绝不多说一句、不多写一字；该繁词缛说才能奏效的，则绝不吝啬唾沫与笔墨。一切以言语交际与人际沟通的效果为标准，以取胜为终极目标。

八、触龙与赵太后谈心

赵太后新用事，秦急攻之。赵氏求救于齐。齐曰："必以长安君为质，兵乃出。"

太后不肯，大臣强谏。太后明谓左右："有复言令长安君为质者，老妇必唾其面！"

左师触龙言愿见太后，太后盛气而胥之。入而徐趋，至而自谢，曰："老臣病足，曾不能疾走，不得见久矣。窃自恕。而恐太后玉体之有所郄也，故愿望见太后。"

太后曰："老妇恃辇而行。"

曰："日食饮得无衰乎？"

曰："恃粥耳。"

曰："老臣今者殊不欲食。乃自强步，日三四里，少益耆食，和于身也。"

太后曰："老妇不能。"

太后之色少解。

左师公曰："老臣贱息舒祺，最少，不肖。而臣衰，窃爱怜之，愿令得补黑衣之数，以卫王宫。没死以闻。"

太后曰："敬诺。年几何矣？"

对曰："十五岁矣，虽少，愿及未填沟壑而托之。"

太后笑曰："丈夫亦爱怜其少子乎？"

对曰："甚于妇人。"

太后笑曰："妇人异甚。"

对曰："老臣窃以为媪之爱燕后，贤于长安君。"

曰："君过矣，不若长安君之甚。"

左师公曰："父母之爱子，则为之计深远。媪之送燕后也，持其踵，为之泣，念悲其远也。亦哀之矣。已行，非弗思也。祭祀必祝之，祝曰：'必勿使反。'岂非计久长，有子孙相继为王也哉？"

太后曰："然。"

左师公曰："今三世以前，至于赵之为赵，赵王之子孙侯者，其继有在者乎？"

曰："无有。"

曰"微独赵，诸侯有在者乎？"

曰："老妇不闻也。"

"此其近者祸及身，远者及其子孙。岂人主之子孙则必不善哉？位尊而无功，奉厚而无劳，而挟重器多也。今媪尊长安君之位，而封之以膏腴之地，多予之重器，而不及今令有功于国。一旦山陵崩，长安君何以自托于赵？老臣以媪为长安君计短也，故以为其爱不若燕后。"

太后曰："诺，恣君之所使之。"

于是，为长安君约车百乘，质于齐，齐兵乃发。

——《战国策·赵策四》

上引文字，说的是战国时代赵孝成王元年（公元前 265 年），秦国欲趁赵惠文王新卒、赵孝成王年幼、赵威后摄政之初，对赵国大举进攻，赵国向齐国借兵，而齐国要求赵国派长安君为人质才肯发兵，赵威后不肯，左师触龙前往进谏的故事。全文转译成现代汉语，大意如下：

赵惠文王驾崩，赵孝成王继位。但赵孝成王年纪太小，赵国之政乃由赵惠文王之妻即赵太后代为执掌（古人谓之"代摄"或"摄政"）。赵太后执政伊始，素有席卷天下、包举宇内、并吞八荒之心的虎狼之秦，见原来的劲敌赵国正由孤儿寡母执政，觉得是趁机出兵，一举消灭赵国的好机会。于是，不等赵太后执政有任何作为，秦昭王就倾兵向赵国压境而来。赵太后无计可施，只得派人往东邻大国齐求救。但是，齐襄王提出了一个出兵的前提条件：

“如果让齐国出兵救赵，没有问题，但必须以长安君为人质。”

大概齐襄王信息不灵，不知道长安君在赵太后心目中的地位有多重要。所以，当赵国使者将齐襄王的要求禀报给赵太后时，赵太后想都没想，就一口予以拒绝。

赵国大臣们听说赵太后拒绝了齐襄王的要求后，立即前往进谏，要求赵太后以国家社稷为重，不能儿女情长，舍不得儿子前往齐国为人质。可是，赵太后就是听不进群臣的谏议，甚至后来进谏者多了，弄得她非常烦，于是她索性放出了狠话：

“如果再有人谏议让长安君前往齐国为人质，老妇一定将口水唾在他脸上！”

赵太后毕竟是女人，最狠的一招不过是往大臣脸上吐口水，不是杀他们的头。虽说唾面不像杀头那么严重，但男人毕竟是男人，谁也不愿意被女人朝脸上吐口水的。所以，赵太后发狠话后，就没人敢进谏了。

过了几天，已经退休的左师触龙听说了此事，觉得赵太后这种做法不明智，执一国之政，保一国平安，怎么如此任性呢？于是，他决定前往进谏赵太后。

赵太后听说触龙要来见她，心想，你都退休了，还管那么多闲事干什么？于是，就气鼓鼓地等着他来晋见。

触龙进了宫廷，远远看见赵太后，连忙小步快跑。到了赵太后跟前时，则首先道歉说：

“老臣腿脚不好，一向不能快跑，所以很久都没来晋见太后了。虽然私下以腿脚不好而原谅自己，但心里还是时刻记挂着太后，唯恐太后玉体有什么不舒服。所以，想来想去，还是决定要来拜见一下太后。”

赵太后见触龙这样说，只得回应道：

“老妇腿脚也不好，行走都是靠车辇。”

触龙见赵太后并没有不理自己，遂又进一步跟她套近乎，问道：“太后每天的饮食情况如何？食欲没有减退吧。”

赵太后知道触龙是在套近乎，但见他是好意，不便驳他，遂只得回答道：

“只是每天喝点稀粥而已。”

触龙看了看赵太后，顺其意思，接口说道：

“老臣远不及太后，最近一点食欲也没有。所以，只得每天强迫自己勉强出去走走，每天走个三四里地，慢慢地，就有了点食欲，身体情况也有所改善。”

赵太后听触龙说得诚恳，完全是在拉家常，看来并无进谏之意，遂松了一口气，语气和缓地说道：

“唉，老妇就做不到。”

触龙见赵太后说话之时的神色轻松多了，不再像刚才那样板着个脸，一本正经，遂连忙乘机转换话题道：

“老臣有个儿子，叫舒祺，排行最末，没有出息。太后，您也知道，老臣的身体是一天不如一天了，但总是放不下这个孩子，私心里还特别爱他，所以希望他能有个职位，穿个宫中侍卫之服，滥竽充数，当个卫士，以保卫王宫。老臣知道这是非分之想，但今天还是冒死向太后请求。”

赵太后一听，原来触龙今天是为其小儿子来求职的，并不是来进谏的。于是，脸色更加和悦了，心情也更加轻松了，遂连忙问道：

“好哇！令郎今年多大了？”

“十五岁了。虽然还年少，但老臣还是希望未闭眼前将他托付给太后，这样老臣才算放心。”

赵太后一听这话，立即笑了起来：

“原来大老爷们也这么疼爱小儿子啊！”

“比女人还要厉害。”触龙一本正经地答道。

赵太后听了，嫣然一笑，不以为然地说道：

“还是女人比男人更疼爱小儿子。”

触龙听赵太后这样说，觉得机会来了，遂连忙接住她的话头，说道：

“老臣私下觉得，太后爱燕后，远远要超过爱长安君。”

“您错了，老妇爱燕后，远远比不了爱长安君。”赵太后不假思索地说道。

触龙立即抓住机会，进一步说道：

“父母爱子女，一般说来，都会为他们考虑得深远。记得太后当年送女儿远嫁燕国时，握着其脚后跟，为之痛哭，这是心念着她嫁得远而感到悲伤。嫁到燕国后，太后并非不想她，但是每逢祭祀时，太后一定要祷告说：‘一定不要让她回到赵国。’这不是太后为她计之深远，希望她的子孙世世为燕王吗？”

“确实是这样。”赵太后肯定地点头道。

触龙见此，遂又接着说道：

“从三世以上，一直上推到赵氏由大夫封为国君的时候，赵国历代国君的子孙受封为侯的人，其后嗣继其封爵的，还有存在的吗？”

“老妇没有听说过。”赵太后不假思索地回答道。

触龙看了看赵太后，又语重心长地接着说道：

“这就是‘近者祸其身，远者及其子孙’的缘故。做国君的，难道他们的子孙就一定都不肖吗？不是这样，而是因为他们地位尊贵而对国家没有尺寸之功，奉养优厚而对国家没有任何功劳，但又拥有很多金银财宝。而今，太后只是一味尊长安君之位，封之以膏腴之地，又多予其重器财富，一点都不给他为国立功的机会。这样下去，一旦太后千秋万岁之时，长安君凭什么自立于赵国政坛，治国安邦，表率万民呢？所以，老臣以为，太后爱长安君，其实是远比不上爱燕后的。”

说到这里，赵太后终于明白了触龙的意思，遂连忙点头回应道：

“老妇明白了，就依您的意思执行吧。”

于是，赵太后立即为长安君准备了百乘马车，让他到齐国为人质。齐襄王闻之，立即派兵救援赵国，最终打退了秦国的进攻，解了困局。[1]

从上面的故事，我们可以清楚地看出，触龙为了说服赵太后让长安君前往齐国为人质，实在是费了很多口舌。但是，最终他成功了，而在他之前的许多进谏的大臣都失败了。那么，这是为什么呢？如果我们认真分析一下触龙游说赵太后的整个过程，就会发现，触龙说服赵太后成功的秘诀就是迂回曲折地兜圈子，即运用“设彀”修辞策略，以诱敌深入的方式，逐步接近自己意欲游说的话题目标，然后出其不意地将赵太后逼入预设的语言陷阱，从而让赵太后无法挣脱，只得认同他所说的道理，同意让长安君为质。

所谓“设彀”，是一种由交际者预先设定特定语言目标，但不由自己直接抵近目标，而是引诱受交际者逐步抵近预设目标，让受交际者自投罗网，最终陷其于预设目标圈中，从而逼迫受交际者替自己说出所想说的话或所欲表达的观点的修辞策略。这种修辞策略经常运用于劝人说理的言语交际中，最具说服力。因为交际者想说的话或想表达的观点，不是通过自己的嘴说出来的，而是借受交际者的嘴说出来的，等同于让受交际者自己说服了自己。等到受交际者醒悟过来是怎么回事时，已经没有反悔的余地了，只得承认自己按照交际者预设的路径一步步逼着所说出的每一句话。

上引故事中的左师触龙，作为一个交际者，在赵国众臣进谏受交际者赵太后终告失败之后，不顾赵太后“有复言令长安君为质者，老妇必唾其面”的禁令，前往晋见受交际者赵太后，意图非常明确：说服她同意让长安君到齐国为人质，然后让齐国迅速出兵救援赵国。但是，作为交际者，触龙见了受交际者赵太后却不直奔主题，直道本心，说出自己的建议，而是先套近乎、降低对方的防备，说很久没来看太后了，挂念太后的身体情况，并问及她的饮食起居情况。等到受交际者赵太后拒谏的心理有所放松时，触龙便趁

---

① 吴礼权译，参见吴礼权：《言语交际与人际沟通》，暨南大学出版社 2013 年版，第 108～110 页。

机与她拉起了家常，说自己年纪大了，惦记着小儿子今后的生计问题。这是交际者想以做父母为子女着想的慈悲胸怀感动受交际者，让受交际者赵太后与自己产生情感共鸣，巧妙地拉近了与她的关系，从而在不知不觉间将两人的君臣关系转变成可以说些家长里短闲话的平民关系。等到受交际者赵太后完全放松警惕，真的与交际者触龙说起了父母爱子女的体己话时，受交际者事实上已经进入了交际者触龙预设的语言伏击圈。最终，陷于伏击圈中的受交际者只得承认自己爱儿与爱女是有区别的，爱女计之久远，爱儿计之短浅，从而替交际者触龙说出了想说而不敢说的话。既然受交际者赵太后承认爱长安君计之短浅，那么就只得"恣君之所使之"，即一切听从交际者的安排，让长安君为质。可见，触龙游说赵太后虽然颇费了些口舌，绕了很大一个圈子，但最终却达到了游说劝谏的目的，并让赵太后口服心服。这就好比是两军对垒，进攻一方不从正面进攻，而是迂回前进，从侧面包抄，虽然颇费时日与精力，却最终赢得了进攻的胜利。言语交际与人际沟通，是以成败论英雄的。特别是跟特殊的受交际者（如国君）交际与沟通，更是要以实现预设目标为唯一标准。因此，多说几句话，多费点口舌，都不是问题。问题是如何取胜，才是最重要的。触龙之所以比赵国的其他大臣高明，就是因为他懂得这个道理，所以他以"设彀"修辞策略来游说赵太后，而不是单凭一腔爱国热情而逞匹夫之勇，实说实说，直来直去，以冒杀头之风险来表现忠君爱国之情。

九、阿丑太监的双簧戏

宪庙时，太监阿丑善诙谐。每于上前作院本，颇有方朔谲谏之风。

时汪直用事，势倾中外。丑作醉人酗酒，一人佯曰："某官至。"

酗骂如故。

又曰："驾至。"

酗亦如故。

曰："汪太监来矣！"

醉者惊迫，帖然。

傍一人曰："天子驾至不惧，而惧汪直，何也？"

曰："吾知有汪太监，不知有天子也。"

自是直宠渐衰。直既去，党人王钺、陈钺尚在。丑作直持两斧，趋跄而行。

或问故，答曰："吾将兵，惟仗此两钺耳！"

问钺何名，曰："王钺、陈钺也。"

后二人以次坐谪。

保国公朱永，掌十二营役兵，治私第。丑作儒生诵诗，因高吟，曰："六千兵散楚歌声。"

一人曰："八千兵散。"

争之不已。

徐曰："尔不知耶？二千在保国公家盖房。"

于是宪庙密遣太监尚明察之，保国即撤工，赂尚明，得止。

成化末年，刑政颇弛。丑于上前作六部差遣状，命精择之。既得一人，问其姓名，曰："公论。"

主者曰："公论如今无用。"

次一人，问其姓名，曰："公道。"

主者曰："公道亦难行。"

最后一人，曰："胡涂。"

主者首肯，曰："胡涂如今尽去得。"

宪宗微哂而已。

——文林《琅琊漫钞》

上引文字，说的是这样一个故事：明宪宗时，朝中有一个太监阿丑，生性诙谐滑稽，常常在明宪宗面前搬演杂剧，颇有汉武帝时滑稽弄臣东方朔善于进谏的风范。明宪宗晚年重用一个管马的太监汪直，任之为西厂提督。“西厂乃是成化十三年明宪宗为了加强中央集权、控制官员、镇压人民而特设的特务机构，与当年明成祖朱棣设立的东厂性质完全相同。东厂在明宪宗时代仍然存在，但在人员、权力及规模等方面都要比新设立的西厂小得多。西厂不仅规模大，特务人员多，而且活动范围也广，自京师及于全国各地的官员与人民，都在其监控之下。汪直由‘弼马温’一跃而成西厂提督（即中央情报局兼国家安全局局长），其权势大到什么程度，是任何人都能想象得到的，当然也是任何人一想到就不寒而栗的。按照明宪宗设计的西厂制度，西厂提督只对皇帝负责，他所搜集到（甚至可以是捏造的）的情报直接上报皇帝本人，因此不仅百姓对汪直畏之如虎，朝廷大小官员对汪直则更是怕得要死。”[①] 由于汪直与明宪宗宠妃万贵妃关系非同寻常，“得万贵妃之助，汪直于西厂提督之职外，又兼了司礼监掌印太监一职，这权更大了。从此，他便与万贵妃一起垄断了朝纲，得势的六年间，可谓势焰张天，权倾朝野”[②]。

阿丑虽然只是一个娱乐明宪宗的太监，但也有正义感。因为实在对汪直的所作所为看不下去了，遂利用自己的特殊身份在明宪宗面前搬演起杂剧，借以发挥讽谏的作用。一天，阿丑见明宪宗情绪不错，遂与同伴一起给明宪宗搬演了一曲。阿丑扮演醉汉，两个同伴分别扮演两个路人。阿丑扮演的醉汉醉倒在路边，一个路人假意威吓他说：“某官来了！”

醉汉听了，无动于衷，一边继续喝酒，一边继续骂人。

那路人又说：“皇上驾到！”

醉汉仍然无动于衷，喝酒谩骂如故。

最后，那路人说：“汪太监来了！”

醉汉一听，立即惊恐不安，摆出一副服服帖帖的样子。

这时，另一个路人走上前来，问道：“皇上驾到你都不怕，为

① 吴礼权：《言语交际与人际沟通》，暨南大学出版社 2013 年版，第 195 页。
② 吴礼权：《言语交际与人际沟通》，暨南大学出版社 2013 年版，第 195 页。

什么会怕汪直呢?”

醉汉回答道:“我只知道有汪太监,不知道还有皇上。”

明宪宗看了阿丑与同伴表演的这则杂剧之后,心里知道是怎么回事了,从此对汪直的宠信逐渐减少,最终将他打发到了留都南京,让他继续从事老本行——管马。虽说汪直离开了权力中枢,但是他的党羽仍在掌权,特别是他的两个得力干将王钺、陈钺还在朝中得势。为此,阿丑太监又与同伴合议,找了一个机会,又在明宪宗面前扮演起杂剧。这次,阿丑没有顾忌了,径直扮演起汪直,手持两柄大钺(斧子),踉跄着在明宪宗面前奔跑。这时,他的同伴就假意问道:“你为什么要手持两钺奔跑啊?”

阿丑回答道:“我领兵全靠这两钺!”

同伴问道:“这两钺叫什么名字啊?”

阿丑回答道:“一个叫王钺,一个叫陈钺。”

明宪宗听了,莞尔一笑,心里明白是怎么回事了。不久,王钺、陈钺两人就因欺诈罪而被明宪宗论罪清除了。

汪直及其残余势力先后被铲除后,不久阿丑又发现了一桩弊案,当时正掌管十二营役兵(即皇家工程兵部队)的太子太保、保国公朱永利用职务之便,假公济私,动用营建兵替其营建府第。朱永在明英宗与明宪宗两朝都是得宠的皇亲国戚,要举报他有点困难。想来想去,阿丑又想到了扮演杂剧的老伎俩。于是,又与同伴合演起双簧戏。阿丑扮演一个儒生,在明宪宗面前高声诵诗道:“六千兵散楚歌声”。

阿丑的同伴立即纠正说:“你念错了,是八千兵散。”

为此,两人争论了起来,互不相让。

争论了一会儿,阿丑扮演的儒生慢慢地说道:“你不知道吗?还有两千在保国公家盖房子呢。”

这一下,明宪宗终于听明白了。于是,立即密遣太监尚明前往保国公朱永府上侦察。保国公得知,惊恐万状,立即撤工,并贿赂了太监尚明一笔钱,这才大事化小,小事化了。

明宪宗成化末年,国家的刑法制度松弛,冤假错案层出不穷,老百姓怨声载道。为此，阿丑又与同伴合议，在明宪宗面前搬演起杂剧来。这次，阿丑扮演主事者，同伴分别扮演吏部、户部、礼部、兵部、刑部、工部六部尚书（最高行政长官，相当于今日中央各部的部长）。阿丑发话，让各部尚书精挑细选所属官员。挑了很长时间，终于确定了一人。有主管尚书问那人叫什么名字，那人回答说："名叫公论。"阿丑扮演的主事者说："这年头公论也难以通行了。"于是，不准派遣，让各部尚书继续挑选。找到第二个人，问他的姓名，答："公道"。阿丑扮演的主事者说："公道也难以通行了。"最后，终于挑定一人，问叫什么名字，答："糊涂"。阿丑扮演的主事者点头认可，并说："糊涂如今都能行得通。"

明宪宗听了，心里明白是什么意思，只是一笑而已。

通过上面的故事，我们可以清楚地看到在中国封建社会的宫廷中，其实是不乏身处下位而富有智慧的人。即使是被太史公司马迁视为"身残处秽，动而见尤"的"刑余之人"太监，也有过人的智慧。故事中的太监阿丑，就是这样的一位。在明宪宗朝中，其工作分工不是侍候皇帝与妃嫔的生活起居等体力劳动，而是从事智力劳动，为皇帝娱乐搞笑。这说明他在太监中属于"劳心者"一类，而非"劳力者"一类。也正因为他是"劳心"的文化人，所以他有机会在明宪宗面前扮演杂剧，并趁机进谏，发挥其他大臣无法替代的匡君辅国的独特作用。

那么，一个封建宫廷中的弄臣，怎么就有比一般大臣还有能耐左右朝政与皇帝的行为呢？这从上面所叙述的故事中，我们就能看得出其中的原因，这就是阿丑虽是一个地位卑贱的太监，但是他充分利用了为明宪宗贴身服务的难得机会，并利用善于扮演杂剧的特长，瞅准机会就寓教于乐地对明宪宗敲打一番，让他了解朝政的弊端、吏治的腐败、社会的乱象、百姓的心声。给皇帝搞笑娱乐的弄臣，中国自古以来就不乏其人，善于进谏者也大有人在，但是每谏必成，并对国家大政起到重大影响者，则并不多。阿丑太监之所以能够做到这一点，这与他创造性运用"讽喻"修辞策略有关。

前文我们说过，"讽喻"是一种为了特定的交际目标而临时编造一个故事，以寄寓某种哲理教训，或是阐明某种观点，说明某种道理的修辞策略。上述阿丑劝谏明宪宗，则是运用了“叙而不议”式的“讽喻”形式。不过，与一般的“叙而不议”式“讽喻”不同，阿丑的“讽喻”不只是通过语言编造故事，然后让接受者明宪宗从故事本身解读出寓意，而是通过行动（即与同伴的表演）配合语言来讲故事，从而让明宪宗从表演者的肢体语言与口头语言中体会到其实际要表达的意涵。阿丑与同伴弹劾汪直专横跋扈之事，是通过自己扮演醉汉，同伴扮演路人，在两人一问一答中以现实活剧的形式讲出了一个事实真相：汪直的西厂不仅打击正直官员，危害国家朝政，而且搞得天下人人自危，惶惶不可终日，真正是祸国殃民了。由于是以演戏的形式来表达这层意思，表达者阿丑没有直陈，况且给皇帝演戏乃是他的本职工作，这就没有越权干预朝政的嫌疑，接受者明宪宗拿不住他越权奏事弹劾朝廷要员的把柄，因此明宪宗听从与不听从，表达者阿丑都是胜利者。事实上，这个活剧演得非常好，明宪宗明白了其寓意，惩处了汪直。第二次弹劾汪直的党羽王钺、陈钺，第三次弹劾保国公朱永，阿丑都是以配合演戏讲故事的方式，结果都取得成功，让明宪宗听懂并查办了当事人。第四次指陈成化末年刑法制度腐败、天下冤假错案层出不穷的事实，希望明宪宗予以纠正，虽然只是博得明宪宗一笑，并没有像前三次一样得到具体落实，但阿丑本人及其同伴也没有被明宪宗斥责或处罚，所以仍可以说是阿丑的胜利。如果这四次进谏，阿丑采用直道本心，实话实说，像普通大臣一样上本弹劾事主，不仅达不到预期的弹劾效果，反而会落得越权干政的罪名而受到严厉的惩罚甚至遭遇杀身之祸。可见，在中国封建社会，虽然皇帝威权至高无上，进谏匡君并非易事，但是如果真有智慧，有创意造言的高超技巧，并非不能有所作为。上述阿丑太监的故事，就生动地证明了这一点。

十、纪晓岚替人“点主”不拒报酬

嘉庆四年初，乾隆皇帝驾崩，嘉庆帝开始亲政。嘉庆帝执掌朝纲后第一件事就是把权奸和珅及尚书福长安逮捕入狱，紧接着便想把几位为父皇做出过突出贡献，但一直受和珅之流的排挤而得不到重用的大臣，破格提拔到高位上来，委以重任。但这事需要和一些重臣商量一下。

在商量的过程中，有些大臣认为这样的破格提拔从无先例，表示难以接受；更多的大臣则是唯唯诺诺，死活不表态。这样一来，闹得嘉庆皇帝也没有了主张。

当时，纪晓岚正任武会试的正总裁官，没有参加此事的商议。嘉庆帝思来想去，实在无法决断这件事，只好把纪晓岚从考场中叫来，想听听他的意见。当嘉庆帝把事情的前后经过讲完后，纪晓岚也未说可否，却道：“万岁，臣做官数十年来，没有敢给我送礼的，因为他们都知道，为搞歪门邪道而给我送的礼，我根本不会收。惟有我的亲戚朋友，要我为他的先人点主或作墓志铭的时候，他们送的礼再厚我也敢收。”……嘉庆帝也不是昏庸之人，听了纪晓岚的这几句话，很快就理解了其中的意思，恍然大悟似地说道：“朕欲提拔那几位大臣，也是为先帝推恩，以尽孝心，为何不可呢？”

于是，几日不能决断的难题，被纪晓岚几句话就给解决了。

——贺治起等编《一代文宗纪晓岚传奇》

上引文字，说的是清代著名政治家与学者纪昀谏说嘉庆皇帝为其父亲乾隆皇帝推恩、提拔相关有功官员的故事。

在中国封建时代，任何皇帝都标榜“以孝治天下”，即使是以弑父杀兄等极不光彩的手段夺得皇位的，也要极力装出孝子贤孙的样子。如果不这样，天下人有样学样，他的皇位岂能坐得稳？所以说，中国古代皇帝强调所谓的“以孝治天下”，实际上只是维护自己皇权的一个手段而已。清朝的皇帝虽然不是汉人，而是满洲人，但统治中国的方法却都是中国历代汉人皇帝的老办法，都是以儒家思想观念钳制与禁锢人们的思想与行为，因此他们统治中国仍然是高喊“以孝治天下”的口号。平心而论，清朝的皇帝虽非汉人，但汉文化的根底并不差，对中国传统文化的了解也不少。特别是康熙皇帝、乾隆皇帝更是以精通汉文化而著称，为此，他们两人都有以此炫耀于世人的毛病。嘉庆皇帝虽然在汉文化方面的造诣不及乃父乾隆与乃祖康熙，但实际水平也不比历史上一般的汉人皇帝差。正因为如此，当他在苦等了很久才荣登九五之尊的皇帝宝座，并又熬了很多年后才送走太上皇乾隆，这才真正开始亲政，从此有了自己的话语权。可是，刚刚亲政的嘉庆却因为长期在父亲乾隆的光环下生活惯了的缘故，手中一下子有了权，却不知如何使用，以至于想破格提拔几位为其父亲乾隆作出过贡献的老臣，他也拿不定主意，难以决断。最后只得去找老臣纪昀，请他做主定夺。当然，在封建社会，皇帝就重大问题征询大臣的意思，那是对受询者极大的信任，也是受询者莫大的荣耀。可是，这份信用与荣耀，接受的大臣也是要冒着极大风险的。因为重大决策都有成与不成，效果好与不好的风险。如果皇帝请某大臣帮助拿主意，某大臣真的明确给他作了决断，将来出了问题，引起负面效果，那负责任的不会是皇帝，而是当初拿主意的大臣。正因为如此，我们看历史上那些久历宦海的官僚们都是非常圆滑的，皇帝问他们什么事，让他们拿个主意，他们总是三缄其口，或是推三阻四，或是模糊其词，原因就是他们怕日后要担责任。上面故事中的纪昀，其实也是这样的官僚。如果他不懂这些官场中的规矩，不了解其中的奥妙，他何以能侍候得了乾隆皇帝那样的主儿？正因为纪昀懂得这些官场规矩，懂得明哲保身的道理，所以当嘉庆皇帝以准备破格提拔一些官员而为父亲乾隆推恩时，他没有明确答复，而只是给嘉庆皇帝讲了一个自己的故事，让嘉庆皇帝自己去解读，自己作出决断。事实证明，纪昀是睿智的，他应对嘉庆的策略是正确的，他想说服嘉庆的道理也是有说服力的。不然，嘉庆就不会在听了他的一番话后，将犹豫不决了很久的事当即就予以解决了。

那么，纪昀的这番话何以有如此强大的说服力，而让犹豫不决的嘉庆皇帝最终有了决断的勇气呢？这是因为纪昀运用了一个有效的修辞策略——“讽喻”。前文我们说过，“讽喻”修辞策略有“叙而不议”式和“叙而后议”式。以前一种方式表情达意，可以让人思而得之，有婉约含蓄的效果；以后一种方式说理明义，有循序渐进、步步深入的效果，易于让接受者认同其所阐明的道理或观点。纪昀跟嘉庆皇帝所说的一番话：“万岁，臣做官数十年来，没有敢给我送礼的，因为他们都知道，为搞歪门邪道而给我送的礼，我根本不会收。惟有我的亲戚朋友，要我为他的先人点主或作墓志铭的时候，他们送的礼再厚我也敢收。”表面是说自己的亲身经历，实际上是他为说服嘉庆皇帝而临时编造的一个“故事”，目的是让嘉庆皇帝经由这个故事体会出其中的微言大义：“为先皇推恩而破格提拔官员乃是天经地义，不必有什么顾虑。”可见，纪昀的这番话是一个典型的“叙而不议”式的“讽喻”修辞文本。从消极的方面来看，由于采用了“叙而不议”式的“讽喻”策略，纪昀提供给嘉庆皇帝的建议不管是否被采纳，或者采纳后有没有负面效果，一概都与他无关，将来也不会有什么责任可以追究到他头上。若是从积极的方面来看，纪昀运用这种“讽喻”策略还有一个高妙之处，那就是既使自己避免了在新皇帝面前有倚老卖老的嫌疑，又能让嘉庆皇帝有被抬举的感觉。因为“叙而不议”，不点明故事寓意，那是相信接受者有悟性，话没必要说得太明。试想，哪个皇帝不想被臣子高看一眼？哪个皇帝被臣子高看了而不高兴？可见，纪昀侍奉皇帝是非常有智慧的，说服皇帝也是非常有技巧的。

第八章　以创意软实力取胜

汉语中有一个成语，叫做“以柔制刚”，典出于三国蜀汉诸葛亮《将苑·将刚》篇：“善将者，其刚不可折，其柔不可卷，故以弱制强，以柔制刚。”日常生活中，我们常常会听人说到这个成语，或写成“以柔克刚”，意思都一样，意谓：“用软的温和的去制服硬的刚强的。比喻避开锋芒，用温和的手段取胜。”① 还有一个与此意思差不多的民间俗语，叫做“四两拨千斤”。这一雅一俗的两个词语，说到底都是强调为人处事要善于以创意软实力取胜，而不是不顾后果、不计得失，“霸王硬上弓”，以硬碰硬，针尖对麦芒。

其实，不仅是为人处事应该要重视以创意软实力取胜，言语交际与人际沟通也应该如此。前文我们说过，在言语交际与人际沟通中，有时我们为了说服别人认同自己的主张或观点，引经据典，借祖宗的嘴巴说话，拿前人的作为来说事，或是摆出现实中的具体事实，都能有力地说服别人。但是，如果我们有智慧的话，有时候并不必要慷慨激昂地引经据典，或是凿凿有据地列举事实，也能以创意造言的智慧，在谈笑间巧妙地“软着陆”，化严肃为幽默，让接受者在愉快的情感状态下认同我们的主张或观点。比方说，修辞中有一种策略叫做“比喻”，是人人都会运用的，如果运用得巧妙，“比喻”文本的建构有创意，不仅可以使我们的表达显得生动形象，而且还能增强说理的力量，即加强说服力。

那么，如何建构“比喻”修辞文本，以创意软实力取胜，提升我们阐明事理、说服他人的能力呢？我们不妨看看古圣今贤是如何做的，通过解析他们语言实践的成功范例，也许我们能够从中得到

① 《中国成语大辞典》，上海辞书出版社 1987 年版，第 1586 页。

启发，掌握如何以创意软实力取胜的规律，从而使我们所要阐发的观点、主张、理念或思想能为更多人认同。

一、晋平公七十欲学

晋平公问于师旷曰："吾年七十，欲学，恐已暮矣。"

师旷曰："何不炳烛乎？"

平公曰："安有为人臣戏其君乎？"

师旷曰："盲臣安敢戏其君乎？臣闻之：少而好学，如日出之阳；壮年好学，如日中之光；老而好学，如炳烛之明，孰与昧行乎？"

平公曰："善哉！"

——刘向《说苑》卷三《建本》

上引文字，说的是这样一个故事：春秋时代的晋平公，是一个"少壮不努力"的主儿，就是不肯学习文化知识。但是，到了年届七旬时，却不知为什么，突然想要学习了。有一天，他找来盲人乐师师旷，悄悄地征询他的意见道："我今年已经七十岁了，现在想学习，恐怕已经太晚了吧。"

师旷一听晋平公说出这话，惊讶得差点瞎眼都要睁开了。稳定了一下激动的情绪，师旷平静地回答道："晚是晚了点，但为什么不点起蜡烛学习呢？"

晋平公一听，顿时板起了面孔，尽管师旷看不见，但能听见他严厉地责问："哪里有为臣的竟然戏弄起他的国君呢？"

师旷知道晋平公误解了，遂和颜悦色地说道："我是一个瞎眼之臣，哪里敢戏弄国君您呢？臣听说有这样一句话：少年时代喜欢学习，就像是早上初升的朝阳；壮年时代喜欢学习，就像是正午时候的日光；老年时代喜欢学习，就像是燃烛之光。燃烛之光虽然微弱，但比摸黑走路，哪个更好呢？"

晋平公听到这里，终于明白了，于是高兴地说道："说得好哇！"

之后，晋平公就开始学习了。由此，在历史上留下了一段佳话。

从上面的故事，我们可以清楚地看出，晋平公年届七旬突然想起要学习，这明显是心血来潮。盲人乐师师旷因为不敢相信，所以就跟他开了句玩笑："何不炳烛乎"，意思是说："你既然知道晚了，那就点上蜡烛学习吧"。这是一个风趣的比喻，也是一句热情的鼓励。可是，由于晋平公从不学习，理解力差，所以师旷跟他开句玩笑，他却听不懂其中的真意，反而误会了师旷，认为师旷以臣戏君，跟他板起脸来。这样，师旷就没有办法了。于是，他只得重新调整说服策略，运用"比喻"修辞手法，跟晋平公讲"为人需要学习"的道理。

前文我们说过，讲道理有很多行之有效的修辞策略，比方说"用典"，即借古人古事为据来说理明义；或是"引经"，即借祖宗的嘴巴说话来提升说服力；或是"排比"、"夸张"，即以铺排壮势或张皇夸大来震慑人心，提升说服力；或是不用什么修辞策略，而是通过逻辑推理的方式讲理，以逻辑的力量征服接受者。师旷虽然是个盲人，却是一个非常有智慧、能说会道的人，不然也不可能双目失明还能行走于晋平公的朝廷之上而颇受倚重。应该说，对于上述行之有效的说服策略，师旷是非常熟悉的。但是，他却没有选择这些策略，而是选择了"比喻"。"比喻"是一种"通过联想将两个在本质上根本不同的事物由某一相似性特点而直接联系搭挂于一起的修辞文本模式。这种修辞文本的建构，在表达上有增强所叙写对象内容的生动性和形象性的效果；在接受上，有利于调动接受者的接受兴趣，使其可以准确地解读出文本的意蕴，而且可以经由接受者的再造性想象，扩添文本所叙写对象内容的内涵意象，从而获得大于文本形象内容的解读快慰与审美享受"①。就"比喻"策略的实际运用情况来看，一般多是为了追求生动形象的效果。但是，有时也不排除有增强说理明义的效果。关于这一点，我们在实际语言生活中也是经常可以见到的。比方说，我们对孩子讲道理，或是对文

① 吴礼权：《现代汉语修辞学》（修订版），复旦大学出版社 2012 年版，第 74 页。

化层次比较低或是没文化的人讲道理，最行之有效的表达策略恐怕就是“比喻”了。因为“比喻”既有化抽象为具体的效果，也有化深奥为浅显的效果，对于抽象的道理的阐发，“比喻”明显比其他修辞手法有效。在日常生活中，我们大概不会看见大人引经据典地给小孩子讲道理，也不大会看见大人以逻辑推理的方式跟小孩子讲道理，而是以“打比方”的方式（即“比喻”）给小孩子讲道理。之所以要以“打比方”的方式给小孩子讲道理，这是因为这种方式适合儿童的心理与智力水平，让他们既感兴趣，也能听得懂。上面我们说到，跟文化层次水平较低的人讲道理，运用“比喻”策略的时候也较多，这是因为这些人的智力水平受到文化层次的限制。所以，生动形象的谚语在民众底层最为流行。比方说，在今天的社会，我们还能经常听到许多读书人都喜欢讲一句话：“团结就是力量。”这句话就是讲道理的，但说得非常抽象。同样是这个意思，老百姓更喜欢这样的表达：“人心齐，泰山移”、“单线不成线，独木不成林”，运用的就是“比喻”（借喻）修辞手法。

在上述师旷说服晋平公的故事中，师旷所要说服的对象晋平公虽然不是小孩子，但是他是年届七十的老人。中国有句老话：“老小孩，小小孩”。意思是说，老人往往在心理上有孩子的某些特点。因此，师旷在给晋平公讲“一个人不管到了什么年龄都需要学习”的道理时，之所以选择运用“比喻”修辞策略，既考虑到了晋平公是个老人，有小孩子的某些心理特点；同时也考虑到他不学无术的背景。事实上，师旷选择的修辞策略是明智的，适应了晋平公的认知水平与心理特点。因为“日出之阳”、“日中之光”、“炳烛之明”三个“喻体”都是具体形象的，晋平公再昏庸无知，也是能感知的。正因为这三个“喻体”具有形象性，同时易于认知，所以经由这三个“喻体”与“少而好学”、“壮年好学”、“老而好学”等三个“本体”的分别匹配，蕴含其间的道理就易于为晋平公这种不学无术的老人所理解。因为这种表达切合了他的心理与接受能力，所以就显得相当有说服力，能够使其产生认同感。事实上正是如此，当师旷的这三个“比喻”文本建构完成，晋平公立即明白了其含义，而且认同了其观点，高兴地说道："善哉。"可见，说理要看对象，要注意分析接受对象的心理与认知水平，选择恰当的修辞策略，从而巧妙地实现"软着陆"，以创意软实力取胜。两千多年前盲乐师师旷的上述修辞实践，可算是给我们上了生动的一课。

二、梁惠王"五十步笑百步"

梁惠王曰："寡人之于国也，尽心焉耳矣，河内凶，则移其民于河东，移其粟于河内。河东凶亦然。察邻国之政，无如寡人之用心者。邻国之民不加少，寡人之民不加多，何也?"

孟子对曰："王好战，请以战喻。填然鼓之，兵刃既接，弃甲曳兵而走，或百步而后止，或五十步而后止。以五十步笑百步，则何如?"

曰："不可。直不百步耳，是亦走也。"

曰："王如知此，则无望民之多于邻国也。不违农时，谷不可胜食也；数罟不入洿池，鱼鳖不可胜食也；斧斤以时入山林，材木不可胜用也。谷与鱼鳖不可胜食，材木不可胜用，是使民养生丧死无憾也。养生丧死无憾，王道之始也。五亩之宅，树之以桑，五十者可以衣帛矣。鸡豚狗彘之畜，无失其时，七十者可以食肉矣；百亩之田，勿夺其时，数口之家可以无饥矣。谨庠序之教，申之以孝悌之义，颁白者不负戴于道路矣。七十者衣帛食肉，黎民不饥不寒，然而不王者，未之有也。狗彘食人食而不知检，途有饿莩而不知发，人死，则曰：'非我也，岁也。'是何异于刺人而杀之，曰：'非我也，兵也。'王无罪岁，斯天下之民至焉。"

——《孟子·梁惠王上》

上引文字，记载的是孟子游说梁惠王（即魏惠王）推行"仁政”政策，从而实现“保民而王”，一统天下的目标。上面孟子与梁惠王的对话，若转译成现代汉语，大致意思如下：

孟子前往游说梁惠王，梁惠王知道孟子的用意，遂对孟子说道：“寡人对于治理国家，可以说是尽心尽力了。黄河以北的地区发生了灾荒，寡人就将灾民迁移到黄河以东的地区，将粮食调拨到受灾的黄河以北地区。黄河以东的地区发生了灾荒，寡人也是以同样的方式治理。看看邻国的国君，他们治国安民并没有寡人用心，但是他们的国民也没见减少，寡人的国民也没见增加，这是为什么呢？”

孟子一听，就明白了梁惠王的意思，他这是在卖弄自己的“仁政”、“仁心”呢。于是，就接口回答道：“大王生性好战，那我就以打仗来打比方吧。战鼓‘冬冬’敲响，两军短兵相接，一阵搏杀之后，有的士兵拖着兵器逃跑了，或是逃了一百步而后停下了，或是逃了五十步后停下了。逃了五十步的士兵嘲笑逃了一百步的士兵，您认为如何？”

梁惠王脱口而出道：“不行。逃五十步也是逃跑，只不过没逃到一百步而已。”

孟子立即接口说道：“大王既然知道这个道理，那么怎么还指望着自己的国民多于邻国呢？治国安民，只要不侵夺老百姓的农耕时间，让他们能够按时耕作，那么粮食就会多得吃不掉；制定恰当的渔猎政策，不让细密之网入池捕获小鱼，那么鱼鳖就会多得吃不完；封山育林，按时进入山林砍伐，那么材木就会多得用不尽。粮食与鱼鳖吃不掉，材木用不尽，这就让老百姓生老病死都没有忧虑与遗憾了。老百姓生老病死都无忧虑与遗憾，这是王道的开始。每户五亩宅基地，如果都能种上桑树，那么五十岁的人都能穿上丝绸。鸡狗猪等家畜，如果按时喂养，那么七十岁的人都能吃上肉。百亩田地，如果保证农时不被耽误，数口之家就可以温饱无忧。用心办好学校，强化孝悌教育，头发斑白的老人就不必负重奔走于道路上了。七十岁的老人都能穿绸吃肉，黎民百姓无温饱之忧，治国能达到这种境界还不能一统天下，那是从未听说过的。事实上，今日的社会不是这样。富贵之家，猪狗吃了人的粮食，没人知道捡拾收藏；路途之上，有饿死之人，国君却不知开仓赈济救助。老百姓饿死了，国君就说：‘不是我的责任，是年成不好。’这样的态度，跟以刀刺人而置人于死地又有什么区别。杀死了人，却说：‘这不是我的过错，都是兵器不好。’如果一个做国君的，不把饿死人的责任推给年成，而是勇敢地承担起来，并为民众的温饱而竭尽全力，那么天下老百姓必然会望风归附于他。”

上面孟子回答梁惠王的两段话，第一段话所要表达的意思是：“仁政是仁心的自然表露，而非仁心的刻意表演。刻意表演的仁政，与非仁政没有区别”；第二段话所要表达的意思是：“做国君的，只有全心全意为老百姓着想，切实解决他们的温饱问题，天下人才会自愿归附他。”但是，孟子要讲的这两个道理，事实上没有这样直白地表达，而是分别通过“比喻”与“示现”两种修辞策略表达出来，不仅显得生动形象，而且说服力也大大加强了。

第一段话：“填然鼓之，兵刃既接，弃甲曳兵而走，或百步而后止，或五十步而后止。以五十步笑百步，则何如”，是两个“比喻”（属于“借喻”）文本。第一个文本的“本体”是“梁惠王的仁政”，“喻体”是“战场上弃甲曳兵而走，五十步而后止的士兵”；第二个文本的“本体”是“他国之君的非仁政”，“喻体”是“战场上弃甲曳兵而走，百步而后止的士兵”。由于运用了“比喻”修辞策略，观点的表述不仅显得生动形象，表意浅显易懂，而且由于采用了隐去“本体”而只以“喻体”显现的“借喻”形式，其对梁惠王的批评讽刺之意就显得相当婉转。两个文本的对比，加上一个反问句：“以五十步笑百步，则何如”，自然逼出一个不可辩驳的结论：“刻意表演的仁政，与非仁政没有区别”，从而让梁惠王哑口无言，只得认同表达者孟子的观点：“实行仁政要有诚意，要出乎本心。”

第二段话：“不违农时，谷不可胜食也。数罟不入洿池，鱼鳖不可胜食也。斧斤以时入山林，材木不可胜用也。谷与鱼鳖不可胜食，材木不可胜用，是使民养生丧死无憾也。养生丧死无憾，王道之始也。五亩之宅，树之以桑，五十者可以衣帛矣。鸡豚狗彘之畜，无失其时，七十者可以食肉矣。百亩之田，勿夺其时，数口之家可以无饥矣。谨庠序之教，申之以孝悌之义，颁白者不负戴于道路矣。七十者衣帛食肉，黎民不饥不寒”，是一个“示现”文本。所谓“示现”，是一种“将未听未闻的事象叙写得如见如闻、生动真切的修辞文本模式”①。一般可以将之分为“追述的、预言的、悬想的三类”②。所谓“追述的示现”，是“把过去的事迹说得仿佛还在眼前一样”③；所谓“预言的示现”，是“把未来的事情说得好象已经摆在眼前一样”④；所谓“悬想的示现”，是“把想象的事情说得真在眼前一般，同时间的过去未来全然没有关系”⑤。上引孟子回答梁惠王的第二段话，其中所陈述的境界：“五亩之宅，树之以桑，五十者可以衣帛矣。鸡豚狗彘之畜，无失其时，七十者可以食肉矣。百亩之田，勿夺其时，数口之家可以无饥矣。谨庠序之教，申之以孝悌之义，颁白者不负戴于道路矣。七十者衣帛食肉，黎民不饥不寒”，并不是说话当时天下就已经见到的景象，而是孟子预言的未来社会景象，是以天下君王实行仁政为前提而构拟的“将来时”小康社会图景。因此，它是一个典型的“预言式示现”。由于这个“预言式示现”所展示的社会图景太令人憧憬与向往，因此对于游说梁惠王接受其“保民而王”的政治主张也就更具说服力，远比直道本意的劝说要有效得多。

后人读孟子之文或看其与他人的辩论记录，之所以觉得有一种难以抗拒的说服力，并不是因为他论证问题有什么特别确凿的事实根据，而是因为他善于运用“比喻”、“示现”等修辞策略，以创意软实力取胜，即以“非传统”的论据来说理，从而在心理上征服接受者。上述这个例证，就是如此。

---

① 吴礼权：《现代汉语修辞学》（修订版），复旦大学出版社 2012 年版，第 105 页。
② 陈望道：《修辞学发凡》，上海教育出版社 1997 年版，第 124 页。
③ 陈望道：《修辞学发凡》，上海教育出版社 1997 年版，第 124 页。
④ 陈望道：《修辞学发凡》，上海教育出版社 1997 年版，第 124 页。
⑤ 陈望道：《修辞学发凡》，上海教育出版社 1997 年版，第 124～125 页。

三、郑崇“臣心如水”

> 汉哀帝语尚书郑崇曰：“卿门何以如市？”
> 崇答曰：“臣门如市，臣心如水。”
> ——何良俊《语林》卷四《言语第二上》

上引文字，说的是这样一个故事：西汉哀帝时，大汉王朝已经现出了没落气象。汉哀帝刘欣早已不能与其先祖汉高祖刘邦、汉文帝刘恒、汉景帝刘启相比了，更不用说与雄才大略的汉武帝刘彻相提并论了。正因为汉哀帝没什么能耐，执政也没什么作为，所以在臣子眼里也就没什么威信。尽管如此，当时大汉王朝表面还是平静的，所以慑于传统的皇权观念，汉哀帝的许多臣下见了他还是有所畏惧的。当时有一个位高权重的大臣，名叫郑崇，字子游，出身于汉时高密世代高门望族。郑崇年少而为郡文学史时，因显现了不凡的文学才华而被大司徒（即丞相[①]）傅喜所赏识。后来，傅喜得到一个机会，就向汉哀帝举荐了郑崇。汉哀帝对傅喜的意见非常重视，遂破格提拔了郑崇为尚书仆射[②]。郑崇履职之初，因为接近汉哀帝的缘故，有机会向汉哀帝提了很多忠谏，汉哀帝也大多采纳了。

由于忠诚能干，不久郑崇就得到了汉哀帝的倚重。郑崇为人俭朴，上朝时总是穿一双草底朝靴，走起路来窸窸窣窣，所以汉哀帝常常跟他开玩笑说：“我识郑尚书履声。”[③] 正因为郑崇位高权重，又是最接近汉哀帝的人，所以当时朝中官员都想走他的门路，希望得到晋升。虽然郑崇并没有收受他人的贿赂，但每天自己府前门庭若市、车水马龙的情景，却让人产生了联想。于是，就有人将此情

① 西汉哀帝时始改丞相为大司徒，东汉时改为司徒。

② 汉武帝以后，尚书在皇帝左右办事，掌管文书奏章。尚书仆射是尚书之首，大约相当于今日的总统府秘书长的角色。

③ 班固《汉书》记其事有曰：“郑崇，字子游，高密大族，祖父以赀徙平陵，崇少为郡文学史。大司徒傅喜荐崇擢尚书仆射。数求见谏诤。上初纳用之，每见曳草履，上笑曰：‘我识郑尚书履声。’”

况密奏了汉哀帝。

汉哀帝闻奏，大为震怒，于是立即召郑崇来问。看在平日关系亲近的份上，汉哀帝虽然没有恶形恶状地质问郑崇，但口气中透着威严，柔软之中带着骨头地问道：“卿府上为何整日门庭若市?”

郑崇一听，知道情况不妙。如果不向皇上解释清楚，那便有灭顶的无妄之灾了。稳了稳神，郑崇从容答道：“臣门前若市是事实，但是臣心如水也是事实。”

汉哀帝一听，终于明白了，从此对郑崇信任有加，不再怀疑他。

从上面的故事中，我们可以清楚地看出，汉哀帝与郑崇的一问一答虽然都很简短，但分量却极重。汉哀帝的问话：“卿门何以如市”，表面只是一个问句，好像云淡风轻，但内里却含着深意：“为什么有那么多官员要走你这个尚书仆射的门路？你是不是结党营私或是收受了人家的贿赂?”很明显，这句话是透着杀气的。如果郑崇不能解释清楚，那么势必就要被坐实结党营私或是收受贿赂的罪行。那么，面对皇帝的质问，应该如何解释，才能说服他相信自己是清白的呢？郑崇的聪明之处在于，他不像一般人那样遇事慌神，也不像有些人慷慨激昂地急于辩解，更没有像有些人摆事实讲道理以驳斥皇帝的无理指责与无端怀疑，而是云淡风轻地以两个“比喻”文本来回应：“臣门如市，臣心如水”。这两个“比喻”文本的高妙之处在于，前一个“比喻”文本：“臣门如市”，是顺着汉哀帝的意思予以肯定；后一个“比喻”文本：“臣心如水”，是暗中对前一文本予以否定，从而为自己辩白。因为皇帝是九五之尊，有至高无上的权威，他是无理还是有理指责臣下，是有端还是无端责问大臣，都是不容辩驳的。郑崇懂得这一点，所以对于汉哀帝的责问，他没有采取顶撞式辩解，而是采取顺水推舟、逆来顺受的方式予以接受，坦诚地承认自己府前确实每天门庭若市，有很多官员找他。这样，就很快消解了汉哀帝的怒气，让他能够平心静气地接受他下面为自己辩白的内容。这叫礼尚往来，让汉哀帝知道，我不驳您的话，但您也要听听我的话。这是打心理战，是高明的侍对策略。事实上，正因为郑崇对于汉哀帝的责问：“卿门何以如市”予以了肯定，最大限度地消解了汉哀帝因不了解实情而早已蓄足的怒气，这才让郑崇后一句为自己辩解的话“臣心如水”易于为汉哀帝接受。“臣心如水”是一个寻常的比喻，也是一个不寻常的比喻。因为以“水”来比心境，也是老生常谈，在“喻体”的选择上并无多少独创性，但是在此情此境中，郑崇以“水”来比自己面对众官员求托时的心境，则是再也恰当不过了。因为“水”在中国是有特别含义的一种意象，老子说“上善若水”。水代表的不仅是一种平静的意象，而且还有一种清澈纯洁的意涵，一种无可阻挡的力量。因此，郑崇用水来比喻自己面对众人求托时的心境，既表现了他面对诱惑的一种定力，也表现了他清澈纯洁的心灵。很明显，这样的表白是足以感动汉哀帝的，足以让汉哀帝相信他的人格。既然人格被肯定了，那么还需要举什么事证来自证清白呢？相反，如果郑崇面对汉哀帝的责问，不运用“比喻”修辞策略，以“四两拨千斤”的方式来应对，而是实打实地据实论辩。比方说，不肯定“臣门如市”的事实，而是辩解说“我家并非每天都有很多人上门”、“上门的人也并不都是求托我做官的事”等，那么势必会越描越黑，让汉哀帝疑窦丛生的。不以“臣心如水”来表白心迹，而是辩解说：“我一向俭朴清廉，从未贪图过别人钱财，也未结党营私”，那么汉哀帝会越发觉得他心里有鬼。可见，郑崇自证清白的话之所以具有强大的说服力，乃是因为其所建构的“比喻”文本具有一种不可替代的软实力。

四、辜鸿铭的“茶壶”与“茶杯”

西人有问之曰：“贵国风尚，乃崇多妻，先生有说乎？”

鸿铭笑而对曰：“君知众杯翼壶之理乎？壶一而杯众，宜也；夫一而妻众，亦宜也。”

西人大笑而去。

——邵镜人《同光风云录》

上引文字，说的是这样一个故事：晚清时代，有很多西方人到中国。因为时间久了，他们对于中国的事情也渐渐有所了解。但是，从西方人的视角，他们对于中国的许多社会现象感到很困惑。比方说，有些家庭不是一夫一妻，而是一夫多妻，对此他们就特别不懂。于是，有一次，一个西方人就问晚清怪杰辜鸿铭："贵国风尚，崇尚一夫多妻，先生有什么说法吗？"

西方人之所以要问辜鸿铭，而不是问别人，乃是因为辜鸿铭是"中国近代的奇人，知名度特别高。辜是福建同安人，名汤生，自号汉滨读易者。早年留学英、法、德等国，毕业于英国爱丁堡大学，精通英、法、德、意四国文字，甚至拉丁文也能运用自如。在中西哲学文学方面，均有很高造诣。他虽然长期受西洋文化熏陶，却保守顽固，既酸且腐，堪称一绝。曾为清末两湖总督张之洞的幕僚，后官至清廷外务部左丞。辛亥革命后在北京大学任教，极力推崇儒家学说，反对新文化。民国之后还穿枣红花缎长袍、系腰带、吸鸦片、拖着一条长辫子，表示效忠大清帝国。"①

果然，那个西方人没有问错人。辜鸿铭一听他的问题，乃不假思索地回答道："您知道几个茶杯配一个茶壶的道理吗？一个茶壶配几个茶杯，是合理的。一个丈夫配几个妻子，也是合理的。"

那个西方人听了，不得不佩服他的诡辩。于是大笑而去。

中国封建时代的一夫多妻制是一种非常不合理的婚姻制度，但是直到晚清甚至民国初年仍在延续着这种不合理的婚姻制度。西方人崇尚男女平等的观念，所以对此感到困惑，这也是当然的事。既然有困惑，他们就想了解其中的原因。他们都知道辜鸿铭学贯中西，又有出生于国外并受西方教育的背景，所以想请他给出一个合理的解释。结果，辜鸿铭真的给了西方人一个意想不到的"合理解释"："君知众杯翼壶之理乎？壶一而杯众，宜也；夫一而妻众，亦宜也。"让西方人明知是诡辩，却又无法予以反驳，只得大笑而去。

---

① 吴礼权：《传情达意：修辞的策略》（修订版），暨南大学出版社2014年版，第65页。

那么，西方人为什么明知辜鸿铭的解释是诡辩而无法反驳呢？辜鸿铭的解释明明就是诡辩，为什么却具有无法反驳的说服力呢？这就与辜鸿铭运用“比喻”修辞策略作答所具有的“四两拨千斤”的软实力有关了。一夫多妻是一种封建腐朽的婚姻制度，也是一种不尊重女性的不合理制度。对于这一点，出生于国外并长期受西方教育的辜鸿铭心中也是非常清楚的。但是，由于他要维护中国传统文化，不愿意在西方人面前承认中国传统文化的弱点，所以他只得曲意为一夫多妻的中国封建婚姻制度辩护。但是，如何辩护呢？是一本正经地从理论上论证，或是举西方或人类历史上的一夫多妻制的事例予以论证，还是罔顾事实与良知而强词夺理呢？辜鸿铭作为一个学者，也是一个做过朝廷官员的名人，这样的辩护都不符合他的身份。于是，他便想到了“比喻”修辞策略，通过“茶壶”与“茶杯”之间的关系，来与“一夫”与“多妻”之间的关系相匹配搭挂，经由“一壶多杯”的合理性，来论证“一夫多妻”的合理性。这样的表达既显得生动风趣，切合西方人喜欢幽默的心理，又让崇尚逻辑力量的西方人无法反驳，只得心知是诡辩而又无从辩驳，只能无可奈何地“大笑而去”。因为从逻辑推理的角度看，辜鸿铭的“比喻”文本是一个类比推理。只要接受者承认“一壶多杯”具有合理性，那么就得被迫承认“一夫多妻”具有合理性。因为在辜鸿铭的“比喻”文本中，“一夫多妻”是比喻的“本体”，“一壶多杯”是比喻的“喻体”。“本体”与“喻体”之间只要有令人觉得合理的相似性，那么“比喻”文本就能成立。事实上，从修辞的角度看，辜鸿铭的这个比喻文本符合“比喻”文本建构的原则，因而表面看来也具有逻辑推理上的合理性。正因为如此，辜鸿铭的诡辩才会产生不可辩驳的说服力。

客观地说，辜鸿铭玩逻辑游戏，以诡辩回答西方人的提问是不对的；但是，就他创造条件提升观点的说服力的智慧来看，则又是令人钦佩的。

五、王瑚的“顺讲”与“倒讲”

我亲眼看到这位王瑚先生时，是一九二九年在太原，正在中原大战酝酿期间，阎锡山还在举棋不定，阎、冯（玉祥）联合反蒋的局面还未形成。各杂牌军如刘湘、刘文辉、唐生智、刘镇华等的代表，都云集太原，连早已背冯投蒋的韩复榘、石友三也派有代表。他们大概在两面看风色，两面讨价还价，待善价而贾。冯是最坚决反蒋的，他手下有一批人专门做拉拢、接待各方代表的工作，其中就有王瑚。他那时已是银髯飘胸，至少已七十高龄了。所有二集团军的人，对他都很尊敬，称他王铁老（他字铁珊），遇事总先请他发表意见。

李锡九先生是老同盟会，一直是坚决反蒋的，他当时却以汪精卫的代表身份长驻太原。有一天，他对我说：“今天各方代表要在山西大饭店开会，你何妨去听听。”我问：“今天主要商量什么事？”他说：“韩向方（复榘）真不是东西，前几天他表示很坚决，一定要参加联名反蒋通电。昨晚他的代表韩多峰忽然说，接到济南来电指示，说暂不在通电上列名。大家听了很气愤，今天开会，主要讨论这件事。”

我满怀兴趣去列席旁听。参加的除冯、阎双方各有四五人外，其他各方代表有二三十人，主要是地方实力派的代表，此外，还有汪精卫的、西山会议派的；张学良也有非正式代表参加。新闻记者，只有我一个。

会上吵得很激烈，主要是针对韩、石，有的骂，有的劝他们不要对蒋再存幻想，韩多峰解释了一通后，最后答应把各方的意见，电告韩复榘。这样，会议的主题算是结束了。有一个代表站起来说：“大家不忙散，请王铁老说个笑话好不好？”

于是，铁老在一片掌声中站了起来，以洪亮的嗓子说："我的笑话，各位都听烂了，没什么新鲜的，讲一个我们家乡的小故事吧！"又是一阵掌声。他接着说："我们家乡有一个小地主，想聘个私塾老师来教他的儿子。钱不肯多花，却多方挑剔，总找不到他认为合适的。有一天，来了一位饱学秀才，自称博通今古。地主不信，问他会不会教四书五经？他说：'太会了，四书五经我是滚瓜烂熟。只要你出足束修，翻来覆去我都能讲。'地主纳罕地说：'四书五经，还有倒过来，翻过去讲的？'秀才说：'有，比如《论语》第一句是"子曰"，怎么解释呢？顺着讲是：儿子说，倒过来讲"曰子"就是爸爸说：喂，儿子！'地主诧异地问：'怎么同一段文，又是爸爸，又是儿子呢？'秀才庄严地说，'要把书说透，倒讲（倒蒋）当然是好样儿的，是爸爸，顺讲（顺蒋）当然是龟儿子了。'"讲到这儿，举座哄堂大笑，只有韩多峰的脸涨得通红。

——徐铸成《王瑚的诙谐》

上引故事，是现代著名报人徐铸成所记1930年中原大战即将爆发前各派政治力量相互拉拢、相互博弈的情形。中原大战的性质，实质上是一场军阀混战，混战的双方分别是在北伐战争中得势的蒋介石与反对蒋介石独裁的阎锡山、冯玉祥、李宗仁、石友三、张发奎等各路军阀。这场战争，堪称是中国近代史上规模最大、历时最久的一场军阀混战。战争从1930年5月开始，迄于1930年11月4日，历时六个月。战争中蒋介石方面出动军队60余万，反蒋派则出动了80余万。战火遍及河南、山东与湖南三省，给中国社会与民众造成了极大的损失。蒋介石方面伤亡人数达九万五千余人，反蒋派伤亡则达二十余万人。①

① http://baike.baidu.com/link?url = u_pKwD84SaDsfIhTgryqZLVhZH8APavFE QiUPu-wGsq9 - hY8HZPA5ME0KMa9XzMlthIMbBHuxMxxGBVL5ZIxpLK，百度百科"中原大战"条。

故事中的人物王瑚（1864—1933），“字铁珊，民国政要，著名爱国民主人士。河北定县人。光绪进士。清末曾任知县、知府等职。曾参与组织护国军。中华民国成立后，历任湖南民政长、肃政厅肃政使、京兆尹、江苏省省长、山东省省长。后追随冯玉祥参加北伐。1926年后，任黄河水利委员会副委员长、辅仁大学国文系教授等。1933年4月26日在北平病逝”①。中原大战爆发前，他作为冯玉祥的重要幕僚，参加了1929年在太原召开的反蒋派势力的集会。会议上大家对于山东军阀韩复榘临阵反复非常不满，会议快结束时，大家请王瑚讲一个笑话。于是，王瑚便讲了一个秀才顺讲倒讲《论语》的故事，结果引得大家哄堂大笑，而韩复榘的代表“韩多峰的脸涨得通红”。

那么，王瑚的笑话，各方代表都哄堂大笑，为什么唯独韩复榘的代表“韩多峰的脸涨得通红”呢？这是因为王瑚的这个笑话就是为骂韩复榘度身定做的，主旨是骂韩复榘是顺从蒋介石的龟儿子，同时警告其他各派代表，要想做“好样的爸爸”，就要坚定信念“倒蒋”。但是，王瑚的这层意思没有这样明说。如果明说了，那就如同泼妇骂街，一点政治家与学者的风度都没有了，同时也不利于争取还在摇摆不定中的韩复榘最终加入到反对蒋介石的联合阵线中。

王瑚的笑话之所以在政坛传为佳话，那是因为它既生动风趣，又具有强大的说服力，足以让各派政治势力坚定联合反蒋的决心。之所以有这等独特的效果，是因为说话者王瑚巧妙地将“讽喻”与“双关”修辞策略融合在一起予以运用。“讽喻”修辞策略，前文我们多次提到过，王瑚运用“讽喻”修辞策略而建构的“讽喻”文本：“我们家乡有一个小地主，想聘个私塾老师来教他的儿子。钱不肯多花，却多方挑剔，总找不到他认为合适的。有一天，来了一位饱学秀才，自称博通今古……顺讲（顺蒋）当然是龟儿子了”，

---

① http://baike.baidu.com/link?url=W5B48Qusr_pahJeXriSM_Xi7OXzwlxTnFXO-wZOsIkpsxyNWMQsgdGDkAUDRNctsBRJeoiPKMSg1YT24axMO3a，百度百科“王瑚”条。

其中只有故事，而没有点明寓意的“议论”，明显属于“叙而不议”式“讽喻”。由于说话者王瑚只讲故事，而没点明故事的寓意，因此表意就显得相当婉转。但是，借助当时特定的语境与会议氛围，其对韩复榘的讽刺之意则是大家都能解读出来的。正因为如此，韩复榘的代表韩多峰才会脸涨得通红。至于故事最后，秀才所说的“顺讲”、“倒讲”，则是“双关”修辞策略的运用。

所谓“双关”，是一种“利用语音相同或相近的条件，或是利用词语的多义性、叙说对象在特定语境中语义的多解性来营构一语而有表里双层语义的修辞文本模式”①。其中，“利用语音相同或相近的条件”而“营构一语而有表里双层语义”的，称之为“谐音双关”;② “利用词语的多义性”而“营构一语而有表里双层语义”的，称之为“语义双关”;③ “利用叙说对象在特定语境中语义的多解性来营构一语而有表里双层语义”的，则称之为“对象双关”,④ 即俗语所说的“指桑骂槐”。不管是哪种形式的“双关”，它们都有一个共同的特点：“一语而具表层和深层双重语义。”⑤ 正因为如此，所以“双关”文本“在表达上显得内涵丰富而又婉转蕴藉，别有一种秘响旁通的独特效果；在接受上，由于文本的一语双关，文本语义的深层与表层有一定的‘距离’，给接受者留足了回味咀嚼的空间，从而大大提高了接受者文本接受的兴味和文本的审美价值”⑥。

王瑚所讲故事中的秀才所说的“顺讲”、“倒讲”，属于我们上面所说的“谐音双关”。它表面是说顺着讲《论语》、倒着讲《论语》，深层目标则是通过“顺讲”与“顺蒋”、“倒讲”与“倒蒋”的谐音关系，借故事中秀才的口吻骂人，说“顺蒋”的是“龟儿子”，“倒蒋”的是“好样儿的”、“是爸爸”。正因为王瑚通过“谐音双关”策略骂人骂得含蓄深沉，所以韩复榘的代表韩多峰除了脸

---

① 吴礼权：《现代汉语修辞学》（修订版），复旦大学出版社 2012 年版，第 29 页。
② 吴礼权：《现代汉语修辞学》（修订版），复旦大学出版社 2012 年版，第 29 页。
③ 吴礼权：《现代汉语修辞学》（修订版），复旦大学出版社 2012 年版，第 31 页。
④ 吴礼权：《现代汉语修辞学》（修订版），复旦大学出版社 2012 年版，第 32 页。
⑤ 吴礼权：《现代汉语修辞学》（修订版），复旦大学出版社 2012 年版，第 29 页。
⑥ 吴礼权：《现代汉语修辞学》（修订版），复旦大学出版社 2012 年版，第 29 页。

涨得通红外，就毫无反驳的余地了。值得一提的是，王瑚的这个“双关”文本，除了含而不露地骂了韩复榘，为大家解了气外，同时还明确地阐明了自己的观点：“倒蒋”的是英雄，“顺蒋”的是狗熊，从而暗中警告了那些“倒蒋”意念不坚定者。

可见，王瑚运用“讽喻”与“双关”两种修辞策略，确是一个非常有创意的选择，是一种“四两拨千斤”的表达智慧。如果不以“讽喻”策略结合“双关”策略来表达，而是直陈本意，虽然观点明确，语言简明扼要，但未必能够让所有代表认同，因为骂人的话是不具有说服力的。而作为一个政治家与学者，阐明观点、说理明义，尤其要讲究策略，决不可直来直去，口无遮拦。否则，不仅不能说服他人，反而引起不必要的政治风波，破坏自身形象。

六、王大桢的“寡妇”、“贪官”说

一次，中国驻日本大使馆参事王大桢对别人说：“一个良好的外交家，须兼备五个条件，缺一不可。第一脑舌并存，第二情痴，第三老寡妇，第四老道僧人，第五贪官污吏。”

见闻者惊异，王氏解释说：“第一是脑舌并存。中国从前的外交家，有脑无舌，虽能不辱使命，但言语不通，与外人交涉，需舌人翻译，诸多不便。近世外交家，则多有舌无脑，虽满口洋语，流利无比，但忘自身乃中国之外交官，于是有亲甲亲乙等外交家生。如能脑舌并存，当不致如此。第二是情痴。外交家对其祖国，应永久爱护，不有痴爱，不可为外交家。第三是老寡妇。老寡守业，吝啬已极，外交官对国家之土地主权，即应如此悭吝，决不可如公子少爷，摆架子，充大方，将祖产抛尽。第四是老道僧人。外交家应如老道僧人之有修养，一切利禄美女，不能动心，驻国外之外交家，遇此种机会甚多，惟有修养者，能不被人收买也。第五是贪官污吏。外交官对于知识情报，应如贪官污吏之贪婪，如是始能获知己知彼之功。”

——段明贵《名人的幽默》

上引文字，说的是中国现代著名外交家、政治家与历史学家王大桢对于外交官所应具备的资质的见解，其所体现的卓越的见识、深刻的思想，都是让人难忘的。

王大桢（1893—1946），字芃生，号曰叟，湖南醴陵人。1909年秋加入同盟会，1911年9月进入武汉陆军学校学习，1911年10月武昌起义爆发后加入黄兴领导的革命军参加作战，1912年2月进入南京军需学校，后回湖南投于湘军程潜手下。1916年赴日本留学，在日本陆军经理学校高等科学习。1919年进入日本东京帝国大学经济学部学习。1921年赴美，任华盛顿会议中国代表团咨议。1922年回国，担任山东问题的主要交涉人之一。1924年初，任山东省统计讲习所所长。1925年赴日本考察。1926年从日本归国后，参加了国民革命军的北伐战争，历任国民革命军第八军第二师参谋、第三十五军参谋长、安徽省军事厅长。蒋汪宁汉分裂后，转投蒋介石，任国民革命军总司令部参议。1928年5月3日，发生了日军在山东济南屠杀中国外交官员和军民的事件，王大桢受命为驻日特派员，赴日本交涉。归国后，任民国政府外交部条约委员会顾问。1931年9月18日，日本驻东北的关东军悍然发动“九一八事变”，王大桢受命任东北外交研究委员会宣传主任，兼国际联盟李顿调查团中国代表处专门委员，奉命赴日内瓦为中国伸张正义。1935年任中国驻土耳其公使馆参事，1936年转任中国驻日本大使馆参事。1937年5月，主持国民政府军事委员会国际问题研究所工作。1937年8月，继同年7月7日中国军队正式打响了全面抗日的第一枪后，淞沪会战又拉开了序幕。王桢受命赴缅甸、越南，为滇缅公路的修筑而奔走努力。1945年当选为中国国民党中央第六届后补执行委员，1946年5月17日病逝，享年54岁。生平所著甚丰，主要有《中日关系史之科学研究》、《台湾交涉秘录》、《歌曲源流考》、《孤军舌战三岛纪要》、《隋唐宋明古乐流入日朝迭存录》、《外蒙见闻记》、《日本古史辨证》、《日本古史之伪造与山海经》、《匈奴史上及突厥史上译语之语源》、《匈奴史之新研究》等。[①]

由上述王大桢的生平经历，我们便可清楚地了解到他是一位传奇人物，堪称是中国现代史上具有重要影响的政治家、外交家与学者。万发真《悲哀的结局——王芃生与国际问题研究所的归宿》一文曾这样评价王大桢一生的贡献："对于王芃生其人，曾有人这样评价他，说他专办对日的交涉问题，建树了卓异而伟大的成绩，是一位外交家；说他专门在报刊上发表关于抗战时期敌情分析和关于时局发展趋向的文章，是一位政论家；说他对于日本史特别是日本古史，有独到的研究，是一位历史学家；说他在文学上有较深的根底，欣赏批评的眼光极高，是一位文学家。这一切都可能是事实，但是我想他最值得人们敬佩的、最让世人关注的是他卓越的胆识和他领导下的国际问题研究所。在抗战时期，他和他领导的国际问题研究所真正做到了料事如神，对于抗战中日寇的一举一动，都能洞烛先机，了如指掌。对于日本何时发动'七七事变'、何时发动太平洋战争以及何时投降等等，他均能事先将其预测密呈蒋介石，无不灵验。这些成绩是非常难能可贵的。"[②]

其实，我们不必看王大桢这些显赫的事迹，就从上引故事中他对人所说的一番话，就能看出他是一位卓越的外交家与政治家。而结合他的身份与经历，则更能深刻理解他之所以能说出上述对于外交家资质要求的一番话。这番话的主要观点，如果用理性的语言表达，就是这样一个意思："一个良好的外交家，须兼备五个条件，缺一不可。一是政治头脑与外语能力必须同时具备，二是有强烈的爱国之心，三是对国家领土主权生死守卫，四是对一切诱惑都不动心，五是竭尽全力搜集驻在国有用情报。"如果王大桢将这层意思作如上简洁直白的表达，相信没有哪一个外交官不明白。但是，这

---

① 参见维基百科"王大桢"条：http://zh.wikipedia.org/zh/%E7%8E%8B%E5%A4%A7%E6%A5%A8.

② 转引自励双杰《外交学家王大桢家谱》一文，参见：http://blog.sina.com.cn/s/blog_4b98a71f0100giuq.html.

样的表达不仅不能给他们留下深刻印象，而且也不能说服他们，让他们在外交工作中非如此做不可。也就是说，简洁直白的表达虽然观点明确，意思清楚，但缺乏说服力，接受效果不好。而王大桢之所以要跟人说上述这番话，目的就是要推阐他的观点，让所有中国外交官明白如何做好一个外交官。前文我们说过，论证自己的观点，有很多方法，比方说举例说明、引经据典、逻辑推理等。

但是，王大桢在讲一个外交官必须具备的五个基本资质时，却没有采用这些常用的方法，而是运用“借代”与“比喻”两种修辞策略，建构了一个“借代”文本与四个“比喻”文本，分别论证了做好外交官的五个基本条件。第一个文本：“第一是脑舌并存。中国从前的外交家，有脑无舌，虽能不辱使命，但言语不通，与外人交涉，需舌人翻译，诸多不便。近外交家，则多有舌无脑，虽满口洋语，流利无比，但忘自身乃中国之外交官，于是有亲甲亲乙等外交家生。如能脑舌并存，当不致如此”，是一个“借代”。“脑”是以思想的工具“脑”代替“脑”的工作成果“思想”，“舌”是以说话的工具“舌”代替“舌”的工作机能“语言能力”，这属于以工具代本体的“借代”。由于“脑舌并存”是以工具代本体，所以就有突出工具（“脑”、“舌”）的形象性特点。加上说话者紧随其后的一段说明，就非常易于加深接受者的印象，让接受者加强对文本语义的理解。第二个文本是：“第二是情痴。外交家对其祖国，应永久爱护，不有痴爱，不可为外交家”，是一个“比喻”。本体是“外交官爱祖国”，“喻体”是“男人爱女人”，相似点是“痴”。由于运用了“比喻”策略，不仅生动形象地说明了外交官与祖国的密切关系，而且有力地强调了外交官必须具备的“祖国”意识。第三个文本是：“第三是老寡妇。老寡守业，吝啬已极，外交官对国家之土地主权，即应如此悭吝，决不可如公子少爷，摆架子，充大方，将祖产抛尽”，也是一个“比喻”。“本体”是“外交官维护国家主权领土”，“喻体”是“老寡妇守护祖产”，相似点是“吝啬”、“一点不肯相让”。由于是以“比喻”策略表达出来，同时还有紧接其后的“喻义”说明，所以表意上不仅显得形象生动，易于给人留下深刻印象，而且有力地强化了表达者意欲强调的主旨："国家主权与领土一毫也不能相让。"第四个文本："第四是老道僧人。外交家应如老道僧人之有修养，一切利禄美女，不能动心，驻国外之外交家，遇此种机会甚多，惟有修养者，能不被人收买也"，也是一个"比喻"。"本体"是"外交家对于利禄美女诱惑的态度"，"喻体"是"老道僧人对于世俗生活的态度"，相似点是"不动心"。通过"喻体"与"本体"的牵连搭挂，遂使所欲表达的主旨"外交官应该拒绝一切诱惑"形象而有力地表达出来。第五个文本："第五是贪官污吏。外交官对于知识情报，应如贪官污吏之贪婪，如是始能获知己知彼之功"，也是"比喻"。"本体"是"外交官搜集驻在国知识情报"，"喻体"是"贪官污吏追求钱财"，相似点是"不知满足"。经由相似点的牵连，"本体"与"喻体"遂自然地匹配到一起，从而生动而有力地表达了说话者所欲推阐的观点："外交官搜集驻在国的知识情报多多益善。"可见，王大桢对于外交官资质要求的观点之所以在外交界广泛流传并被认同，是与其善于运用"借代"与"比喻"策略，以软实力取胜的表达技巧有关。

七、拿破仑的好兵与鲁迅的好土

天才并不是自生自长在深林荒野里的怪物，是由可以使天才生长的民众产生、长育出来的，所以没有这种民众，就没有天才。有一回拿破仑过 Alps 山，说："我比 Alps 山还要高！"这何等英伟，然而不要忘记他后面跟着许多兵；倘没有兵，那只有被山那面的敌人捉住或者赶回，他的举动、言语，都离了英雄的界线，要归入疯子一类了。所以我想，在要求天才的产生之前，应该先要求可以使天才生长的民众。譬如想有乔木，想看好花，一定要有好土；没有土，便没有花木了；所以土实在较花木还重要。花木非有土不可，正同拿破仑非有好兵不可一样。

——鲁迅《未有天才之前》

上引文字，是鲁迅“1924 年 1 月 17 日在北平师范大学附属中学校友会上所作的演讲”①。它的中心意思是：“天才的产生需要有一个良好的民众基础，只有民众是优秀的，才有可能从这些优秀的民众中产生天才。”②

但是，演讲者鲁迅在阐明这一道理时，并未这样直白地表达，而是先提出一个观点：“天才并不是自生自长在深林荒野里的怪物，是由可以使天才生长的民众产生、长育出来的，所以没有这种民众，就没有天才。”为了论证这个观点，演讲者举了法国伟大的军事家拿破仑率领军队过阿尔卑斯山的故事，然后评论说：“这何等英伟，然而不要忘记他后面跟着许多兵；倘没有兵，那只有被山那面的敌人捉住或者赶回，他的举动、言语，都离了英雄的界线，要归入疯子一类了。”这个评论虽然只是从拿破仑的一句话引申发挥出来，但是由于拿破仑战无不胜的历史功绩是人所共知的，所以以拿破仑的一句话作为推论的依据也有慑服人心的说服力。正因为如此，演讲者以此评论为基础往前再推进一步，就自然而然、水到渠成地得出了这样一个结论：“在要求天才的产生之前，应该先要求可以使天才生长的民众。”这个结论，与演讲者所要阐发的道理“天才的产生需要有一个好的民众基础，只有民众是优秀的，才有可能从这些优秀的民众中产生天才”，是同一个意思，只不过是换了一种表述方式而已。也就是说，当上述这个结论推导出来后，演讲者所要阐发的道理已经讲清楚了。但是，演讲者为了使这个结论更具有说服力，又运用了“比喻”修辞策略建构了两个“比喻”文本，一是：“譬如想有乔木，想看好花，一定要有好土；没有土，便没有花木了；所以土实在较花木还重要”；二是：“花木非有土不可，正同拿破仑非有好兵不可一样”。前一个“比喻”文本，通过“乔木”、“好花”与“土”的关系，隐喻“天才”与“好的民众”

---

① 吴礼权：《口若悬河：演讲的技巧》（修订版），暨南大学出版社 2014 年版，第 113 页。

② 吴礼权：《口若悬河：演讲的技巧》（修订版），暨南大学出版社 2014 年版，第 113 页。

的关系（“乔木离不开沃土”、“好花少不了好土”是“喻体”，“天才离不开好民众”是“本体”），不仅化抽象为具象，将“天才的产生离不开好民众基础”的道理说得浅显易懂，而且加强了所要阐发的道理的说服力。因为“乔木离不开沃土”、“好花少不了好土”，乃是众所周知的生活常识，是不证自明的公理。因此，只要接受者不否认这个公理，便自然会服膺演讲者所讲的道理：“天才的产生离不开好民众基础”。后一个“比喻”文本，通过“花木”与“好土”的关系，隐喻“拿破仑”与“好士兵”的关系（“花木非有土不可”是“本体”，“拿破仑非有好兵不可”是“喻体”），既生动地诠释了前一个“比喻”文本所提出的观点：“想有乔木，想看好花，一定要有好土”，又巧妙地呼应了演讲者前面所举的拿破仑率军过阿尔卑斯山的事证，从而使上引整段文字所欲阐发的道理更具有说服力。

八、梁思成的假牙与古建筑的“整旧如旧”

1963年夏，中国佛教协会请梁思成先生去扬州，主持筹建鉴真纪念馆工作。在扬州期间，他应市政协之邀，作了有关古建筑维修问题的报告。

演讲开始，梁先生说：“我是无齿之徒。”

全场愕然。

随后，梁先生慢慢地说：“我的牙齿没有了，在美国装上了这副假牙，因为上了年纪，所以不是纯白，略带点黄色，因此看不出是假牙，这就叫做‘整旧如旧’。我们修理古建筑也要这样，不能‘焕然一新’。”

——段名贵《名人的幽默》

上引文字，说的是梁思成在扬州演讲的趣闻。我们都知道，梁思成是中国现代著名古建筑学家，对于中国古建筑的维修与保护可谓殚精竭虑，并为之奋斗了一生。对于古建筑的维修，他有一个著名的观点，就是："整旧如旧"，而不能"焕然一新"。

这个观点，现在不仅为中国古建筑学界奉为圭臬，就是普通民众也都认同。我们每个人都有过旅游的经历，而旅游所到之处必看古建筑。如果我们看到的古建筑很有年头，斑驳而具沧桑感，就会触景生情，情不自禁间生发出一种怀旧心绪，立即思接千古，遐思无限。相反，如果我们看到的古建筑，说是几千年前的旧物，但看上去却焕然一新，则马上倒了胃口，认为是假古董，是作伪，游兴顿消。正因为每个游客都有这种心理，所以古建筑维修就必须"整旧如旧"，尽可能地呈现古建筑当年的风貌与风格，而绝不能以现代的风格强加于古建筑。因为古建筑维修"整旧如旧"，可以契合观者的怀旧心理，能引发其思接千古的幽兴，给人以一种审美享受。这个道理，在旅游观念已经普及的今日，是许多人都懂得的。但是，在 20 世纪 60 年代初，对于绝大多数国人来说，这种意识是根本不可能有的。正因为如此，演讲者梁思成要通过演讲向民众普及这种观念，以期唤醒民众对于保护中国古建筑的意识。

那么，梁思成是如何向民众推广其古建筑维修"整旧如旧"的理念的呢？从上面的故事，我们可以看出，他采用了两种修辞策略，一是"仿讽"，二是"比喻"。

所谓"仿讽"，是一种"有意模仿特定既存的词语、名句、名篇的结构形式而更替以全新内容，通过旧形式和新内容的匹配来与旧形式和旧内容进行对比，形成一种格调意趣上的反差，从而造就一种幽默诙谐效果的修辞文本模式"①。从本质上说，"仿讽"是"仿拟"的一种。"仿拟，可以分为'正仿'与'反仿'两类。'正仿'一般称之为'仿拟'，是'单纯模仿前人的作品，学得惟妙惟肖'；'反仿'则称之为'仿讽'"②。一般说来，"仿讽"文本"不但模仿前人的作品，在句法与调子上惟妙惟肖，而且是为了滑稽嘲弄而故意模仿特定的既成形式，借形式与内容的不调和，模拟嘲

① 吴礼权：《现代汉语修辞学》（修订版），复旦大学出版社 2012 年版，第 207 页。
② 吴礼权：《现代汉语修辞学》（修订版），复旦大学出版社 2012 年版，第 207 页。

讽，达成滑稽悦人的效果”①。“仿讽”作为“仿拟”的一种，与“正仿”一样，大抵可以分为“仿词”、“仿语”、“仿句”、“仿篇”四类②。上引文字中，梁思成所说“我是无齿之徒”，则属于“仿讽”中的“仿语”，是利用汉语“耻”与“齿”的谐音双关，模仿汉语习用语“无耻之徒”而临时创造出来的，以自嘲自谑的方式调侃了自己一把，让听讲者大出意表，不仅幽默效果不求自至，而且为下面的“比喻”文本的建构创造了条件。

从表达策略来看，演讲者梁思成演讲一开始所建构的“仿讽”修辞文本，并不是他这次演讲的主要目标，亦即不是他演讲所要阐发的主旨，他实际要阐发的主旨则是向听众宣传这样一个观点：“古建筑维修要坚持‘整旧如旧’的原则，而不能‘焕然一新’。”但是，这个主旨他并未一上场就开门见山地提出来。之所以不上场就提出来，这是基于演讲的现场氛围与演讲的效果考虑。我们都知道，大凡演讲开始，听众的注意力并不是马上就能集中到演讲者的演讲上面来。这时候，如果演讲者将演讲的主旨开门见山地提出，很多听众可能因为注意力不够集中而忽视过去了。这样，演讲者意欲宣达的主旨就不易被听众所接受。如果演讲主旨不能被听众最大限度地接受，那么演讲所要达到的目的就要落空。因此，有经验的演讲者，往往在演讲开始时要说一些题外话或暖场的话，等到听众的注意力都集中到他的演讲上来时，演讲现场达到了“鸦雀无声”的最佳情境时，再适时提出演讲的主旨。梁思成虽然是位建筑学家，而非职业的演讲家，但也懂得这个道理。所以，他在演讲开始时先建构了一个“仿讽”文本，以幽默的开场白有效地凝聚了听众的注意力，这是非常明智的。当“全场愕然”时，也就是全体听众注意力高度集中到他的演讲上来时，他立即抓住机会，通过对“无齿之徒”一语的解释，巧妙地将自己装假牙与古建筑维修联系搭挂到一起，顺水推舟地建构起了一个“比喻”修辞文本：“我的牙齿

① 沈谦：《修辞学》，台湾空中大学印行1996年版，第153页。

② 参见吴礼权：《现代汉语修辞学》（修订版），复旦大学出版社2012年版，第208页注解①。

没有了，在美国装上了这副假牙，因为上了年纪，所以不是纯白，略带点黄色，因此看不出是假牙，这就叫做‘整旧如旧’。我们修理古建筑也要这样，不能‘焕然一新’”。在这个“比喻”文本中，“喻体”是“人上了年纪，牙就要掉落，需要装假牙。装假牙不装纯白的，略带点黄色，就让人看不出是假牙”；“本体”是“古代建筑毁损了，就需要维修。维修时‘整旧如旧’，而不让其‘焕然一新’，就不会让人误以为是现代建筑，那就达到了维修古建筑的目的”。“本体”所表达的意思，就是演讲者梁思成实际所要阐明的古建筑维修的原则，但是演讲者没有直接这样表达，而是先提出“喻体”，然后通过“喻体”与“本体”的相似关系，让听众在轻松愉快的气氛下迅速解读出其演讲主旨，懂得古建筑维修必须坚持“整旧如旧”原则的重要性。由于“本体”所要阐明的道理有“喻体”作铺垫，所以演讲者所讲的道理就显得水到渠成，并无板起面孔教训的意味。这样，让听众更容易愉快地接受其所宣导的观点，服膺其所讲的道理。另外，“喻体”由于是以演讲者自己装假牙的切身事例来呈现，客观真实性强，这样它在为“本体”充当铺垫的同时，也就有了一种论证“本体”语义的论据性质，从而大大加强了“本体”所阐明道理的说服力。可见，梁思成这则演讲之所以被广泛传诵，是有道理的。

九、钱钟书的“鸡蛋”与“母鸡”

自从1980年《围城》在国内重印以来，我经常看到钟书对来信和登门的读者表示歉意；或是诚诚恳恳地奉劝别研究什么《围城》；或客客气气地推说“无可奉告”；或是既欠礼貌又不讲情理的拒绝。一次我听他在电话里对一位求见的英国女士说：“假如你吃了个鸡蛋觉得不错，何必认识那下蛋的母鸡呢？”我直耽心他冲撞人。

——杨绛《记钱钟书与〈围城〉》

上引一段文字，是钱钟书的夫人杨绛叙述钱钟书的小说《围城》重印后在文坛引起轰动，进而给作者钱钟书的生活带来一些困扰的故事。从中既可以看出世态人情之冷暖，又能见出钱钟书淡泊冷静的处世态度。

钱钟书在中国学术界是以博学而享誉盛名的。尽管如此，其影响也仅止于学术界狭小的圈子里而已，社会大众对他的学问并不了解，对其人其事更是不甚了了。作为一位长期生活于书斋中的学者，钱钟书真正从书斋走出来，并进入社会大众视线，成为万众瞩目的“明星学者”或曰“社会闻人”，那还是他 20 世纪 40 年代所写的一部小说《围城》在 1980 年重印，因特定社会氛围下的特定原因所造就的。“《围城》最初由上海晨光出版公司于 1947 年出版，但在当年的读书界并未引起重视，当然更未引起文学上的所谓‘轰动效应’。之后，这部长篇小说就慢慢淡出了人们的视线（其实压根儿原本就没有多少人读过）。20 世纪 60 年代，旅美华裔学者夏志清出版了一部《中国现代小说史》（*A History of Modern Chinese Fiction*，1961 年由耶鲁大学出版社出版）。其中，除了盛赞沈从文与张爱玲的文学成就外，还特别评论到《围城》，认为它是‘中国近代文学中最有趣、最用心经营的小说，可能是最伟大的一部’。这个评价虽然很高，有点石破天惊的意味，但是当时中国大陆与欧美世界处于隔绝状态，所以夏志清的溢美之词并未让《围城》得以重出江湖，为中国人所知晓。20 世纪 70 年代末 80 年代初，中国大陆开始了改革开放，大陆与东西方之间的文化沟通才重新开启，域外对《围城》的评价也传入了中国大陆。于是，人民文学出版社于 1980 年开始刊印经作者钱钟书略有修改的《围城》。之后，不断重印，遂成了一部甚是畅销的小说。”① 中国有句俗语，叫做：“人怕出名猪怕壮。”“随着小说《围城》的畅销，原本‘两耳不闻窗外事，一心只读圣贤书’，一直躲在‘翰林院’（中国社会科学院）里做学问的作者钱钟书也被好事者从书斋中拖出来。一些跟风派的所谓学

① 吴礼权：《言语交际与人际沟通》，暨南大学出版社 2013 年版，第 259 页。

者，甚至还提出并开始了所谓的‘钱学’研究。既然是‘钱学’研究，当然《围城》这部畅销小说是包括在其中的。当时，不仅有很多中国学者或非学者撰文大谈《围城》的艺术成就，就是洋鬼子也有跟风的。”[①]上引文字中提到的那位给钱钟书打电话，并要求拜访钱钟书的英国女士，就是这拨跟风潮中的洋人之一。也许对于一般人来说，被人追捧乃是莫大的荣幸，是求之不得的。如果定性不好的，还会为此而自鸣得意，甚至会被冲昏头脑，飘飘然起来。但是，钱钟书不然。他“算是一位清醒的学者，并未被学术界与社会各界对他的狂热推崇而忘乎所以，更未利令智昏，忘了自己是谁，不知《围城》到底价值几何”[②]。因此，当那位英国女士打电话要往他府上拜访时，他毫不犹豫地予以了拒绝。

虽然钱钟书拒绝了那位求见的英国女士，但是从未听说她有什么怨言，而且还因此在士林与文坛传为佳话。那么，这是为什么呢？无他，钱钟书的拒绝有艺术，他是运用了“比喻”修辞策略建构了一个“比喻”文本来回应那位求见的英国女士的。这个“比喻”文本“假如你吃了个鸡蛋觉得不错，何必认识那下蛋的母鸡呢?”从结构形式上分析，属于一个省略了“本体”的“借喻”。如果按照“比喻”的基本结构形式还原，钱钟书的这个比喻就是：“读到一部小说觉得不错，那就认真研究这部小说，不必拜访写这部小说的作者。这就像吃了个鸡蛋觉得不错，不必去认识那下蛋的母鸡一样。”如果钱钟书真的这样说了，那这也是一个非常有创意的比喻，也能为那位求见的英国女士所接受。因为这个比喻既机智，又幽默，对于崇尚语言幽默机智的西方人来说，那是非常有针对性的。

难能可贵的是，钱钟书在运用“比喻”修辞策略时，没有选择“明喻”的形式来呈现，而是选择了“借喻”的形式。那么，这有什么奥妙呢？奥妙就在于以“借喻”的形式呈现，在表情达意时显得婉转含蓄，这契合言语交际的“礼貌原则”，体现了拒绝他人仍

① 吴礼权：《言语交际与人际沟通》，暨南大学出版社2013年版，第260页。
② 吴礼权：《言语交际与人际沟通》，暨南大学出版社2013年版，第260页。

不忘给他人面子的“友善合作”精神，这就在最大程度上缓和了人际交往的紧张与矛盾。事实上，钱钟书的这个“比喻”文本不仅给足了那位英国女士面子，而且还以创意造言的智慧娱乐了她，使她在敬佩其语言智慧的同时能够愉悦地接受其婉拒。除此之外，让“本体”隐身而不出现，只以“喻体”呈现，还消解了说话者居高临下教训人的嫌疑，从而让其“本体”所欲阐发的道理“认真研究作品本身远比拜访作者有意义”更易于被接受。也就是说，讲道理并不一定要板起面孔才有说服力。如果“温柔一刀”能致命，效果则更好。可见，钱钟书确是一位语言大师，即使是拒绝别人，也能让人心服口服。

十、陆宗达的“一慢二看三通过”

训诂学家陆宗达不仅讲课诙谐幽默，妙趣横生，日常生活中也常妙语惊人。“文革”期间，政治风潮一波三迭，变幻莫测。在“反击右倾翻案风”时，有位客人悄悄地对他说：

“您瞧，运动又来了，又得来个人人过关。这回也不知怎么才能安全过去。”

陆先生张口即道：“你怕什么？满大街不都在告诉你怎么办吗?”

来客一愣，陆先生解释说：“那马路边上的牌子不都写着‘一慢二看三通过’吗?”

人行道上竖着这样的告示牌，是提醒行人过马路时注意安全。陆先生挪用此处，令来客哑然失笑。

——段名贵《名人的幽默》

上引文字，说的是北京师范大学教授陆宗达在20世纪的“文革”与“反击右倾翻案风”等政治运动中如何凭借人生智慧，安全避开政治运动困扰的故事。

这个故事中的主人公陆宗达（1905—1988），字颖民（一作颖明），浙江慈溪人，1928 年毕业于北京大学，先后任上海暨南大学、北京大学、辅仁大学、中国大学、东北大学等校讲师，后任民国大学教授，1949 年后一直任北京师范大学教授。他生平以治训诂学而为学界推重，是“章黄学派”的重要传人，著有《训诂浅谈》、《训诂简论》等。[①] 按照一般人的看法，像陆宗达这样一个治中国传统学问，又是从旧时代走过来的人，肯定是学究气比较重，遇到像 20 世纪历时十年的“文化大革命”，以及 1975 年的“反击右倾翻案风”等政治运动，肯定是躲不过也避不了的，挨整挨斗甚至被“扫进历史的垃圾堆”，都是在所难免的。然而，出人意料的是，陆宗达不仅成功地逃过了这些劫难，而且还向他人传授如何避免政治劫难的经验，这实在是学界中的一个异数，让人不得不佩服其高度的人生智慧。

其实，陆宗达不仅有人生智慧，还有语言表达的智慧。这从上述故事中，我们便能看得非常清楚。1975 年，当“反击右倾翻案风”的政治运动汹涌而来时，早已被“反右”、“文革”等接二连三的政治运动整怕的一位学界朋友，不禁忧心忡忡。为此，这位朋友专程上门向陆宗达悄悄讨教：“您瞧，运动又来了，又得来个人人过关。这回也不知怎么才能安全过去。”没想到，陆宗达却不正面回答朋友，给朋友指条明路，而是以问代答：“你怕什么？满大街不都在告诉你怎么办吗?”这让真诚讨教、心中惴惴不安的朋友一头雾水。然而，就当“来客一愣”时，陆宗达这才从容不迫地给出了解释说：“那马路边上的牌子不都写着‘一慢二看三通过’吗?”虽然故事没有交待那位朋友最终是否安全过关，但他肯定听懂了陆宗达的意思，明白了他的解释是多么的高妙。不然，他就不会哑然失笑，这个故事也就不能流传开来，成为学术界广泛传播的佳话了。

那么，陆宗达的这句话有什么高妙之处呢？仔细分析一下，我

---

① http://baike.baidu.com/link?url=KCd46HLhf7xO3Bg91uHEuNaCK0EiV08iQhI9hyXBIzIMIFnO5NaAVfl8F6yQKXDC，百度百科“陆宗达”条。

们会发现它是运用了一个叫做“别解”的修辞策略。所谓“别解”，是一种“在特定语境下临时赋予某一词语以其固有语义（或惯用语义）中不曾有的新语义来表情达意的修辞文本模式”①。一般说来，“别解”修辞文本“多是建立在表达者力图用突破常规的语义解释模式引发接受者的注意，使其在文本接受时产生心理落差，从而获取一种反逻辑无理而妙的心理愉悦的机制之上的”②。正因为如此，“别解”文本“在表达上多具生动性、趣味性；在接受上，由于表达者所建构的修辞文本对词语的常规语义规约进行了出人意表的突破，原语义与新语义的反差造就了接受者心理的落差，注意力为之骤然集中，细一思量，不禁哑然失笑，从而在文本解读接受中获取了一种幽默风趣或讽嘲快感的审美享受。”③

上引故事中陆宗达的话：“那马路边上的牌子不都写着‘一慢二看三通过’吗?”就是一个“别解”修辞文本。因为马路边上的牌子所写“一慢二看三通过”的标语，是有其固定内涵的，意思是让行人在过马路时先要停下匆匆的脚步，接着仔细看看马路上来往的车辆，最后确认安全后才过马路。但是，陆宗达告诉朋友如何在“反击右倾翻案风”的政治运动中过关时，用的却不是这个标语的固有语义内涵，而是在特定的语境下临时赋予这一标语以新的语义内涵，这就是：“要想规避‘反击右倾翻案风’政治运动的劫难，首先不要急于在政治上站队表态，其次是静观其变，最后是见机行事，选择恰当的策略安全过关。”很明显，陆宗达对“一慢二看三通过”别出心裁的解释突破了来客的心理预期，令其始料不及，因此引发来客哑然失笑。而这一笑，正是陆宗达所追求的效果。因为它有效地化解了来客在政治高压时期的心理压力，又在幽默风趣的谈笑中不露痕迹地向来客传授了如何避开政治运动风险的经验。可谓是达到了“不著一字，尽得风流”④ 的境界。如果陆宗达不以

① 吴礼权：《现代汉语修辞学》（修订版），复旦大学出版社 2012 年版，第 216 页。
② 吴礼权：《现代汉语修辞学》（修订版），复旦大学出版社 2012 年版，第 216 页。
③ 吴礼权：《现代汉语修辞学》（修订版），复旦大学出版社 2012 年版，第 216 页。
④ （唐）司空图《诗品·含蓄》。

“别解”修辞策略，而是一二三四地给来客列举规避政治运动劫难的经验，那还未必有什么说服力，能够让来客释疑放心。可见，传授经验，说服别人采纳，也是需要表达智慧的。陆宗达的这句话，之所以在士林与学界传为佳话，就是因为它充满了创意造言的智慧。

参考文献

［1］（秦）吕不韦《吕氏春秋·孟春纪·贵公》。

［2］（唐）司空图《诗品·含蓄》。

［3］（清）方玉润《诗经原始》卷十一。

［4］《辞海》（缩印本），上海辞书出版社 1990 年版。

［5］《现代汉语词典》（第六版），商务印书馆 2012 年版。

［6］《中国成语大辞典》，上海辞书出版社 1987 年版。

［7］《古文鉴赏辞典》，上海辞书出版社 2005 年版。

［8］范文澜：《中国通史简编》，商务印书馆 2010 年版。

［9］徐一士：《一士类稿》，山西古籍出版社 1996 年版。

［10］朱东润主编：《中国历代文学作品选》（中编第一册），上海古籍出版社 1980 年版。

［11］陈望道：《修辞学发凡》，上海教育出版社 1997 年版。

［12］黄庆萱：《修辞学》，台湾三民书局 1997 年版。

［13］沈谦：《修辞学》，台湾空中大学印行 1996 年版。

［14］谭永祥：《汉语修辞美学》，北京语言学院出版社 1992 年版。

［15］吴礼权：《现代汉语修辞学》（修订版），复旦大学出版社 2012 年版。

［16］吴礼权：《修辞心理学》（修订版），暨南大学出版社 2013 年版。

［17］吴礼权：《言语交际与人际沟通》，暨南大学出版社 2013 年版。

［18］吴礼权：《语言策略秀》（修订版），暨南大学出版社 2013 年版。

［19］吴礼权：《口若悬河：演讲的技巧》（修订版），暨南大学出版社 2014 年版。

［20］吴礼权：《能说会道：说话的艺术》（修订版），暨南大学出版社 2014 年版。

［21］吴礼权：《唇枪舌剑：言辩的智慧》（修订版），暨南大学出版社 2014 年版。

［22］吴礼权：《传情达意：修辞的策略》（修订版），暨南大学出版社 2014 年版。

［23］沈谦：《林语堂与萧伯纳》，中国友谊出版公司 1999 年版。

［24］齐全胜编：《复旦逸事》，辽海出版社 1998 年版。

［25］吴礼权：《远水孤云：说客苏秦》（简体版），云南人民出版社 2011 年版。

［26］吴礼权：《远水孤云：说客苏秦》（繁体版），台湾商务印书馆 2012 年版。

［27］吴礼权：《冷月飘风：策士张仪》（简体版），云南人民出版社 2011 年版。

［28］吴礼权：《冷月飘风：策士张仪》（繁体版），台湾商务印书馆 2012 年版。

后　记

这套名曰“语言力”的学术随笔丛书，第一辑四本，今日终于全稿杀青了。这既让我大大松了一口气，也让我心中有些惴惴不安。

之所以会觉得大大松了一口气，是因为自从2009年接受了台湾商务印书馆写作这套学术随笔丛书的约稿任务后，一直觉得时间紧迫，怕难以在约定的时间内完成任务。大凡在大学里工作的，都知道做教授并不是清闲的差事，既要指导博士生、硕士生，又要给本科生上基础课、专业选修课，同时还得完成相关科研任务。至于发表学术论文、出版学术专著，那是做教授的“题中应有之义”。完成既定的教学与科研任务，如果不振作精神，非常努力、非常勤奋，已经不易了，更遑论再分出精力写作学术随笔了。2011年8月，这套丛书的第一本《表达力》经过近三年的艰苦努力，才脱稿出版。但另外两本——《说服力》与《感染力》，则一直难以完成。为了兑现当初向台湾商务印书馆李俊男先生许下的诺言，最近几年我算是最大限度地透支了并不充沛的精力与有限的睡眠时间。多少次，我想放弃这套丛书的写作；但是，多少次又自己说服自己重新鼓起勇气。因为我向来重然诺，重视朋友情谊，凡是我答应的事，不管多苦多难，我也要强迫自己完成，兑现诺言。我的性格是宁可为难自己，绝不为难朋友。如今，我终于克服重重困难完成了任务，自然有一种卸下重负的轻松之感。所以，才说今天我大大松了一口气。

之所以会有一种惴惴不安的心理，那是因为怕这套丛书出版面世后不能让读者诸君满意。如果让读者诸君破费了，却又不能让大家有所收获，那我心里会不安的。承蒙广大读者的不弃与热情鼓励，在此之前我所出版的几十种书，无论是学术著作，还是学术随笔，都有多次印刷与再版的机会。也就是说，有不少读者买过我的书、读过我的书，对我予以了热情的支持与鼓励。今年我将届“知天命”之年，如果现在所写的这套学术随笔达不到“庾信文章老更成，凌云健笔意纵横”（杜甫《戏为六绝句》）的境界，甚至还不及年少轻狂时所写的，那就太对不起读者诸君了，当然也是对不起我自己的良心。正因为如此，写完了这套丛书，搁笔轻松了一会之后，我心里又惴惴不安起来。

其实，我有一百个理由不再写学术随笔了。但是，人性总有一些弱点，往往经不起诱惑。因为以前所写的学术随笔都被广大读者认同，有些畅销二十余年还势头不减，所以就经不起出版界朋友的恭维，有时还不免有些得意并飘飘然起来。于是，有了一次就有了第二次，答应了这个朋友，就会答应另一个朋友，以致活儿越接越多，人也越搞越疲惫，心理压力也越来越大。其实，这一切追根溯源，都是年少轻狂时惹的祸。1989 年 5 月，当时我正要从复旦大学中文系硕士研究生毕业，听人说复旦历史系顾晓鸣教授正在主编一套“中国的智慧”丛书。那时，真是“初生牛犊不怕虎”，也可以说是“年少轻狂不要脸”，竟然千方百计打听消息，跑到顾晓鸣教授府上，毛遂自荐，要求也写一本。当时应约写稿的都是教授或年轻成名的才俊，我一个“愣头青”的学生竟然也想挤进去，现在想来还觉得是不知天高地厚。顾晓鸣教授那时非常有名，没想到竟然答应了。于是，我便写出了一本名曰“游说·侍对·讽谏·排调：言辩的智慧”的小书，有十五六万字，由浙江人民出版社于 1991 年出版。又是没想到，这本书竟然大获成功，一印再印，前后发行了十几万册。不久，版权就被引进了台湾，由台湾国际村文库书店出版，成为台湾书市上的畅销书。更没想到的是，2009 年 2 月至 6 月，我在台湾东吴大学担任客座教授时，课余逛台北书店，竟然发现将近二十年前出版的这本小书还在热卖，而且有新潮社、台原出版社等四个版本。这是第一次写学术随笔的经历。第二次经历，则是被动的。2000 年 11 月，国家广播电影电视总局、中国广播电视学会、主持人节目研究委员会在上海举办了一次“全国广播电视节目主持人充电班”，我应邀给学员们作了一次题为“语言表达策略与语言接受心理”的讲座。没想到，讲座还挺受这些在电视上口若悬河的节目主持人的喜欢。课后，他们纷纷要我的讲稿。因为讲稿写得很匆忙，也不完整，很多东西都是讲课时即兴发挥的，所以我就不愿将讲稿复印给他们，只是说等整理成书后送给大家。其实，当时只不过是敷衍，根本没考虑真要将讲稿修改出版面世。但是，后来又是凑巧，2001 年 9 月，上海文化出版社社长郝铭鉴先生计划出一套语言类丛书，名曰“今日说话”，邀约了包括我与易中天等四位学者各写一本。这样，我便鼓起勇气，真的将演讲稿修改成了一本书，名曰“妙语生花：语言策略秀”，于 2002 年 9 月出版。由于装帧与插图都非常有创意，这本小书很快就赢得了读者的好评，不久 7 000 册就售罄，后来还加印了几次，成了当时的畅销读物。我在复旦大学上“修辞学研究”课时，学生在桌底下偷看这本小书。被我发现后，她们大方地秀给我看，说这本书写得比我上课讲的内容好。由于销售情况一直较好，2008 年，上海文化出版社又让我修订出版了增订本，虽然内容增加了三分之一，让读者破费不少，但还是颇受欢迎。第三次也是被动的，而且是以丛书的形式来写。2003 年夏，吉林教育出版社想组织一套语言方面的丛书，看到我的《妙语生花：语言策略秀》一直在热卖，所以就找到我，让我一人写一套丛书。因为之前跟吉林教育出版社有长期的学术著作出版合作友谊关系，责任编辑张景良先生是我的老友，于是当时也就出于盛情难却的心情，慨然答应了。经过艰苦的努力，终于完成了任务。2004 年 1 月，“中华语言魅力”丛书一套三本就出版面世，分别是《传情达意：修辞的策略》、《能说会道：表达的艺术》、《口若悬河：演讲的技巧》。这三本学术随笔同样获得了意想不到的成功，出版之后不断获奖，有吉林省政府奖、吉林省长白山优秀图书一等奖、吉林省首届“新华杯”读书节读者最喜爱的十种吉版图书奖和吉林省新闻出版奖的图书精品奖。大概是因为受读者欢迎，所以就有点“酒香外溢”的效果，从 2009 年开始，台湾商务印书馆、香港商务印书馆两大顶级出版社就陆续与我接洽这套学术随笔丛书以及之前的《妙语生花：语言策略秀》的版权问题。但是，由于当时我与吉林教育出版社、上海文化出版社的版权合同期未到，当时的版权交易并不顺利，这就拖了下来。2012 年，我在上海文化出版社出版的《妙语生花：语言策略秀》合同期满，香港商务印书馆如愿获得了这本书的版权，在香港出版发行了此书的繁体版，更名为“中文活用技巧：妙语生花”。出版半年后，香港商务印书馆会计科跟我结算版税收入，仅半年就销售了 1 000 多册。在香港这种弹丸之地，这实在不是一个很小的数目了。2012 年 11 月 11 日《文汇报》第 8 版“笔会”刊载香港作家联会会长彦火的文章《莫言的书在港台》，文中介绍说，2012 年获得诺贝尔文学奖的莫言，其小说在 20 世纪 80 年代引进香港后，直到他获奖之前的几十年时间，才卖出 300 多本而已。可见，香港的图书市场是多么小。我的这本小书进入香港书市能有如此成绩，实在让我受宠若惊，也深受鼓舞。之后，我又将几本版权期限将到的学术随笔授权给了香港商务印书馆，现在正在编辑出版之中。2014 年，我与吉林教育出版社的出版合同也期满了，香港商务印书馆又获得了“中华语言魅力”这套丛书的版权，目前已经出版了其中一种的繁体版《演讲的技巧》，也是甫一上市就受追捧，《澳门日报》上还有书评赞扬。至于台湾商务印书馆，虽然没能获得我的这些学术随笔的版权，但它是我的老主顾，我的八部学术著作都是在那里出版的。所以，台湾商务印书馆的编辑自有办法。2009 年我在台湾东吴大学做客座教授时，当时的主编李俊男先生在引进“中华语言魅力”丛书未果的情况下，约请我另写三本，并给我命了题，分别是“表达力”、“说服力”和“感染力”。我完成东吴大学客座教授任期回到大陆后，在他的督促下，2011 年《表达力》完成并出版，在台湾相当受欢迎，多次加印。但是，由于精力实在有限，剩下的《说服力》、《感染力》二书则一直未能及时完成。2012 年，上海的一家出版社希望我能为其写一套类似的学术随笔丛书，我顺口说到了原本答应台湾商务印书馆的“语言力”丛书。结果，相关编辑就追着我要这套丛书。这样，我才将先前答应台湾商务印书馆但实际已经搁置的《说服力》、《感染力》二稿重新写起来，并计划将《表达力》一书的简体版权从台湾赎回来。这样，一来可以兑现当初应允台湾商务印书馆李俊男先生的诺言，二来可以完成那家出版社编辑的约稿任务。

暨南大学出版社人文社科分社社长杜小陆先生，是我多年的莫逆之交，他早就跟我约定，要将我所有书的版权一并囊括到暨南大学出版社旗下。2013 年暨南大学出版社开始推出我的著作集，第一辑共 23 本已经陆续推出了其中的 11 本。在此过程中，小陆三天两头打电话给我，既谈出版、校对等事务，也谈我著作第二辑的入选书目问题。一次，他问我目前在做什么，我顺口说了正在写作中的《说服力》、《感染力》二稿。小陆对此表现了极大的兴趣，说："怎么只写两本呢？写三本就成一套丛书了。"我告诉他，这是台湾商务印书馆约的一套丛书，第一本《表达力》已经出版，而且加印了几次，在台湾卖得很好。他问这一套丛书的简体版权是否可以给暨南大学出版社，我告诉他简体版权已经答应给上海的一家出版社了。他问有没有签约。我说没有，只是跟编辑朋友的口头协议。之后，小陆多次打电话来，对这三本书稿念念不忘，并且给我取好了丛书名"语言力"，又谈了他如何做好这套丛书的设想。我听了非常动心，觉得小陆真有出版人的眼光与智慧。但是，说到最后，我还是没有答应他的要求。因为我与上海那家出版社的编辑是多年好友，《说服力》、《感染力》二稿如果不是她再三催促，我就不会下决心继续写完。现在既然快写完了，这套丛书的简体版权就应该归她。虽然版权归属当初我们只是口头约定，没有形成书面合同，但出于道义与践行诺言的考虑，我仍准备将此套丛书给她。小陆真是有韧性，之后，他还是三天两头打电话过来，每次都提到这套丛书。中国有句老话叫作"世事难料"。没过几个月，当我将《说服力》、《感染力》二稿写完并修改好时，情况发生了戏剧性的变化。上海的那家出版社出现了很大的人事变动，原来负责选题的领导不在岗位了，约稿的编辑与新任负责人不能达成默契，无法兑现今年出书的诺言。我了解了情况后，立即试探着跟她商量，是否可以撤回我们原来的约定，因为暨南大学出版社坚持要出版这套丛书，并且能够满足我的要求，答应在今年最短的时间内出书。为了安抚她，我答应再报一个选题计划给他们，如果出版社能通过，我再践前约，以弥补前次约定不能兑现之遗憾，也算是对得起朋友了。经过努力，双方达成谅解，这样，暨南大学出版社再次获得我的一套丛书的出版权。

而今，经过近三年的努力，《说服力》、《感染力》二书写出来了，《表达力》的简体版权也已经赎回了。这样，我就既满足了杜小陆先生的要求，也兑现了当初应允台湾商务印书馆主编李俊男先生的诺言，已经写出的《说服力》、《感染力》二书繁体版权归台湾商务印书馆，他所约定的一套丛书算是齐全了。在写作《说服力》、《感染力》二书时，我顺便对已经出版的《表达力》一书进行了修订，使三本书中的相关内容有所呼应，形成一个体系。这样，原版《表达力》中的相当一部分内容被删除或并入《说服力》、《感染力》二书中，修订版《表达力》则另增了新内容、新语料。在此，特别予以说明。

另外，还要说明的是，书稿定稿交到暨南大学出版社后，没几天小陆打电话过来，说已经在编排了。又过了几天，小陆说在编排过程中发现《表达力》内容特别多，字数是《说服力》、《感染力》二书的总和。于是，小陆又打电话来讨论，问我是否可以将《表达力》一书拆分为两本，这样就可以将“语言力”丛书由三本变成四本。我喜欢心理分析，知道小陆潜意识中有一个想法，就是想将“语言力”丛书与之前刚由他策划出版并且正在热销的“中文表达技巧”丛书四本匹配。我仔细分析了《表达力》一书的内容，觉得确实可以再拆分。拆分变成两本后，就可以在字数、规模上与《说服力》、《感染力》二书匹配了。这样，我便在小陆的“策划”下，对《表达力》一书的内容进行了拆分，并作了必要的章节调整与文字修改，变成《表达力》与《突破力》二书。

正当我庆幸“语言力”丛书终于完成，可以好好休息一下时，没过多久，小陆又来电话说，这套丛书好像还是没有写完，问我是否索性将它写全了。我想了几天，觉得有道理。于是，经过几次电话讨论，最终确定“语言力”丛书再加写四本，分别是《说明力》、《辩驳力》、《沟通力》、《理解力》。这样，我刚松下的一口气，又得提起来了。任务尚未完成，只得继续努力。

最后，衷心感谢台湾商务印书馆多年来对我一以贯之的热情支持，感谢李俊男先生当年给我的命题作文。同时，也感谢暨南大学出版社领导和人文社科分社社长杜小陆先生对我一以贯之的支持，感谢他们对我这套小书如此有信心。当然，也要感谢上海那家出版社的朋友，如果没有她当初的约稿与督促，这套“语言力”丛书就不会诞生。如果没有压力，《说服力》、《感染力》二书就不会完稿；而没有这二书的完稿，这套丛书就不能出版发行。

说到这里，我突然想起两个汉语成语，即“一箭双雕”、“一石二鸟”。这套“语言力”丛书，到底算是猛禽类的“雕”，还是麻雀类的“鸟”，则是要由读者诸君判断的。不过，就我个人而言，现在总算一举完成了两件任务。所以，也还算是很安慰的。如果这套小书面世后能让读者满意，那我就更加感到安慰了。

吴礼权

2015 年 8 月 25 日于复旦大学

吴礼权主要学术论著一览

一、主要学术著作

1.《游说·侍对·讽谏·排调：言辩的智慧》（专著），浙江人民出版社，1991年10月版。

2.《中国历代语言学家评传》（合著），复旦大学出版社，1992年1月版。

3.《世界百科名著大辞典·语言卷》（合著），山东教育出版社，1992年11月版。

4.《中国智慧大观·修辞卷》（专著），浙江人民出版社，1993年8月版。

5.《言辩的智慧》（繁体版，专著），台湾国际村文库书店，1993年8月版。

6.《中国笔记小说史》（繁体版，专著），台湾商务印书馆，1993年8月版。

7.《中国言情小说史》（专著），台湾商务印书馆，1995年3月版。

8.《中国修辞哲学史》（专著），台湾商务印书馆，1995年8月版。

9.《中国语言哲学史》（专著），台湾商务印书馆，1997年1月版。

10.《中国笔记小说史》（简体版，专著），（北京）商务印书馆，1997年8月版。

11.《公关语言学》（合著），北京工业大学出版社，1998年3

月版。

12.《中国现代修辞学通论》（专著），台湾商务印书馆，1998年7月版。

13.《阐释修辞论》（合著，并列第一作者），首都师范大学出版社，1998年7月版。

14.《中国修辞学通史·当代卷》（合著，第一作者），吉林教育出版社，1998年9月版。

——获第三届陈望道修辞学奖二等奖（最高奖），2000年3月；第十二届“中国图书奖”，2000年11月。

15.《修辞心理学》（专著），云南人民出版社，2002年1月版。

——获复旦大学2003年度“微阁中国语言学科奖教金”著作二等奖，2003年9月。

16.《妙语生花：语言策略秀》（专著），上海文化出版社，2002年9月版。

17.《修辞的策略》（专著），吉林教育出版社，2004年1月版。

——获2005年吉林省长白山优秀图书一等奖（吉林省政府奖）；吉林省首届“新华杯”读书节读者最喜爱的十种吉版图书，2006年12月；吉林省新闻出版奖图书精品奖，2007年1月。

18.《表达的艺术》（专著），吉林教育出版社，2004年1月版。

——获2005年吉林省长白山优秀图书一等奖（吉林省政府奖）；吉林省首届“新华杯”读书节读者最喜爱的十种吉版图书，2006年12月；吉林省新闻出版奖图书精品奖，2007年1月。

19.《演讲的技巧》（专著），吉林教育出版社，2004年1月版。

——获2005年吉林省长白山优秀图书一等奖（吉林省政府奖）；吉林省首届“新华杯”读书节读者最喜爱的十种吉版图书，2006年12月；吉林省新闻出版奖图书精品奖，2007年1月。

20.《中国历代语言学家》（合著），上海文化出版社，2004 年 2 月版。

21.《大学修辞学》（合著），福建人民出版社，2004 年 10 月版。

22.《假如我是楚霸王：评点项羽》、（专著），台湾远流出版公司，2005 年 6 月版。

23.《古典小说篇章结构修辞史》（专著），台湾商务印书馆，2005 年 12 月版。

24.《现代汉语修辞学》（专著），复旦大学出版社，2006 年 11 月版。

25.《语言学理论的深化与超越》（主编），云南人民出版社，2007 年 1 月版。

26.《20 世纪的中国修辞学》（合著），中国人民大学出版社，2007 年 12 月版。

——获上海市第十届哲学社会科学优秀成果奖（2008—2009）著作三等奖。

27.《中国修辞史》（副主编，下卷第一作者），吉林教育出版社，2007 年 4 月版。

——获 2007 年国家新闻出版总署“第一届中国出版政府奖图书奖提名奖”；2008 年上海市第九届哲学社会科学优秀成果著作类二等奖；2010 年全国“高等学校科学研究优秀成果奖（人文社会科学）”一等奖。

28.《委婉修辞研究》（专著），山东文艺出版社，2008 年 4 月版。

29.《语言策略秀》（增订本）（专著），上海文化出版社，2008 年 6 月版。

30.《名句经典》（专著），吉林教育出版社，2008 年 6 月版。

——获第二届吉林省新闻出版奖精品奖，2010 年 1 月。

31.《中国经典名句小辞典》（专著），吉林教育出版社，2008 年 8 月版。

32.《中国经典名句鉴赏辞典》（专著），吉林教育出版社，2009年7月版。

33.《表达力》（专著），台湾商务印书馆，2011年8月版。

34.《清末民初笔记小说史》（专著），台湾商务印书馆，2011年8月版。

35.《现代汉语修辞学》（修订版）（专著），复旦大学出版社，2012年6月版。

36.《中文活用技巧：妙语生花》（专著），香港商务印书馆，2012年3月版。

37.《远水孤云：说客苏秦》（长篇历史小说），简体版，云南人民出版社，2011年9月版；繁体版，台湾商务印书馆，2012年6月版；简体版，暨南大学出版社，2014年4月版。

38.《冷月飘风：策士张仪》（长篇历史小说），简体版，云南人民出版社，2011年11月版；繁体版，台湾商务印书馆，2012年6月版；简体版，暨南大学出版社，2014年4月版。

39.《镜花水月：游士孔子》（长篇历史小说），繁体版，台湾商务印书馆，2013年11月版；简体版，暨南大学出版社，2014年4月版。

40.《易水悲风：刺客荆轲》（长篇历史小说），繁体版，台湾商务印书馆，2013年11月版；简体版，暨南大学出版社，2014年4月版。

二、主要学术论文

1.《试论孙炎的语言学成就》，核心期刊《古籍研究》1987年第4期。

2.《试论汉语委婉修辞格的历史文化背景》，核心期刊《修辞学习》1987年第6期。

3.《中国现代史上的广东语言学家》（合作），《岭南文史》1988年第1期。

4.《试论古汉语修辞中的层次性》，《淮北煤炭师范学院学报》1988 年第 4 期。

5.《“乡思”呼唤着“月夜箫声”——香港诗人杨贾郎〈乡思〉〈月夜箫声〉赏析》，《语文月刊》1988 年第 5 期。

6.《中国哲学思想在汉语辞格形成中的投影》，《营口师专学报》1989 年第 1 期。

7.《试论吴方言数词的修辞色彩》，《语文论文集》，上海百家出版社，1989 年 10 月版。

8.《试论黄遵宪的诗歌创作与成就》，《岭南文史》1990 年第 2 期。

9.《〈经传释词〉在汉语语法学上的地位》(合作)，核心期刊《复旦学报》1991 年第 1 期；中国人民大学《语言文字学》1991 年第 1 期转载。

10.《〈西湖二集〉：一部值得研究的小说》，核心期刊《明清小说研究》1991 年第 2 期。

11.《情·鬼·侠小说与中国大众文化心理》，核心期刊《上海文论》1991 年第 4 期。

——获“第一届全国青年优秀社会科学成果奖”优秀论文奖(中国社会科学院)，1994 年 11 月。

12.《点化名句的艺术效果》，《学语文》1992 年第 4 期。

13.《情真意绵绵，绮思响“雨巷”——谈戴望舒〈雨巷〉一诗的修辞特色》，核心期刊《修辞学习》1992 年第 5 期。

14.《回顾·反思·展望——复旦大学组织全国部分青年学者关于中国修辞学研究的过去现状及未来的讨论综述》，《鞍山师范学院学报》1993 年第 4 期。

15.《语言美学发轫》，综合类核心期刊《复旦学报》1993 年第 5 期。

16.《汉语外来词音译艺术初探》，核心期刊《修辞学习》1993 年第 5 期。

17.《论〈文则〉在中国修辞学史上的地位》，《鞍山师范学院学报》1994年第2期。

18.《汉语外来词音译的特点及其文化心态探究》，综合类核心期刊《复旦学报》1994年第3期。

19.《旧学商量加邃密，新知培养转深沉——评王希杰新著〈修辞学新论〉》，核心期刊《修辞学习》1994年第3期。

20.《试论赋的修辞特点》，核心期刊《修辞学习》1995年第1期。

21.《先秦时代中国修辞哲学论略》，核心期刊《上海文化》1995年第2期。

22.《试论汉语委婉修辞手法的范围》，《南昌大学学报》1995年第3期。

23.《关于中国修辞学发展的历史分期问题》，核心期刊《修辞学习》1995年第3期；中国人民大学《语言文字学》1995年第10期转载。

24.《王引之〈经传释词〉的学术价值》，核心期刊《古籍整理研究学刊》1995年第4期；中国人民大学《语言文字学》1996年第4期转载。

25.《修辞结构的层次性与修辞解构的层次性》，《延边大学学报》1995年第4期；中国人民大学《语言文字学》1996年第4期转载。

26.《两汉时代中国修辞哲学论略》，综合类核心期刊《江淮论坛》1995年第5期；中国人民大学《语言文字学》1996年第2期转载。

27.《〈经传释词〉对汉语语法学的贡献》，《中西学术》（第1辑），学林出版社，1995年6月版。

28.《创意造言的艺术：苏轼与刘攽的排调语篇解构》，台湾《国文天地》1995年第11卷第6期（总第126期）。

29.《旧瓶装新酒：一种值得深究的语言现象》，香港《词库建设通讯》1995年第4期（总第6期）。

30.《改革开放与汉语的发展变化学术研讨会综述》，1995年

11 月《上海社联年鉴》。

31.《〈经传释词〉之“因声求义”初探》，核心期刊《古籍研究》1996 年第 1 期。

——获 1998 年上海市（1996—1997 年度）哲学社会科学优秀成果奖三等奖。

32.《谐译：汉语外来词音译的一种独特型态》，《长春大学学报》1996 年第 1 期。

33.《英雄侠义小说与中国人的阿 Q 精神》，台湾《国文天地》1996 年第 11 卷第 8 期（总第 128 期）。

34.《论修辞的三个层级》，《云梦学刊》1996 年第 1 期。

35.《音义密合：汉语外来词音译的民族文化心态凸现》，《西安外国语学院学报》1996 年第 2 期。

36.《咏月嘲风的绝妙好辞——晏子外交语篇的文本解构》，核心期刊《修辞学习》1996 年第 2 期。

37.《论汉语外来词音译的几种独特型态》，《雁北师范学院学报》1996 年第 4 期。

38.《触景生情的语言机趣——陶觳与钱俶外交语言解构》，台湾《国文天地》1996 年第 12 卷第 6 期（总第 138 期）。

39.《〈语助〉与汉语虚词研究》，《平原大学学报》1996 年第4 期。

40.《关于〈声类〉的性质与价值》，核心期刊《古籍整理研究学刊》1996 年第 6 期。

41.《论夸张的次范畴分类》，核心期刊《修辞学习》1996 年第 6 期。

42.《新世纪中国修辞学的发展和我们的历史使命》，综合类核心期刊《复旦学报》1997 年第 1 期。

43.《论委婉修辞生成与发展的历史文化缘由》，核心期刊《河北大学学报》1997 年第 1 期。

44.《清代语言学繁荣发展原因之探讨》，《云梦学刊》1997 年第 1 期；中国人民大学《语言文字学》1997 年第 8 期转载。

45.《论中国修辞学研究今后所应依循的三个基本方向》，核心期刊《修辞学习》1997 年第 2 期；中国人民大学《语言文字学》1997 年第 6 期转载。

46.《80 年代以来中国修辞学理论问题争鸣述评》，《黄河学刊》1997 年第 2 期。

47.《论委婉修辞的表现形式与表达效应》，核心期刊《湘潭大学学报》1997 年第 3 期。

48.《中国修辞哲学论略》，核心期刊《云南师范大学学报》1997 年第 4 期。

49.《论夸张表达的独特效应与夸张建构的心理机制》，核心期刊《扬州大学学报》1997 年第 4 期。

50.《训诂学居先兴起原因之探讨》，《语文论丛》（第 5 辑），上海教育出版社，1997 年 6 月版。

51.《语言美学的建构与修辞学研究的深化》（第一作者，与宗廷虎教授合作），核心期刊《修辞学习》1997 年第 5 期。

52.《“夫人”运用的失范》，核心期刊《语文建设》1997 年第 6 期。

53.《论〈马氏文通〉在中国语言学史上的地位》，《江苏教育学院学报》1998 年第 1 期。

54.《论委婉修辞生成的心理机制》，核心期刊《修辞学习》1998 年第 2 期。

55.《论孔子的修辞哲学思想》，《雁北师范学院学报》1998 年第 3 期。

56.《“水浒”现象与历史变迁》，《人民政协报》1998 年 4 月 27 日第 3 版《学术家园》。

57.《二十世纪中国现代修辞学发展的省思》，核心期刊《社会科学》（上海）1998 年第 5 期。

58.《修辞心理学论略》，综合类核心期刊《复旦学报》1998 年第 5 期；中国人民大学《心理学》1998 年第 11 期转载。

59.《中国现代修辞学研究走向语言美学建构的历史嬗变进

程》，核心期刊《云南师范大学学报》1998年第6期。

60.《二十世纪的汉语修辞学》（与宗廷虎教授合作），北京大学百年校庆丛书《二十世纪的中国语言学》，北京大学出版社，1998年6月版。

61.《关于中国修辞学发展的历史分期及各个时期研究成就的估价问题》，《郑子瑜〈中国修辞学史稿〉问世十周年纪念论文集》（宗廷虎教授主编），中国社会出版社，1998年2月版。

62.《潘金莲形象的意义》，台湾《古今艺文》1998年第25卷第1期。

63.《进一步沟通海峡两岸的修辞学研究》，核心期刊《修辞学习》1998年第4期。

64.《吴方言数词的独特语用效应》，《修辞学研究》（第8集），南海出版公司，1998年6月版。

65.《中国风格学源流研究的理论与实践意义》，核心期刊《湘潭大学学报》1998年第6期。

66.《语言理论新框架的建构与21世纪中国语言学的发展》，云南省一级学术期刊《学术探索》1999年第1期。

67.《修辞学转向与现代语言学理论》，核心期刊《修辞学习》1999年第2期。

68.《论夸张》，《第一届中国修辞学学术研讨会论文集》，台湾师范大学，1999年6月版。

69.《论修辞文本建构的基本原则》，核心期刊《扬州大学学报》1999年第2期。

70.《平淡情事艺术化的修辞策略》，《徐州师范大学学报》1999年第2期。

71.《修辞主体论》，《锦州师范学院学报》1999年第2期。

72.《方言研究：透视地域文化的重要途径》，云南省一级学术期刊《学术探索》1999年第3期。

73.《〈请读我唇〉三人谈》（与宗廷虎教授、陈光磊教授合作），核心期刊《语文建设》1999年增刊。

74.《看文人妙笔生花，让生命得到舒畅——评沈谦教授〈林语堂与萧伯纳〉》，台湾《中国语文》1999 年第 4 期（总第 508 期）。

75.《修辞学研究新增长点的培植与催化》（与宗廷虎教授合作），核心期刊《修辞学习》1999 年第 4 期。

76.《借代修辞文本建构的心理机制》，全国人文和社会科学核心期刊《云南师范大学学报》1999 年第 6 期；《高等学校文科学报文摘》2000 年第 2 期选摘。

77.《论中国现代修辞学发展嬗变之历程（上）》，日本京都外国语大学《研究论丛》第 54 号（1999 年）。

78.《〈金瓶梅〉的语言艺术》，《经典丛话 · 金瓶梅说》，江西教育出版社，1999 年 1 月版。

79.《中国古典言情小说模式与中国传统文化心理》，台湾《国文天地》2000 年第 1 期（总第 181 期）。

80.《论中国现代修辞学发展嬗变之历程（下）》，日本京都外国语大学《研究论丛》第 55 号（2000 年）。

81.《评黎运汉著〈汉语风格学〉》（与宗廷虎教授合作），《文汇读书周报》2000 年 12 月 9 日第 2 版。

82.《论比拟修辞文本的表达与接受心理》，《深圳教育学院学报》2000 年第 2 期。

83.《照花前后镜，花面交相映——论中国文学中的双关修辞模式》，台湾《国文天地》2000 年第 4 期（总第 184 期）。

84.《委婉修辞的语用学阐释》，《语文论丛》（第 6 辑），上海世纪出版集团 · 上海教育出版社，2000 年 9 月版。

85.《修辞学研究的深化与修辞学教材的改革创新》，核心期刊《修辞学习》2001 年第 1 期。

86.《比喻修辞文本的心理分析》，《平顶山师专学报》2001 年第 3 期。

87.《论精细修辞文本的心理机制》，《锦州师范学院学报》2001 年第 3 期。

88.《异语修辞文本论析》，核心期刊《修辞学习》2001 年第

4 期。

89.《语言的艺术：艺术语言学的建构》，核心期刊《云南师范大学学报》2001 年第 5 期。

90.《论旁逸修辞文本的建构》，《湘潭师范学院学报》2001 年第 5 期。

91.《论拈连修辞文本》，《湖北师范学院学报》2001 年第 4 期。

92.《论结尾的修辞策略》，《江苏教育学院学报》2002 年第 1 期。

93.《顶真式衔接：段落衔接的一种新模式》，核心期刊《修辞学习》2002 年第 2 期。

94.《论顶真修辞文本的类别系统与顶真修辞文本的表达接受效果》，《平顶山师专学报》2002 年第 4 期。

95.《论锻句与修辞》，《锦州师范学院学报》2002 年第 5 期。

96.《吞吐之间，蓄意无穷——留白的表达策略》，台湾《国文天地》2002 年第 18 卷第 3 期（总第 207 期）。

97.《关于建立言语学的思考》（合作），核心期刊《长江学术》（第 3 辑），长江文艺出版社，2002 年 11 月版。

98.《论事务语体的修辞特征及其修辞基本原则》，《平顶山师专学报》2003 年第 1 期。

99.《从统计分析看“简约”与“繁丰”的修辞特征及其风格建构的原则》，核心期刊《修辞学习》2003 年第 2 期。

100.《与时俱进：语言学由理论研究走向应用研究的意义》，《楚雄师范学院学报》2003 年第 2 期。

101.《基于计算分析的法律语体修辞特征研究》，核心期刊《云南师范大学学报》2003 年第 6 期。

102.《论学习修辞学的意义》，《平顶山师专学报》2004 年第 1 期。

103.《论起首的修辞策略》，核心期刊《湖南科技大学学报》2004 年第 2 期。

104.《论口语体的基本修辞特征和修辞基本原则》，《语文论丛》（第8辑），上海世纪出版集团·上海教育出版社，2004年1月版。

105.《平淡风格与绚烂风格的计算统计研究》，核心期刊《云南师范大学学报》2004年第2期。

106.《韵文体刚健风格与柔婉风格的计算研究》，《湖北师范学院学报》2004年第3期。

107.《庄重风格与幽默风格的计算统计研究》，《渤海大学学报》2004年第5期。

108.《中国修辞学：走出历史偏见和现实困惑》，核心期刊《福建师范大学学报》2004年第6期。

109.《从〈汉语修辞学〉修订本与原本的比较看王希杰教授修辞学的演进》，《修辞学新视野》，中国文联出版社，2004年12月版。

110.《从计算分析看文艺语体的修辞特征及其修辞基本原则》，《修辞学论文集》（第七集），新华出版社，2005年5月版。

111.《评谭学纯、朱玲〈修辞研究：走出技巧论〉》，核心期刊《福建师范大学学报》2005年第2期。

112.《关于建立言语学的思考》（合作），《言语与言语学研究》，崇文书局，2005年8月版。

113.《话本小说"正话"结构形式及其历史演进的修辞学研究》，《语言研究集刊》（第二辑），上海辞书出版社，2005年8月版。

114.《话本小说"篇首"的结构形式及其历史演进》，核心期刊《云南师范大学学报》2005年第4期。

115.《话本小说"题目"的形式及其历史演进》，《平顶山学院学报》2005年第6期。

116.《话本小说"头回"的结构形式及其历史演进的修辞学研究》，综合类核心期刊《复旦学报》2006年第2期；中国人民大学《中国古代、近代文学研究》2006年第7期全文转载。

117.《论修辞学与语法学、逻辑学及语用学的关系》，《平顶山学院学报》2006 年第 4 期。

118.《汉语外来词音译的四种特殊类型》，《词汇学理论与应用》（三），商务印书馆，2006 年 3 月版。

119.《由汉语词汇的实证统计分析看林语堂从中西文化对比的角度对中国人思维特点所作的论断》，《跨越与前进——从林语堂研究看文化的相融与相涵国际学术研讨会论文集》，台湾东吴大学，2006 年 10 月版。

120.《八股文篇章结构形式的渊源》，日本京都外国语大学《研究论丛》，2006 年（平成十八年七月）第 67 期。

121.《评朱玲〈文学文体建构论〉》，核心期刊《福建师范大学学报》2007 年第 1 期。

122.《修辞学的科学认知观与中国现代修辞学的发展》，载《继往开来的语言学发展之路：2007 学术论坛论文集》，语文出版社，2008 年 1 月版。

123.《八股文“收结文”之“煞尾虚词”类型及其历史演进》，载《修辞学论文集》（第十一集），中国社会科学出版社，2008 年 4 月版。

124.《比喻造词与中国人的思维特点》，综合类核心期刊《复旦学报》（社科版）2008 年第 2 期；《高等学校文科学术文摘》2008 年第 3 期转摘。

125.《〈史记〉史传体篇章结构修辞模式对传奇小说的影响》，核心期刊《福建师范大学学报》2008 年第 1 期。

126.《“用典”的定义及其修辞学研究》，核心期刊《武汉大学学报》（人文科学版）2008 年第 1 期。

127.《段落衔接的修辞策略》，《平顶山学院学报》2008 年第 4 期。

128.《南北朝时代列锦辞格的转型与发展》，《楚雄师范学院学报》（月刊）2009 年第 8 期。

129.《从〈全唐诗〉所存录五代诗的考察看“列锦”辞格发展

演进之状况》，核心期刊《湖南科技大学学报》（社科版）2010年第1期。

130.《学术史研究与学科本体研究的延展与深化》，《外国语言文学》（季刊）2010年第1期。

131.《从〈全唐诗〉的考察看盛唐“列锦”辞格的发展演变状况》，《阜阳师范学院学报》（社科版）2010年第1期。

132.《从〈全唐诗〉所录唐及五代词的考察看“列锦”辞格的发展演进之状况》，《楚雄师范学院学报》（月刊）2010年第1期。

133.《不迷其所同而不失其所异——论黎锦熙先生的汉语修辞学研究》（第一作者），核心期刊《北京师范大学学报》（社科版）2010年第5期。

134.《“列锦”修辞格的源头考索》，核心期刊《长江学术》2010年第4期。

135.《修辞学与汉语史研究》，核心期刊《福建师范大学学报》（哲学社会科学版）2010年第4期。

136.《“列锦”辞格在初唐的发展演进》，《平顶山学院学报》2010年第3期。

137.《还原海峡两岸现代汉语词汇差异的真实面貌》，《楚雄师范学院学报》（月刊）2011年第1期。

138.《艺术语言的创造与语言发展变化的活力动力》，《楚雄师范学院学报》（月刊）2011年第5期。

139.《网络词汇成活率问题的一点思考》（第一作者），核心期刊《江苏大学学报》（社会科学版）2011年第3期。

140.《名词铺排与唐诗创作》，《蜕变与开新——古典文学国际学术研讨会论文集》，台湾东吴大学，2011年7月版。

141.《海峡两岸词汇“同义异序”现象的理据分析兼及“熊猫”与“猫熊”成词的修辞与逻辑理据》，载郑锦全、曾金金主编《二十一世纪初叶两岸四地汉语变迁》，台湾新学林出版社，2011年12月版。

142.《晚唐时代“列锦”辞格的发展演进状况考察》，《平顶山学院学报》2012 年第 1 期。

143.《关于中国修辞学研究走向的几点思考》，《北华大学学报》（社会科学版）2012 年第 1 期。

144.《海峡两岸现代汉语词汇“同义异序”、“同义异构”现象透析》，综合类核心期刊《复旦学报》（社科版）2012 年第 2 期。

145.《王力先生对汉语修辞格的研究》，核心期刊《北京大学学报》（哲社版）2012 年第 4 期。

146.《由〈全唐诗〉的考察看中唐“列锦”辞格发展演进之状况》，核心期刊《湖南科技大学学报》（社科版）2012 年第 4 期。